根据教育部《大中小学劳动教育指导纲要（试行

争做最美劳动者

——新时代劳动教育理论与实践

王君毅◎主编

配套
精品教学课件
+考试平台
+教案

中共中央党校出版社

图书在版编目（CIP）数据

争做最美劳动者：新时代劳动教育理论与实践 / 王
君毅主编 . -- 北京：中共中央党校出版社，2021.1
ISBN 978-7-5035-6989-0

Ⅰ.①争…　Ⅱ.①王…　Ⅲ.①劳动教育－研究－中国
Ⅳ.① G40-015

中国版本图书馆 CIP 数据核字（2021）第 018869 号

争做最美劳动者：新时代劳动教育理论与实践

责任编辑	李　云　李江燕
版式设计	李　平
责任校对	汤朝悦
责任印制	钟　琦

出版发行	中共中央党校出版社
	（北京市海淀区长春桥路 6 号）
邮政编码	100089
网　　址	www.dxcbs.net
电　　话	（010）62808912（发行）　68929788（总编室）
经　　销	全国各地新华书店
印　　刷	三河市越阳印务有限公司
字　　数	265 千字
版　　次	2021 年 1 月第 1 版　2021 年 1 月第 1 次印刷
开　　本	787 毫米 ×1092 毫米　1/16
印　　张	13.5
定　　价	38.80 元

编　委　会

前　言

　　人类的历史，某种意义上就是一部劳动不断发展的历史。劳动是创造物质财富和精神财富的过程，是人类特有的基本社会实践活动。劳动教育是中国特色社会主义教育制度的重要内容，直接决定社会主义建设者和接班人的劳动精神面貌、劳动价值取向和劳动技能水平。长期以来，各地区和学校坚持教育与生产劳动相结合，在实践育人方面取得了一定成效。同时也要看到，近年来一些青少年中出现了不珍惜劳动成果、不想劳动、不会劳动的现象，劳动的独特育人价值在一定程度上被忽视，劳动教育正被淡化、弱化。对此，全党全社会必须高度重视，采取有效措施切实加强劳动教育。

　　2018年9月10日，习近平总书记在全国教育大会上的重要讲话提出了新时代的教育要培养德智体美劳全面发展的社会主义建设者和接班人的总要求。2020年3月20日，中共中央、国务院发布《关于全面加强新时代大中小学劳动教育的意见》，要求"设置劳动教育课程。整体优化学校课程设置，将劳动教育纳入中小学国家课程方案和职业院校、普通高等学校人才培养方案，形成具有综合性、实践性、开放性、针对性的劳动教育课程体系""根据各学段特点，在大中小学设立劳动教育必修课程，系统加强劳动教育"。为了深入学习习近平新时代中国特色社会主义思想，贯彻落实全国教育大会精神，切实加强大学生劳动教育的新要求，让大学生真正上好劳动教育这门"必修课"，我们编写了本教材。

　　本教材除绪论外，共分10个专题，主要内容为认识劳动，树立劳动观念；立足时代，感悟劳动精神；奋斗一线，弘扬劳模精神；精雕细琢，传承工匠精神；自立自强，做好家务劳动；携手同行，共建美丽校园；学工学农，掌握劳动技能；学知躬行，勤于劳动实践；常抓不懈，确保劳动安全；来之不易，尊重劳动成果。附录部分的劳动实践指导手册，帮助学生在实际动手过程中亲历劳动过程，体会劳动创造美好生活的时代风尚，进而养成尊重劳动、热爱劳动、向往劳动的习惯和品质。在编写体例上，本教材注重图文并茂，并设置了"课堂导入""研精致思""学习目标""劳动视野""榜样力量""劳语典藏""劳动贴士""劳动影像"等栏目，帮助学生理解相关概念，强化情感认同，提升育人效果。此外，本教材还增设了二维码链接，以经典视频的形式向读者呈现所讲内容，为读者准备了丰盛的视觉盛宴。本教材既适用于普通高等院校劳动教育的教学，也可以作为广大社会读者提高劳动修养的普及读物。

本教材编写具体分工如下：王君毅负责编写绪论和专题一，林赛芳负责编写专题二，林金剑负责编写专题三，付海龙负责编写专题四，杨红负责编写专题五，胡佳佳负责编写专题六，吴高辰、邱发根负责编写专题七，谭廷鸿、陈润坚负责编写专题八，翟丽、李强、李建军负责编写专题九，梁小敏、韩凝、赵卫红负责编写专题十，杨新斌、杨林负责编写附录部分。

本教材在编写过程中，参考并借鉴了大量已有研究成果，在此谨向作者表示诚挚的感谢。限于编者水平，本教材难免存在疏漏或不妥之处，敬请广大读者予以批评指正。

编　者

2021 年 1 月

目录

绪论
劳动创造美好生活

课堂导入

改革开放之初，粮票、油票、肉票、布票、副食本、工业券等是老百姓的生活必需，甚至买糖果糕点、火柴肥皂都要票证；几代人同居一室十分普遍，土坯房、茅草房，筒子楼、大杂院，是城乡居民生活的深刻印记；自行车、手表、缝纫机、收音机"三转一响"成为人们生活的奢侈品；法国戴高乐机场一小时起降 60 架飞机，而北京首都国际机场一小时仅能起降 2 架；日本东京的大型商店商品多达 50 万种，而北京的三府井百货大楼仅有 2.2 万种……正是在这种物资匮乏、生活贫困、国民经济濒临崩溃的情况下，党的十一届三中全会果敢作出以经济建设为中心、实行改革开放的战略抉择，冲破思想观念的桎梏，破除体制机制的障碍，走出了一条有中国特色的社会主义道路。

一分耕耘，一分收获。伟大的成绩和辛勤的劳动是联系在一起的，正是因为有了亿万人民的苦干实干，我们才能不断向世界呈现精彩纷呈的"中国故事"。实现中国梦，需要各行各业劳动者的劳动创造。只要踏实劳动、勤勉劳动，在平凡岗位上也能干出不平凡的业绩。如果人人踏实劳动、勤勉劳动，就能汇聚劳动创造的巨大能量。

研精致思

1. 我们的生活为什么能够取得上述重要转变？这对你有何启发？

2. 伟大的成绩和辛勤的劳动是联系在一起的，结合你的见闻，谈谈你对"劳动创造美好生活"的看法。

3. 人工智能的发展和运用代替了人类大部分体力劳动甚至一部分脑力劳动，有人说劳动已经过时，对此你怎么看？

◎ 理解劳动创造美好生活的论述。

◎ 体悟幸福都是奋斗出来的道理。

◎ 知晓劳动不分贵贱，尊重普通劳动者。

◎ 把"热爱劳动"从口号转化为实践。

一、劳动过时了吗

我们现在生活的时代，是一个前所未有的物质丰裕的全新时代。在这个全新的时代，大多数人已经无须像过去那样"面朝黄土背朝天"、从土地里辛苦"刨食"，许多辛苦的劳作大都可以由各种机器人代劳。今天的我们，习惯了动动手指外卖送来，语音指令机器人擦地。那么，劳动离我们已经远了吗？

就像劳动创造人本身、劳动创造历史一样，今天生活的所有"安逸"，当然都是人类辛勤、诚实、创造性的劳动换来的。毫无疑问，没有科技工作者的劳动，就没有智能化的生产；没有物流工作者的劳动，通过手机实现的"指尖上的生活"就不可能成为现实。可以说，我们喝过的每一滴矿泉水，我们吃过的每一盒快餐，我们看

"任何一个民族，如果停止劳动，不用说一年，就是几个星期，也要灭亡，这是每一个小孩都知道的。"

——马克思

过的每一场电影，我们生活中的每一个美好瞬间，背后都是无数不同类型的劳动。所以，时代只是改变了劳动曾经的模样，而"劳动创造美好生活"的真理却从未改变。

人类的历史，某种意义上就是一部劳动不断发展的历史。早期的人类劳动中占据主导地位的无疑是体力劳动、农业劳动、生产性劳动。而脑力劳动、工业劳动、服务性劳动等形态比重的不断增加，是人类不断摆脱自然界的限制，走向物质丰裕、生活幸福时代的重要推动力。今天，脑力劳动、服务性劳动的比重还在不断增加，劳动的现实形态也已经出现了日益多元、融合的态势。与此同时，农业劳动、体力劳动等劳动形态仍然不断贡献于我们的日常生活，与我们息息相关。

二、劳动让生活更美好

劳动创造了历史，也改变了我们的生活。1978年邓小平访问日本，在乘坐新干线列车时，他不无感慨地说："这就是现在我们需要的速度。"中国人民依靠吃苦耐劳、拼搏创新的精神，用辛勤劳动创造了经济连续40多年高速增长的世界奇迹。这就是让世界惊叹的"中国速度"，而这样的"中国速度"也让我们在衣、食、住、行等日常生活方面发生了翻天覆地的变化。

（一）衣：从单调沉闷到追求个性

劳动让人们的服饰焕然一新。穿衣不仅能遮体御寒，更能体现人的精神风貌，以及对服装审美观念的表达。新中国成立初和改革开放前，无论春夏秋冬，人们穿的满眼的蓝、黑、灰色是常景。20世纪50年代，男人脱掉了长袍马褂，都穿中山装；女人穿对襟袄，把旗袍收起来压到箱底。中国女性最青睐的时装是"列宁装"，参加舞会穿"布拉吉"，上班都穿工装裤，以朝气蓬勃的样貌投身于新中国百废待兴的建设当中。到后来，"新三年、旧三年，缝缝补补又三年"，是匮乏的物质条件下中国人艰苦生活的写照。再往后，黄绿军装一统天下，"的确良"是灰暗色系中的一抹亮色。

改革开放的春风摇曳着人们的衣裳，人们的服装从穿严实到穿暖、穿新品种，从一件衣服穿四季到四季均有衣服换，从衣柜中只有几件补丁旧衣到有各款衣服几十件显风光。喇叭裤、蝙蝠衫、棒针衫，外来的"奇装异服"，都是时代大门骤然开放乍泄而出的春光；随着纺织工业的发展，涤纶服装开始流行；西装热是对国际范的顺应，紧身健美裤、牛仔装、蓝白条运动衫、海魂衫体现开放思想纷呈；人们的着装由黑蓝灰的单一色调，发展为丰富多彩、舒适大方的多色、多样、多种；T恤、风衣、羽绒服、羊毛衫全新类型纷至沓来。进入21世纪，欧美风、日韩风、中国风陆续刮起，中外文化的碰撞交融在一件衣服上可见一斑。同时，随着中国综合国力和国际地位的不断提升，具有中国特色的唐装旗袍开始走向世界，中国服装在全球受到注目和尊重。

相关链接：

衣橱里的芳华

（二）食：从"食不果腹"到"绿色健康"

劳动让人们的饮食品质不断提升。"民以食为天"，"食"既是生活的基本需要，同时也可以成为生活的美好享受。从新中国成立到今天，人们的"一日三餐"历经为吃饱发愁，到追求吃好，更加吃精；走过了满足温饱、丰盛美味再到营养健康的变化历程。20世纪60年代的"瓜菜代"，成为中华民族难以忘怀的阵痛。70年代有所好转，但大米、白面、鱼、肉，餐桌上仍少见，年夜饭有白菜粉条炖肉和两样掺（白面、玉米面）馒头就行；平日里还是"太阳出来照西南，一天三顿窝、稀、咸"，玉米面饽饽像砖头一样硬；村里还不时出现"乞讨者"行踪。

进入了改革开放的20世纪八九十年代，人们的吃食变了样，鸡鸭鱼肉上餐桌，还有鱿鱼、虾仁和海参也进入农户饭厅。大米饭、白馒头成为当家主食，副食、菜品开始七个碟八个碗的摆上桌。进入新世纪，各种票证、粮店、副食店早没了踪影，取而代之的是大型超市、菜市场来势汹涌；各类副食，一应俱全、琳琅满目。人们却注意不能盲目大吃大喝了，不能单纯追求餐桌的丰盛，而是讲究粗细搭配、荤素调整、摄入均衡，多吃绿色食品，科学又养生；原来的"弃儿"山芋、窝头、面粥、南瓜等，又成了餐桌上的新宠。如今人们的口头禅是：要吃得营养、吃得健康，利于提高生活质量、益寿延年、活的硬朗；新时代农民吃嘛嘛香，生命之树常青；"舌尖上的中国"已在世界驰名。

过去人们的饮食

现在人们的饮食

（三）住：从"混合共用"到住有所居

劳动不断改变着人们的居住条件。住是人类社会进步的重要标志之一，不但能挡雨避风，还具有一定的艺术观赏功能。新中国成立初，人们住的多是土坯房、"穿鞋戴帽房（上下是砖，当中是土坯）"或用泥土和麦秸建成的土屋，雨季常出现"外面下大雨、屋里下小雨"的窘境；大雪纷飞时，室内冰冷难熬，只能蜷缩在被窝中不动；举目望全村，纯砖瓦房寥若晨星。屋内四个墙旮旯，一件像样的家具都没有，空空如也。改革开放初期，绝大多数城镇居民租住单位或房屋管理部门的房屋，只有少数居民拥有自己的住房，人口多、住房面积小，三代同居一室是当时较为普遍的现象。在农村，四处可见土坯墙加茅草盖顶的低矮住房，盖上几间砖瓦房是许多农民的生活理想。

现如今，满村庄都是砖混瓦房，一排排、一幢幢，整齐统一：近几年实行的"煤改电"，防污染、方便又卫生；富裕户盖成了二层小楼、小洋房，美观安全、雕梁画栋；各具特色的民居、别墅，成为农村的亮丽风景。国家平改政策的实行，广大农民积极响应，又陆续住进了"双气"高级楼房，宽敞豁亮、冬暖夏凉、窗明几净，住房条件像芝麻开花高了一层又一层。再看室内日用品及摆设，应有尽有，四角充盈；"三转一响（自行车、缝纫机、手表、收音机）"早就变成了彩电、冰箱、电脑、空调、装饰镜，真正是鸟枪换炮，迥然不同；有的住户还把大型根雕茶具和钢琴请入屋中。

过去人们居住的土坯房

现在人们居住的楼房

（四）行：从出门难到走向世界

劳动不断改变着人们的交通条件。40多年前的行，受经济基础限制投资不足，条件落后，交通是老大难。村里都是土路，下雨一身泥，晴天一身土，道路凹凸不平，雨后处处泥泞。夜晚无照明，夜行者得想着"道白、水亮、泥黑"的提示，走走停停。缺少交通工具，出门办事、串亲戚骑驴、坐马车，到七八里地远的农田干活也靠"11路"步行。谁家有辆飞鸽牌自行车可在全村逞能，人称"铁牛"的是红旗牌加重自行车。村里如果开进一辆小轿车，人们纷纷前去观赏，像看奇葩事物般甚是吃惊。

改革开放以来，国人人均可支配收入陡增，紧跟而来的是交通条件的大改善，年年都有提升。现今，村村通公路，连街道胡同都铺了水泥路面，硬化、绿化又美观，展示着新的村貌村容。大街小巷都有路灯，夜晚灯火通明。交通工具也不断提升水平，公交车四通八达；自行车、摩托车、电动车成为村民代步的普通工具；农家院里的小轿车已屡见不鲜，自驾游已成平常事。高铁、网购、支付宝、共享单车成为中国新的"四大发明"；大型飞机昂首飞向蔚蓝的天空；尤以铁路由蒸汽机车到内燃机车、到电力机车、到"和谐"号动车、"复兴"号高铁迅速发展；坐高铁出行，快捷、便利又荣光。

 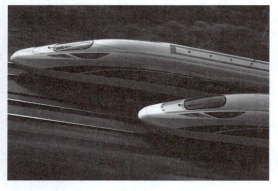

过去人们的主要交通工具　　　　　　　　　　现在人们的交通工具

小到个人的衣食住行，大到国家的重大项目建设，我们每天的日常生活与社会运行都离不开辛勤劳动的支撑。我们在用劳动服务他人的同时，也在享受着他人提供给我们的劳动成果。大家都在为社会的进步与发展作出自己的努力，也在不同种类、不同形式的劳动中收获自己的幸福。

三、幸福都是奋斗出来的

"幸福都是奋斗出来的。"习近平总书记在2018年新年贺词中讲的这句话，揭示了新时代创造人民美好生活的基本路径，激发起全党全国各族人民全面建成小康社会、全面建设社会主义现代化国家的信心和决心。

进入新时代，人民美好生活需要日益广泛，不仅对物质文化生活提出更高要求，而且在民主、法治、公平、正义、安全、环境等方面的要求日益增长。这赋予新时代的美好生活以新的内涵：它不等于欲望的即时满足，更不同于资源的无限占有，而是不断促进人的全面发展、社会全面进步的生活；是发展成果更多更公平惠及全体人民、逐步实现全体人民共同富裕，全体人民在共建共享中拥有更多获得感、幸福感、安全感的生活；是幼有所育、学有所教、劳有所得、病有所医、老有所养、住有所居、弱有所扶的生活；是生态环境不断改善、人与自然和谐共生的生活；等等。这样的美好生活，才是新时代人民所追求的幸福生活。

幸福不会从天而降，坐而论道不行，坐享其成更不可能。要创造美好生活、得到幸福，必须不懈奋斗。奋斗是幸福之母，幸福的真谛就在于奋斗。只有奋斗，才能创造更多更好的物质财富和精神财富，不断丰富幸福的内涵、提升幸福的层次；只有奋斗，才能不断增强成就感、尊严感、自豪感，在创造美好生活的过程中感受幸福。"九层之台，起于累土。"在新时代，要把全面建成小康社会、全面建设社会主义现代化国家的宏伟蓝图变为现实，必须"不驰于空想、不骛于虚声"，一步一个脚印，踏踏实实地干好每一项工作。这就需要全党全国各族人民以永不懈怠的精神状态和一往无前的奋斗姿态狠抓落实，发扬钉钉子精神，一锤接着一锤敲，一张蓝图绘到底，将美丽愿景变为美好生活。

做新时代的奋斗者，需要在辛勤劳动、务实苦干中不断提升自身素质，不断增强创造和享受幸福的能力。奋斗要实干、苦干，但不能蛮干，人的素质和能力是进行奋斗的前提条件。新时代、新征程、新矛盾、新目标对党和国家各项工作都提出了新要求，每个人都应思考如何提升自己的能力和素质来适应这个伟大的时代，更好地进行奋斗。比如，对于大学生来说，就要不断增强学习本领、创新本领，有了这些本领才能更好地进行奋斗。而且，提高自身素质和能力的过程，就是不断完善自我的过程，也是享受幸福的过程。

做新时代的奋斗者，需要热情，更需要用心。用心，就要爱岗敬业、脚踏实地，不能学一门丢一门、干一行弃一行，而是要坚持干一行精一行，把工作做新、做优、做精，把奋斗过程变成创新创优的过程，变成不断为社会提供优质劳动成果的过程，努力创造一流业绩。用心，就要持之以恒、久久为功。如果干什么都三心二意、心猿意马、三天打鱼两天晒网，最终必然一事无成。只有沉下心来干事创业，幸福才会在前方等着我们。

榜样力量

从《习近平的七年知青岁月》找寻青春答案

《习近平的七年知青岁月》由中共中央党校出版社出版发行。这是由 29 名采访对象的口述汇集起来的一本采访实录，其中既有曾经同习近平总书记一起插队的北京知青，又有同他朝夕相处的当地村民，还有当年同他相知相交的各方面人士。这些受访者以口述历史的方式，通过自己的亲身经历，用真实的历史细节讲述了习近平总书记当年"苦其心志、劳其筋骨、饿其体肤、空乏其身"的历练故事，再现了习近平总书记知青时期的艰苦生活和成长历程。

"近平在困境中实现了精神升华""对近平的思想和价值观起作用的，并不是标语、口号和高音喇叭的灌输，而是知青岁月那日复一日艰苦的生活和劳动，是当年同我们农民兄弟朝夕相处的那二千四百多个日日夜夜对他

《习近平的七年知青岁月》

产生的潜移默化的影响"……在物质和精神极度匮乏的环境中，青年习近平闯过"五关"——跳蚤关、饮食关、生活关、劳动关、思想关，不仅磨炼了吃大苦、耐大劳的意志，还锻造了不避艰辛、不怕困难的品质。在习近平总书记对青年的一系列讲话和回信中，我们可以深刻感知他在艰苦奋斗中锤炼的意志品质。在成长和奋斗过程中，有缓流也有险滩，有喜悦也有哀伤，我们要处优而不养尊、受挫而不短志，坚持艰苦奋斗，不贪图安逸，不惧怕困难，不怨天尤人，依靠勤劳和汗水开辟人生和事业前程。

"不管多累多苦，近平能一直拼命干，从来不'撒尖儿'""他当了梁家河的村支书，带领大家建沼气池，创办铁业社、缝纫社，我一点儿都不吃惊""我在和他一起生活的时候，就发现他这个人有一股钻劲，有强烈的上进心"……青年习近平在梁家河插队的七年，是受苦受难的七年，也是苦干实干的七年。在这七年里，他用每一滴汗水和每一份付出，生动诠释了他说的那句话："干在实处，走在前列。"在这七年里，他扎根黄土地，于实处用力，用青春书写了无愧于时代、无愧于历史的华彩篇章。"社会主义是干出来的。"青年要敢于做先锋，而不做过客、当看客，扎扎实实干事、踏踏实实做人，实字当头、以干为先，把自己创新创业梦融入伟大中国梦，让青春年华在为国家、为人民的奉献中焕发出绚丽光彩。

（资料来源：《南方日报》，2017 年 8 月 23 日，有改动）

20 世纪 60 年代中后期至 70 年代中期，数以千万计的城市初、高中学生，积极响应国家号召，告别各自的亲人，奔赴祖国的边疆、农村经受磨炼，把他们最宝贵的青春年华挥洒到祖国的四面八方。同时，也在新中国的历史长河中，留下了一个特殊的名词——知青。

劳动影像：

知青纪录片《返城》

专题一

认识劳动，树立劳动观念

课堂导入

　　习近平总书记在给中国劳动关系学院劳模本科班学员回信讨强调"劳动最光荣、劳动最崇高、劳动最伟大、劳动最美丽。全社会都应该尊敬劳动模范、弘扬劳模精神，让诚实劳动、勤勉工作蔚然成风"。劳动最光荣。劳动是财富的源泉，也是幸福的源泉。再宏伟的目标、再美好的愿景，只有靠脚踏实地的诚实劳动、勤勉工作，才能一步步变成现实。劳动最崇高。惟奋斗者进，惟奋斗者强。一个"干"字，是我们从追赶者到并行者再到引领者不断夺取新胜利的法宝，也是中国人从古至今代代传承融于血脉的精神品格。劳动最伟大。历史只会眷顾坚定者、奋进者、搏击者，而不会等待犹豫者、懈怠者、畏难者。新时代的答卷要靠劳动来书写，人民对美好生活的向往也要靠奋斗来实现。只有苦干实干，才能走好新时代的长征路。劳动最美丽。劳动开创未来，奋斗成就梦想。从老一代劳模王进喜、时传祥，到新一代敬业奉献模范罗阳、时代楷模黄大年，劳动模范是广大劳动者的代表、民族的精英、国家的脊梁。他们身上的干劲、闯劲和钻劲既是引领时代前进的高扬旗帜，也是广大劳动群众踏实奋斗、创造佳绩的标杆。

研精致思

　　1.习近平总书记提出劳动"四最"，认为劳动是一切成功的必经之路。你所理解的劳动的内涵是什么？

　　2.习近平总书记的回信丰富了马克思主义劳动观，谈谈你所理解的马克思主义劳动观。

　　3.改革开放和社会主义现代化建设都不离开劳动，作为新时代的一分子，你觉得应该树立什么样的劳动价值观？

◎ 理解劳动和劳动教育的内涵。

◎ 了解马克思主义劳动观。

◎ 学习习近平新时代中国特色社会主义劳动价值观。

◎ 理解大学生树立正确劳动价值观的意义。

一、劳动和劳动教育

无论时代条件如何变化，无论技术进步和知识更新达到什么样的程度，无论经济社会发展达到什么样的水平，劳动始终是文明进步的重要源泉，劳动者的创造始终是历史前进的根本动力。

（一）劳动的内涵

劳动，是人类实践活动的一种特殊形式，多指创造物质财富和精神财富的活动。劳动是人类的本质特征，社会的一切物质、文化财富都始于劳动。《现代汉语词典》将"劳动"解释为：人类创造物质或精神财富的活动；专指体力劳动或"进行体力劳动"。在《中国大百科全书·哲学卷》中，"劳动"的定义为"劳动是人类特有的基本的社会实践活动，也是人类通过有目的的活动改造自然对象并在这一活动中改造人自身的过程"。在经济学中，劳动则是指劳动力（含体力和脑力）的支出和使用。在《资本论》中，马克思对劳动的定义为："劳动力的使用就是劳动本身。劳动力的买者消费劳动力，就是叫劳动力的卖者劳动。"

各行业劳动者

劳动有广义和狭义之分。狭义的劳动仅指生产和生活中的劳动，它是人类活动的一种特殊形式，是具有一定劳动知识和技能的人或人群使用劳动工具，以获取劳动成果为目的而对外部对象实施改造的活动。比如种植水稻、修建房屋、洗衣做饭。广义的劳动除了生产和生活中的劳动外，还包括许多现代社会延伸出来的劳动，如脑力劳动、服务劳动。人们从事的写作、设计、规划、管理等活动也是劳动，这些劳动由于主要需要人们的智力参与，因此被称为脑力劳动，这是根据劳动过程对劳动者参与要素的不同作出的劳动分类。另外，酒店服务员、银行工作人员、销售人员等从事的活动也是劳动，这些劳动所产生的劳动成果不是有形的物品，而是无形的服务，因此被称为服务劳动，这是根据劳动成果形态不同对劳动作出的分类。

"五一"国际劳动节的历史缘起及其意义

历史背景

19世纪80年代，随着资本主义进入垄断阶段，美国无产阶级的队伍迅速壮大，出现了波澜壮阔的工人运动。当时美国资产阶级为了进行资本积累，对工人阶级进行残酷的剥削压榨，用各种手段迫使工人每天从事长达12～16小时的劳动，有时甚至达18个小时。美国广大工人逐渐认识到，为了保障自己的权利，必须起来进行斗争。

争取"八小时工作制"

1877年，美国爆发历史上第一次全国罢工。工人阶级走上街头游行示威，向政府提出改善劳动与生活条件，要求缩短工时，实行八小时工作制。在工人运动的强大压力下，美国国会虽然被迫制定了八小时工作制的法律，但这项法律最终成为一纸空文。

从1884年开始，美国先进的工人组织通过决议，要为实现"每天工作八小时"而战斗，并且决定展开广泛的斗争，争取在1886年5月1日实行八小时工作制。"八小时工作制"的口号提出后，立即得到美国全国工人阶级的热烈支持和响应，许多城市数以千计的工人投入这场斗争。罢工工人遭到美国当局的血腥镇压，很多工人被杀害和逮捕。

"国际劳动节"的确立

1886年5月1日，美国芝加哥等城市的35万工人爆发总罢工并举行了声势浩大的游行示威，要求改善劳动条件。这次罢工遭到美国当局的镇压。但这场流血斗争震撼了整个美国。工人阶级团结战斗的强大力量迫使资本家接受了工人的要求。

1889年7月，由恩格斯领导的第二国际在巴黎举行代表大会。为了纪念美国工人的"五一"大罢工，显示"全世界无产者，联合起来"的伟大力量，推进各国工人争取八小时工作制的斗争，会议通过决议，在1890年5月1日各国劳动者举行示威游行，并决定把5月1日这一天定为国际劳动节。

各国积极响应

这一决定得到世界各国工人的积极响应。1890 年 5 月 1 日，欧美各国的工人率先走上街头，举行盛大的示威游行与集会，争取合法权益。从此，每年的这一天，世界各国的劳动人民都会举行活动以示庆祝。

中国工人第一次走上街头，大规模纪念"五一"国际劳动节是在 1920 年。新中国成立后，中央人民政府政务院于 1949 年 12 月将 5 月 1 日定为法定的劳动节。

历史意义

国际劳动节的意义在于劳动者通过斗争，用顽强、英勇不屈的奋斗精神，争取到了自己的合法权益。这是人类文明民主的历史性进步，也是"五一"国际劳动节的精髓所在。

（资料来源：新华网，2015 年 5 月 1 日，有改动）

（二）劳动的价值

从哲学和经济学的角度来看，劳动具有两方面的价值：一是社会价值；二是个体价值。

1. 劳动的社会价值

劳动贯穿人类社会始终。生产劳动为人类社会创造了物质财富和精神财富。劳动首先是创造物质资料的活动。物质资料的生产是人类社会存在和发展的基础和前提，这就要求人们必须投入到生产劳动中去，通过劳动创造物质财富，以满足衣食住行等物质需求，以维持社会的正常循环和发展。为了生活，人们首先就需要吃喝住穿以及其他一些东西。因此第一个历史活动就是生产满足这些需要的资料，即生产物质生活本身，而且，这是人们从几千年前直到今天单是为了维持生活就必须每日每时从事的历史活动，是一切历史的基本条件。作为创造物质资料的活动，劳动在新时代和以往时代相比，其内容或许发生了一系列的变化，但劳动提供物质生活资料的根本性质是不会发生变化的，因为这是劳动最一般的价值所在。

经济基础决定上层建筑，只有社会经济发展了，政治、文化、科技等才能够得到很好的发展。人们在劳动中创造了文化，积累了许多精神财富，促进社会政治制度和精神文明的发展。人们在劳动中不断丰富文化知识，创新文化知识，促进社会文化的发展。同时，人们在劳动改造世界的过程中，其劳动工具和劳动技术不断提升，通过劳动促进社会科技的进步。

2. 劳动的个体价值

习近平总书记指出："劳动是人类的本质活动，劳动光荣、创造伟大是对人类文明进步规律的重要诠释。"对于个人来说，劳动不仅具有谋生价值，还具有自我实现的价值。劳动为人的全面发展创造了条件，同时也开拓了更广阔的空间。劳动本身是正价值的实践活动。但不当的劳动会给劳动者和社会带来负价值，比如过度劳动给劳动者带来身心损害，挣钱的欲望驱使劳动者从事更多的劳动，缩短劳动者的寿命。

（1）个体谋生价值。马克思在《哥达纲领批判》中提出："劳动已不仅仅是谋生的手段，而且本身成了生活的第一需要。"要想满足美好生活的需要，就需要参加各种各样的劳动，创造更多的物质财富和精神财富，以增强人民的获得感幸福感和安全感。中国社会发展对美好生活的需要，不仅仅是物质财富的丰富，还有对民主、法治、公平、正义、安全、环境等的理性诉求。党的十九大报告指出："中国特色社会主义进入新时代，我国社会矛盾已经转化为人民日益增长的美好生活需要和不平衡不充分的发展之间的矛盾。"并提出，要"不断满足人民日益增长的美好生活需要，不断促进社会公平正义，形成有效的社会治理、良好的社会秩序，使人民获得感、幸福感、安全感更加充实、更有保障、更可持续"。

《哥达纲领批判》

（2）自我实现价值。黑格尔指出："个体满足他自己需要的劳动，既是他自己的需要的满足同样也是对其他个体的需要的一个满足，并且一个个体需要满足他的需要就只能通过别的个体的劳动才能达到满足的目的。——个别的人在他的个别劳动里本就不自觉地或无意识地在完成着一种普遍的劳动。"我们看到社会上有很多义工，他们每天也在上班、工作，但并不获取任何报酬，他们劳动的目的不是金钱和财富，而是满足内心一种自我实现的需求。他们通过劳动为社会的发展和祖国的建设贡献自己的力量，从而体会到劳动实现了自己人生的价值与意义。

 榜样力量

钟南山：敢医敢言，生命至上

2020 年，一场突如其来的新冠肺炎疫情席卷全国，84 岁的钟南山再次迎疫而上，以实际行动诠释了"人民至上、生命至上"的理念。在非典型肺炎和新冠肺炎疫情防控中，他敢医敢言，勇于担当，提出的防控策略和防治措施挽救了无数生命，作出了巨大贡献。1 月 18 日，临危受命担任国家卫生健康委员会高级别专家组组长的钟南山登上从广州开往武汉的高铁，为的是查明在武汉报告的一种未知的"新型肺炎"。在武汉实地调研后，国家卫生健康委员会高级别专家组确认，这种"新型肺炎"已经出现"人传人"现象。1 月 20 日，钟南山在北京接受媒体

钟南山

采访时，果断向社会公布新冠肺炎存在"人传人"的情况，拉响了全国新冠肺炎疫情防控的警报。此后，他多次出席新闻发布会，接受境内外媒体采访，为公众答疑解惑，为一线战"疫"注入信心。"全国帮忙，武汉是能够过关的！武汉本来就是一个英雄的城市。"1月28日，在武汉抗击新冠肺炎疫情最为焦灼的时候，钟南山接受新华社专访时动情地说。

这并不是钟南山第一次"敢医敢言"。早在2003年"非典"疫情期间，他就在"衣原体是病因"几乎已经成为定论的背景下，以客观事实和临床经验为依据，提出并证实"非典"病因是一种新型冠状病毒。他还面对极大的外部压力，坦言当时北京的疫情传播没有得到有效防控，对当时疫情防控工作走上正轨起到了关键性作用。"科学只能实事求是，不能明哲保身，否则受害的将是患者。书本上没有的，只能在实践中摸索。"钟南山曾在接受采访时这样说。

2020年8月11日，国家主席习近平签署主席令，授予84岁的钟南山"共和国勋章"，以表彰他在抗击新冠肺炎疫情进程中作出的杰出贡献。"共和国勋章"建议人选的公示称，在新冠肺炎疫情发生后，钟南山敢医敢言，提出存在"人传人"现象，强调严格防控，领导撰写新冠肺炎诊疗方案，在疫情防控、重症救治、科研攻关等方面作出杰出贡献。

（资料来源：新华网，2020年9月8日，有改动）

相关链接：

钟南山：生命至上　越是艰苦越显医生本色

（三）劳动教育的内涵

《辞海》从德育的角度对劳动教育进行了定义：劳动教育是德育的内容之一，是对学生进行热爱劳动和劳动人民，珍惜劳动成果、树立正确的劳动观点和劳动态度、通过日常生活培养劳动习惯和技能的教育活动。

《中国大百科全书》对劳动教育的定义：劳动教育是使学生树立正确的劳动观点和劳动态度，热爱劳动和劳动人民，养成劳动习惯的教育，是德育的内容之一。

中共中央、国务院《关于全面加强新时代大中小学劳动教育的意见》中对劳动教育基本内涵的解释是：劳动教育是国民教育体系的重要内容，是学生成长的必要途径，具有树德、增智、强体、育美的综合育人价值。实施劳动教育重点是在系统的文化知识学习之外，有目的、有计划地组织学生参加日常生活劳动、生产劳动和服务性劳动，让学生动手实践、出力流汗、接受锻炼、磨炼意志，培养学生正确劳动价值观和良好劳动品质。

综上所述，我们这样定义劳动教育：劳动教育就是有目的、有计划地向学生传递劳动知识和劳动技能，培养学生良好的劳动态度和劳动习惯，让学生形成正确的劳动价值观和具有一定的劳动权益意识，提升学生劳动素养的教育实践活动。

（四）劳动教育的内容

1. 劳动价值观

劳动价值观教育让学生认识到劳动的意义、劳动的价值，使学生能够理解马克思主义劳动价值观和习近平新时代中国特色社会主义劳动价值观。习近平总书记指出，教育引导学生崇尚劳动、尊重劳动，懂得劳动最光荣、劳动最崇高、劳动最伟大、劳动最美丽的道理，长大后能够辛勤劳动、诚实劳动、创造性劳动。让学生认识到"不劳而获""好逸恶劳"是可耻的行为，从而培养学生对劳动的情感，使其热爱劳动、乐于劳动，逐步对劳动形成正确的态度和价值观。

2. 劳动情感与态度

劳动情感是指一个人基于感情满足需要的程度而形成的对劳动的良性心理体验和情感依赖关系。对大学生劳动情感的教育有助于激发大学生的学习热情，使其形成尊重劳动成果和尊重劳动人民的深厚感情，发扬艰苦奋斗的优良传统，促进大学生全面和谐发展。劳动态度是个人对劳动所持的肯定或否定情感的程度，劳动态度也反映个体进入劳动行为的准备状态，是一种比较稳定的心理倾向。对大学生劳动态度的教育主要包括热爱劳动教育、辛勤劳动教育、诚实劳动教育、合法劳动教育，让他们形成对劳动的正确态度。

3. 劳动科学知识与能力

大学阶段的劳动教育，主要是明确劳动科学体系，掌握劳动科学知识。大学生应当掌握一定的劳动伦理知识、劳动法律知识、劳动保护知识、劳动就业知识，以及劳动心理健康知识等劳动科学知识。重视新知识、新技术、新工艺、新方法应用，创造性地解决实际问题，使学生增强诚实劳动意识，注重培育公共服务意识，使学生具有面对重大疫情、灾害等危机主动作

> 劳语典藏
>
> "在重视劳动和尊重劳动者的基础上，我们有可能来创造自己的新的道德。劳动和科学是世界上最伟大的两种力量。"
>
> ——高尔基

为的奉献精神。要加强对大学生的劳动科学教育，使其初步了解和掌握有关劳动科学最基本的知识结构，逐步对劳动有一个科学的认识，在日常活动中要进行科学劳动，避免劳动的异化。当代大学生还应具备作为劳动者最基本的自我管理能

力、时间管理能力以及沟通能力等具有个体心理特质的劳动能力。同时教育要让学生正确认识劳动中遇到的困难和压力，学会自我调适；让学生具备"干一行、爱一行，做一行、钻一行"的心理品质，无论从事什么劳动，都要努力做到精益求精、追求卓越。

4. 劳动实践

对学生进行劳动教育，不仅重视劳动理论知识的学习，更要重视劳动实践活动，否则理论就显得苍白无力。劳动的成就感不是说出来、听出来、讲出来的，而是从实践中体悟出来的。劳动精神也是在劳动实践中培养出来的。在劳动过程中的付出可以培养积极的劳动价值观，使学生热爱劳动。组织大学生参加生产劳动和社会服务，倡导大学生参加志愿服务等公益活动。引导大学生运用所学知识和技能服务人民，鼓励大学生进行科技创新，在社会实践中参与技术改造、工艺革新、先进适用技术传播，为经济社会发展献计出力。帮助大学生开展勤工助学活动，组织大学生进行"红色之旅"学习参观、"三下乡"和"四进社区"活动等。通过劳动实践，让学生体会劳动创造美好生活，体认劳动不分贵贱，热爱劳动，尊重普通劳动者，培养勤俭、奋斗、创新、奉献的劳动精神；具备满足生存发展需要的基本劳动能力，养成良好的劳动习惯；同时也让大学生明白劳动实践的重要性，积极参与各种劳动实践活动。

大学生参观台儿庄大战纪念馆

5. 劳动与全面发展

加强劳动教育是构建德、智、体、美、劳全面培养教育体系，形成更高水平的人才培养体系的必然要求。劳动教育是构建全面教育体系不可或缺的一环，劳动具有树德、增智、健体、育美、创新的综合育人价值。通过学习劳动教育让学生理解劳动与立德树人、劳动与增长才智、劳动与强健体魄、劳动与美的创造之间的关系，促进大学生全面和谐发展。

二、马克思主义劳动价值观

劳动价值观是马克思主义教育理论的重要内容。马克思、恩格斯从不同角度对劳动价值观作了精辟的论述，其基本内容主要包括：劳动创造了人和人类历史；劳动是价值和财富产生的源泉；劳动是实现人全面发展的基本途径。

（一）劳动创造了人和人类历史

1.劳动创造了人本身

马克思认为："人类通过劳动摆脱了最初的动物状态。"劳动使人从自然界中分离出来，使人有着不同于一般动物的语言和肢体结构，有了区别于其他动物的生物特性。恩格斯在《劳动在从猿到人转变过程中的作用》一文中详尽论述了人猿揖别过程中劳动所发挥的决定性作用。人类的祖先在从古猿转变到人的几十万年过程中逐渐学会了用后肢支撑身体和直立行走，学会了使自己的手适应于做一些动

原始社会的劳动

作，这些动作虽然在开始时只能是非常简单的，但是具有决定意义的一步完成了，手变得自由了，能够不断地掌握新的技巧。手的运用、劳动的发展，促使社会成员更紧密地相互结合起来，人们在劳动中的共同协作交流逐渐增多，产生了"彼此间有些什么非说不可"的需要，使得人的发音器官的机能也逐渐发展和完善。语言是意识的表现，也是人与动物区分的标志，有了语言，真正意义上的人就产生了。因为"首先是劳动，然后是语言和劳动一起，成为两个最主要的推动力，在它们的影响下，猿的脑髓就逐渐地变成了人的脑髓，而脑髓和为它服务的器官、愈来愈清楚的意识以及抽象能力和推理能力的发展，又反过来对劳动和语言起作用，为二者的进一步发展提供愈来愈新的推动力"。劳动、语言、思维相互作用、相互影响，在劳动和生产实践中发展和完善，标志着人从自然界中分化出来。

劳动是生物人转变为社会人的基础。由生物人到社会人的转变是在一定的社会关系中完成的。马克思指出：无论是通过劳动而产生自己的生命，还是通过生育而产生他人的生命，都立即表现为双重关系，一方面是自然关系，另一方面是社会关系。社会关系在这里是指许多个人的共同活动，不管这种共同活动是在什么条件下、用什么方式和为了什么目的而进行的。这里，马克思对人的二重性作了区分：一是自然属性；二是社会属性。但人的自然属性是受社会属性制约的，个人是

"这种生产是人的能动的类生活，通过这种生产，自然界才表现为他的作品和他的现实。这里的改造世界就是人类的劳动，正是通过劳动形成了社会关系，生物的人才转变为社会的人。"

——马克思

社会存在物，不管个人在主观上怎样超脱各种关系，他在社会意义上总是这些关系的产物。从生物人到社会人转化的过程，是作为"一切社会关系的总和"的人的本质形成的过程，人们以自己所从事的物质资料生产活动为途径进入到一定的社会关系之中。

可见，劳动无论在人的意识的形成和发展的过程中，还是由生物人转变为社会人的过程中都发挥了决定性作用。正如恩格斯所言：劳动是一切人类生活的第一个基本条件。而且达到这样的程度，以至我们在某种意义上不得不说：劳动创造了人本身。

2. 劳动创造了人类历史

人类的发展过程就是劳动的发展史，人类历史是在一定的社会形式中由劳动展开的历史。马克思、恩格斯认为人类社会的全部历史是以生产劳动为起点的，只有人类的生产劳动才真正构成了人类历史的基础，才是解开人类历史发展秘密的钥匙。

马克思认为，整个所谓世界历史不外是人通过人的劳动而诞生的过程，我们首先应当确定一切人类生存的第一个前提，也就是一切历史的第一个前提，这个前提是：人们为了能够"创造历史"，必须能够生活。因此第一个历史活动就是生产满足这些需要的资料，即生产物质生活本身，而且，这是人们从几千年前直到今天单是为了维持生活就必须每日每时从事的历史活动，是一切历史的基本条件。在马克思看来，历史其实就是从事劳动活动的现实的人所进行的劳动实践活动的展开。劳动在创造人的过程中，同时也创造了人类社会的历史；人类的"第一个历史活动"就是物质生产活动，就是要解决人类的吃喝住穿行等生存问题，而解决这些问题是以劳动为前提条件的。正因如此，马克思赋予物质生产劳动活动"第一个历史活动"的意义。这表明，只有立足于生产劳动才能理解人类的历史发展，只有人民才是历史的创造者。对于马克思这一伟大的发现，恩格斯曾鲜明地指出，历史破天荒第一次被安置在它的真正基础上，一个很明显而以前完全被人忽略的事实即人们首先必须吃喝住穿，就是说首先必须劳动，然后才能争取统治，从事政治、宗教和文化等活动，这一很明显的事实，在历史上应有的权威此时终于被承认了。可见，人类社会是通过生产劳动产生的，劳动是人类历史的真正基础，没有生产劳动就没有人类的延续和发展。

3. 劳动推动了人类社会历史的进步

由于劳动，人类揖别动物界并最终摆脱最初的动物状态开辟了广阔的生活天地，从野蛮走向文明。在物质生产活动中，人们通过自己的劳动实践将主观世界和客观世界联系起来，把自己的主观意志外化为客观的对象性存在而塑造历史。生产劳动满足了人类的衣食住行等基本生活需要，构成了人类基本经济生

活，人类也正是在此基础上从事政治活动、精神文化活动、宗教活动等，从而创造了自己的历史。历史，是人的历史，是人的劳动实践的历史。劳动不仅是人获得自身物质生活资料的基本方式，而且是个人表现自己生活的基本方式，个人怎样表现自己的生活，他们自己就是怎样的，因而劳动者个人实际地构成了自己创造自己历史的基本方式。正是在这一层面上，马克思、恩格斯强调人民群众是创造历史的主体。

> **劳语典藏**
>
> "劳动首先是人和自然之间的过程，正是在劳动促成人与自然既分化又统一的过程中，形成了人与自然的关系和人与人之间的社会关系，这二者之间的矛盾推动了整个人类社会历史的进步。"
>
> ——马克思

（二）劳动是价值和财富产生的源泉

1.劳动是商品价值的唯一源泉

劳动是商品价值的源泉，这是马克思劳动价值论当中所包含的核心思想，马克思劳动价值论系统地论证了劳动在商品价值中的作用。

在马克思主义经济学领域，"价值"作为经济学范畴则有着更为抽象、更为严格的定义。马克思认为一切有价值的商品都建立在劳动创造基础上，价值是人类抽象劳动的凝结，是凝结在商品中的无差别的人类劳动。这里的劳动指的是一切形式的人类脑力和体力的消耗，生产商品的劳动具有二重性——具体劳动和抽象劳动，二者统一于劳动过程之中。一切劳动，一方面是人类劳动力在生理学意义上的耗费；就相同的或抽象的人类劳动这个属性来说，它形成商品价值。一切劳动，另一方面是人类劳动力在特殊的有一定目的的形式上的耗费；就具体的有用的劳动这个属性来说，它生产使用价值。这里，马克思把商品看作使用价值和价值的统一体，二者共存于一个商品体内，在生产商品的劳动实际中，社会的、相同的或抽象的劳动创造出这种商品的价值；个人的、具体的劳动则创造这种商品的使用价值。一方面，使用价值是价值的物质承担者，没有使用价值，价值无法存在；另一方面，它们是商品的两种完全不同的属性，其中使用价值是商品的自然属性，价值是商品的社会属性。可见，商品的使用价值和价值是由体现在商品中的具体劳动和抽象劳动决定的，拥有不同形式的具体劳动主要决定使用价值，而凝结在商品中的一般的、无差别的抽象劳动则是形成商品价值的唯一源泉。正是由于对劳动二重性的分析，马克思第一个彻底研究了劳动所具有的创造价值的特性，第一次确定了什么样的劳动形成价值，为什么形成价值及怎样形成价值等问题。

那么，如何衡量劳动价值的大小呢？马克思将抽象劳动的价值视为商品价值的一般尺度，而劳动的自然尺度则是劳动时间，因而就可以用抽象劳动时间量来衡量商品的价值量。马克思指出，商品的价值或它的相对价值的大小，取决于它所含的社会实体量的多少，也就是说，取决于生产它所必需的相对劳动量。所以，各个商品的相对价值，是由耗费于、体现于、凝固于该商品中的相应的劳动数量或劳动量决定的。这表明商品的价值是由劳动者创造的，要生产出一个商品，就必须在这个商品上投入或耗费一定量的劳动，劳动是商品价值的唯一源泉。

2. 劳动是财富产生的源泉

物质生产是人类维持生命存在的前提条件，劳动是不以一切社会形式为转移的人类生存条件，是人与自然之间的物质变换，即人类生活得以实现的永恒的自然必然性。人类首先要通过生产劳动解决衣食住行等生存问题，然后才能从事政治、宗教和文化等活动，即人类的所有活动都建立在人类所创造的物质财富基础上。劳动在唯物史观中体现的是一种社会关系。人类通过劳动创造出大量的社会财富以满足人类日益增长的物质、精神等方面的需要，

> **劳语典藏**
>
> "只有一个人一开始就以所有者的身份来对待自然界这个一切劳动资料和劳动对象的第一源泉，把自然界当作属于他的东西来处置，他的劳动才成为使用价值的源泉，因而也成为财富的源泉。"
>
> ——马克思

极大地促进了人类社会的发展。马克思认为，劳动并不是它所生产的使用价值即物质财富的唯一源泉。正像威廉·佩蒂所说，劳动是财富之父，土地是财富之母。这充分说明在财富创造过程中劳动所发挥的重要作用。

但是，劳动剥削是资本主义的社会本性。劳动创造价值，剩余劳动创造剩余价值，在资本主义制度中，资本家凭借对生产资料的所有权占有雇佣工人的剩余价值，而且支配着这种剩余劳动。因此，所谓的"劳动剥削"就是指资本家对雇佣工人的剩余劳动的无偿占有。可见，资本主义制度中资本家与工人的关系是剥削与被剥削的关系。资本主义国家是资本家阶级利益的代表，资本主义国家与工人的关系也是剥削与被剥削的关系，资本主义全部的秘密隐藏在剩余价值之中。马克思正是通过对剩余价值的研究考察了劳动者受资本家剥削的程度，由此发现了劳动剥削就是资本主义的社会本性。而要改变这种状况，必须从根本上否定这种不劳而获的剥削分配制度。"按劳分配"是马克思关于未来社会分配制度的一个重要构想，在以生产资料公有制为基础的集体社会中，不管个人所创造的或协助创造的产品的特殊物质形式如何，他用自己的劳动所购买的不是一定的特殊产品，而是共同生产中的一定份额。马克思认为，应该按照劳动者个人所提供的劳动量的比例在劳动者之间进行分配，在这里，劳动是决定个人消费资料分配的统一的唯一的尺度，劳动者据此从社会领取与他向社会提供的劳动量成比例的消费品，

马克思将其看作实现社会正义的重要原则。

（三）劳动是实现人全面发展的基本途径

马克思主义认为，在合理的社会制度下，每个有劳动能力的人都应当学会劳动，不仅能够用手劳动，而且能够用脑劳动，从而将体力劳动与脑力劳动结合起来，并使人的各方面的能力得到充分的、协调的发展，成为全面发展的人。

1. 劳动创造了人全面发展的现实条件

在教育史上，许多先贤提出了关于人的全面发展的主张。如亚里士多德提出人的德智体和谐发展；莫尔提出消灭脑力劳动与体力劳动的分离；夸美纽斯、卢梭、裴斯泰洛齐等人也从不同角度论证了人性和谐的观点；而后的空想社会主义者圣西门则首次提到了全面发展的人；傅立叶的"协作教育"是让儿童轮流参加各种劳动，实现体力和智力的全面发展；欧文在他的共产主义移民区中要求所有人都交替从事各种劳动，并强调劳动者本身的全面发展，将体力劳动与脑力劳动的结合视为实现全面发展的基本途径。马克思、恩格斯批判性地继承了历史上关于人的全面发展的思想遗产。同时，马克思、恩格斯在系统地考察了分工发展与人的发展关系的基础上，指出旧式分工造成人的智力劳动与体力劳动的分离与对立，导致人的劳动能力逐渐丧失整体性，从而使人陷入片面的畸形发展。体力劳动和脑力劳动的分离，以及体力、脑力的各自片面发展在一定程度上都将限制和破坏人发展的全面性。资本主义大工业发展以后，大工业生产的技术经常发生变革，因而要求工人的职能和劳动过程中所组成的关系也经常发生变化。这与手工工场时代把成熟了的生产技术凝固起来一代代传下去的状况是完全不同的，这种大工业的本性要求用那种把不同社会职能当作互相交换的活动方式的全面发展的个人，来代替只是承担一种社会局部职能的局部个人，这是现代生产的普遍规律。大工业从科学技术上为打破旧式分工的凝固化、专门化展现了可能性，也为其提供了基础，而资本主义的生产方式却使人更加片面化，这是机器大工业的生产力和资本主义生产关系的矛盾的反映。因此，只有根本改变资本主义的生产关系，才能使大工业的本性的客观要求得到"正常实现"，才可能造就全面发展的人。

2. 教育与生产劳动相结合是造就全面发展的人的唯一方法

在资本主义制度下，劳动被异化成"仅仅维持自己生存的手段"，劳动异化毁灭了自由自觉的人的本质属性和劳动者的身心发展，成为人的解放的主要障碍。实现人的全面发展，就是要达到人的智力、体力发展的统一。马克思通过对资本主义大工业生产的具体分析，科学地解释了教育与生产劳动相结合的必要性与可能性，充分肯定了它在人的全面发展中的重要地位。马克思深入分析了异化劳动形成的私有制根源，提出以共产主义扬弃私有制、最终消除劳动异化，才能实现劳动和教育相结合，从而使多方面的技术训练和科学教育的实践基础得到保障。

在未来社会，一切人都要劳动，劳动为人创造全面发展和自我实现的机会，劳动已经不仅仅是谋生的手段，而且成了生活的第一需要，生产劳动不再是奴役人的手段，而成了解放人的手段，生产劳动就从一种负担变成一种快乐。这正如列宁所言，没有年青一代的教育和生产劳动的结合，未来社会的理想是不能想象的。无论是脱离生产劳动的教学和教育，或是没有同时进行教学和教育的生产劳动，都不能达到现代技术水平和科学知识现状所要求的高度。

> **劳语典藏**
>
> "正如我们在罗伯特·欧文那里可以详细看到的那样，从工厂制度中萌发出了未来教育的幼芽，未来教育对所有已满一定年龄的儿童来说，就是生产劳动同智育和体育相结合，它不仅是提高社会生产的一种方法，而且是造就全面发展的人的唯一方法。"
>
> ——马克思

综上所述，马克思主义经典作家基于对人类社会的唯物主义考察，从现实的社会出发，深刻阐述了劳动价值观的基本内涵。当前正是全党和全国各族人民正在为实现"两个一百年"奋斗目标努力拼搏的关键阶段，深刻理解马克思主义劳动价值观，不仅有助于人们深刻认识到劳动的价值，而且有助于在全社会形成劳动光荣、创造伟大的价值取向，对于新时期做好劳动教育工作，帮助大学生树立正确的劳动价值观，培养德智体美劳全面发展的社会主义建设者和接班人，具有重大的时代价值和现实意义。

三、习近平新时代中国特色社会主义劳动价值观

重视劳动价值和作用，树立鲜明的劳动价值观是习近平新时代中国特色社会主义思想的突出特点。党的十八大以来，习近平总书记在多个场合、多次讲话中阐述了劳动、劳动者、劳动模范、劳模精神等在中国特色社会主义事业建设中的重要作用，进一步继承与发展了马克思主义劳动价值观，形成了"劳动最光荣、劳动最崇高、劳动最伟大、劳动最美丽"的价值观。

（一）劳动最光荣：劳动没有高低贵贱之分

1.任何一份职业都很光荣

社会的发展离不开每一位劳动者的创造，不论工人、农民或领导干部，他们都在自己平凡的岗位上从事着不同的劳动，为社会的发展增砖添瓦。他们勤劳朴实、自强不息的民族精神，爱岗敬业、吃苦耐劳的奉献精神，体现了中华民族的

传统美德。针对社会上出现的歧视体力劳动者的现象，习近平总书记指出，不管他们从事的是体力劳动还是脑力劳动，是简单劳动还是复杂劳动，只要有益于人民和社会，他们的劳动同样是光荣的，同样值得尊重。习近平总书记充分肯定了每一位劳动者的劳动付出，将每一位劳动者置于平等的地位，要求我们尊重每一位劳动者的劳动。他说，无论时代条件如何变化，我们始终都要崇尚劳动、尊重劳动者，始终重视发挥工人阶级和广大劳动群众的主力军作用。习近平总书记号召全社会大力弘扬劳动光荣、知识崇高、人才宝贵、创造伟大的时代新风，促使全社会成员弘扬劳动精神，推动全社会热爱劳动、投身劳动、爱岗敬业，为改革开放和社会主义现代化建设贡献智慧和力量。在 2015 年"五一"国际劳动节大会上习近平总书记进一步强调：全社会都要以辛勤劳动为荣、以好逸恶劳为耻，任何时候任何人都不能看不起普通劳动者，都不能贪图不劳而获的生活。这些讲话不仅有力地回击了当前社会上出现的轻视劳动、看不起劳动者的歪风邪气，而且对激励劳动者的劳动热情，培育社会主义核心价值观具有重要引领作用，也是对马克思劳动创造价值思想的创新发展。

 榜样力量

时传祥：一人脏换万家净

1975 年 5 月 19 日，60 岁的掏粪工时传祥悄然离世，留下"宁愿一人脏，换来万家净"的精神在首都环卫战线传承。

1915 年 9 月，时传祥出生在山东德州齐河县一个贫苦农民家庭，14 岁时逃荒到北京城郊宣武门一家私人粪厂，当起了掏粪工。1949 年中华人民共和国成立后，时传祥进入原北京市崇文区清洁队工作，从曾经受人压迫剥削的"粪花子"，变成了首都环卫战线的一名清洁工人。时传祥感到无比幸福，在此后的近 20 年

时传祥

时间里，他无冬历夏地走街串巷，挨家挨户掏粪扫污，几乎没有闲暇时间。

那时的北京，楼房少，平房多，老四合院里人口密度非常大，可茅坑浅，粪便常常溢出来，气味非常难闻。每次掏粪遇到这种情况，时传祥从不嫌脏嫌臭，他总不声不响地找来砖头，把茅坑砌得高一些。不管坑底多深，时传祥都会想方设法掏干扫净。茅坑里掉进了砖头瓦块，他就弯下腰去，用手一块块地拣出来。"咱要一人嫌脏，就会千人受脏，咱一人嫌臭，就会百家闻臭。俺脏脏一人，俺怕脏就得脏一街。"这是时传祥常挂在嘴边的话。

当掏粪工人，几乎没有节假日，时传祥更是闲不住，哪里该掏粪，不用人来找，总是主动去。面对工作，不但要苦干，还要巧干，时传祥绞尽脑汁革新技术，带领大家共同进步。当时，北京市人民政府要减轻掏粪工人的劳动强度，把过去送粪用的轱辘车全部换成了汽车。运输工具改善之后，时传祥合理计算工时，挖掘潜力，把过去7个人一班的大班，改为5个人一班的小班。在他的带领下，全班由过去每人每班背50桶增加到80桶，而他自己则每班背90桶，最多每班掏粪背粪达5吨。在时传祥所负责的管区内，环境总是优美整洁，可时传祥的右肩却因背粪而长年肿胀，被磨出一层厚厚的老茧。

除了自己一生投身于首都的环卫事业，时传祥更关心环卫事业的后继与发展。在他提议下，自1962年开始，清洁队陆续分来一批初高中毕业生，时传祥就担任"青年班"班长，担负起这些年轻人的传帮带任务。通过他的言传身教，为青年人树立了"工作无贵贱、行业无尊卑"的为人民服务思想。1966年国庆观礼，时传祥还作为北京市观礼团副团长受到毛泽东主席的接见。

1975年5月19日，时传祥去世。弥留之际，他将4个子女叫到身边，对孩子们说："我掏了一辈子大粪，旧社会被人看不起，但我对掏粪是有感情的。我向主席汇报工作时说，各行各业都需要有人接班，我唯一的一个愿望是你们接好我的班，这个班不是我个人的班，这是党和国家的班！"在父亲的感召下，时传祥的4个子女全部进入环卫战线工作，他的孙女时新春，也成了时家的第三代环卫工人，继续发扬"宁愿一人脏，换来万家净"的时传祥精神。

我国著名艺术家吕远曾评价时传祥说：这个终身在粪便中劳动的人，实在是一个纯洁的人，是一个像莲花一样出淤泥而不染的品格高尚的人。在21世纪，时传祥精神依然如莲花般绽放着洁净而纯粹的魅力。

（资料来源：《北京日报》，2019年8月5日，有改动）

相关链接：

时传祥：一人脏换万家净

2. 尊重劳动，尊重知识，尊重人才，尊重创造

全面建成小康社会，我国亿万劳动群众是主体力量，特别是知识分子作为创新性劳动的主体。他们的主体能动性能否充分发挥，直接关系到劳动的创新性成果的转化，关系到全面建成小康社会目标的实现。为充分发挥这些高素质劳动者、创造性人才的作用，习近平总书记指出，要树立正确人才观，培育和践行社会主义核心价值观，着力提高人才培养质量，弘扬劳动光荣、技能宝贵、创造伟大的时代风尚，营造人人皆可成才、人人尽展其才的良好环境，努力培养数以亿计的高素质劳动者和技术技能人才。全社会都要贯彻尊重劳动、尊重知识、尊重人才、

尊重创造的重大方针。对于当前青少年中出现的不爱劳动、不会劳动、不珍惜劳动成果的现象，习近平总书记在全国教育大会上特别强调，要在学生中弘扬劳动精神，教育引导学生崇尚劳动、尊重劳动，懂得劳动最光荣、劳动最崇高、劳动最伟大、劳动最美丽的道理，长大后能够辛勤劳动、诚实劳动、创造性劳动。弘扬劳动精神，向劳模学习，是对"劳动光荣"理念的进一步倡导，是马克思主义劳动价值观的弘扬。"劳动最光荣"作为一种引导人民群众积极进取的价值取向，展现着无穷的魅力。

> **劳语典藏**
>
> "在我们社会主义国家，一切劳动，无论是体力劳动还是脑力劳动，都值得尊重和鼓励；一切创造，无论是个人创造还是集体创造，也都值得尊重和鼓励。全社会都要贯彻尊重劳动、尊重知识、尊重人才、尊重创造的重大方针。"
>
> ——习近平

 榜样力量

蒋武：攻克生产难题　实现人生价值

蒋武车间照

蒋武，历任四川省天渠盐化有限公司生产车间班长、车间主任、生产部部长。今年 48 岁的他，1991 年毕业后就来到四川省天渠盐化有限公司（原渠县盐厂）机修车间工作。工作 29 年来，他不断积累技术经验，刻苦钻研专业知识，攻克了一个又一个生产难题，成为公司有名的技术能手，为企业节约投资 1000 余万元，在平凡的岗位上实现了自己的人生价值。

29 年刻苦钻研——从普通工人成为技术能手

1991 年，蒋武从当时的达川地区农业学校机械专业毕业，被分配到原渠县盐厂机修车间当一名钳工。为了更好地干好本职工作，他省吃俭用购买了设备维修、钳工工艺、钣金工艺等书籍学习。工作中遇到的问题，他都一一记录下来，或查资料，或请教师傅，不解决问题绝不放弃。慢慢地，他对业务逐渐熟练精通。

1998 年 3 月，他被任命为机修车间班长。后来又担任机修车间主任。尽管走上了领导岗位，但每逢遇到生产困难和问题时，他都身先士卒，冲锋在生产一线。2006 年，公司合并原机修、制盐、包装车间为制盐车间，蒋武担任车间主任。公司主要从事食用盐生产，生产任务十分繁重。每当大家为了赶工期加班时，蒋武总是将难活、累活、脏活往自己身上揽，却从不叫苦，直到圆满完成各项生产任务。蒋武深知，生产设备一个零件的疏忽、一个尺寸的误差都会影响食用盐产品的质量。每当生产结束，他都要拿着图纸和笔记本，仔细检查每一个设备尺寸，保证设备正常运转。2008年，他被公司任命为生产部部长。

攻克技术难关，为公司节约投资 1000 余万元

2015 年 12 月，公司启动 30 万吨绿色多品种真空制盐技术升级改造项目，蒋武作为技术负责人，事无巨细，每次必去改造项目现场指导。他用自己积累的丰富生产技术经验积极与设计单位沟通，对工艺、设备进行优化。公司原有 4 个加热室，改造后需要增加到 6 个加热室。一个加热室需投入百余万元。他提出将原有 4 个加热室加入新设备中，通过一系列研判和可行性方案的探讨，他的意见被采纳，为公司节约成本 400 余万元。2017 年 9 月，技改项目成功投产。

近些年，由他主持的多项节能技改项目取得成功，为企业节约成本 1000 余万元。由于成绩突出，蒋武多次被公司评为"先进工作者""优秀职工"；2018 年，被评为"达州市节能减排先进个人"；2019 年，被公司评为"爱岗敬业员工"；2020 年，被评为达州市第五届劳动模范。

（资料来源：达州日报网，2020 年 10 月 28 日，有改动）

（二）劳动最崇高：劳动创造美好幸福生活

1. 劳动是提高人们生活水平、创造幸福生活的基础

习近平总书记在陕西延川梁家河七年的知青岁月中，不仅踏实劳动，而且带头积极劳动，例如修井、建沼气池、打坝，在劳动生产实践中，他深深认识到只有依靠劳动才能创造出更多的物质财富，才能解决老百姓的温饱问题。在福建工作期间，他指出贫困地区的人们要想摆脱贫困，过上好日子，就必须付出更加艰辛的劳动。"人世间的一切幸福都需要靠辛勤劳动来创

劳语典藏

"中华民族是勤于劳动、善于创造的民族。正是因为劳动创造，我们拥有了历史的辉煌；也正是因为劳动创造，我们拥有了今天的成就。"

——习近平

造"，这句简单的话不仅阐释了幸福与劳动的关系，也是对广大人民群众通过劳动创造幸福生活的伟大号召。习近平总书记多次在会议上谈到劳动与幸福生活的关系，他指出，中国人民自古就明白，世界上没有坐享其成的好事，要幸福就要奋斗。幸福不是毛毛雨，幸福不是免费午餐，幸福不会从天而降。人世间的一切成就、一切幸福都源于劳动和创造。当前，人民日益增长的美好生活需要和不平衡不充分发展之间的矛盾是我国社会的主要矛盾，而要解决这一矛盾，唯有诚实劳动、努力奋斗，满足人民对美好生活的需要，为幸福生活奠定物质基础。

2.幸福都是奋斗出来的，奋斗本身就是一种幸福

劳动不仅满足了人们物质生活的需要，同时使人们在劳动创造中体验和感受劳动的幸福与精神愉悦。随着生活水平的提高、物质生活条件的改善，人们不仅仅把劳动看作谋生手段，还把劳动看作实现自我价值的重要方式，人们更加注重劳动过程中的体验与感受，通过劳动满足自身的发展需要和自我实现需要。党的十八大以来，习近平总书记多次强调"让人民群众有更多获得感"。党的十九大报告进一步深化了这一要求，"使人民获得感、幸福感、

> **劳语典藏**
>
> "一切劳动者，只要肯学肯干肯钻研，练就一身真本领，掌握一手好技术，就能立足岗位成长成才，就都能在劳动中发现广阔的天地，在劳动中体现价值、展现风采、感受快乐。"
>
> ——习近平

安全感更加充实、更有保障、更可持续"。习近平总书记指出，奋斗者是精神最为富足的人，也是最懂得幸福、最享受幸福的人。习近平总书记的讲话告诉我们劳动不仅是人的一种物质活动，也是人的一种精神活动，劳动能给人带来快乐和幸福。这种幸福不只是物质上、感官上的满足，而是更高层次、更大价值的人生取向，是人们幸福生活的重要组成部分。同时，他希望孩子们从小热爱劳动、热爱创造，通过劳动和创造播种希望、收获果实，也通过劳动和创造磨炼意志、提高自己。

（三）劳动最伟大：劳动是推动人类社会进步的根本力量

1.劳动成就梦想

2012 年 11 月 29 日，习近平总书记在国家博物馆参观《复兴之路》展览时第一次提出了"中国梦"。他说："实现中华民族伟大复兴，就是中华民族近代以来最伟大的梦想。这个梦想，凝聚了几代中国人的夙愿，体现了中华民族和中国人民的整体利益，是每一个中华儿女的共同期盼。"然而，梦想不会自动成真，实现梦想也不可能一蹴而就，中华民族的伟大复兴，绝不是轻轻松松、敲锣打鼓就能实现的。他指出，我们所处的时代是催人奋进的伟大时代，我们进行的事业是前无古人的伟大事业，我们正在从事的中国特色社会主义事业是全体人民共同的事业。全面建成小康社会，进而建成富强民主文明和谐美丽的社会主义现代化国家，根本上靠劳动，靠劳动者创造。实现我们的奋斗目标，开创我们的美好未来，必须紧紧依靠人民、始终为了人民，必须依靠辛勤劳动、诚实劳动、创造性劳动。"空谈误国，实干兴邦"，实干首先就要脚踏实地地劳动。离开了劳动，梦想不可能成真，所设立的目标就会成为空中楼阁。说到底，实现中华民族的伟大复兴，要靠各行各业人们的辛勤劳动。

2. 劳动开创未来

改革开放 40 多年来，中国人民用自己辛勤的劳动创造了举世瞩目的巨大成绩，中国特色社会主义进入新时代。但是，我们必须清醒地认识到，我国仍处于并将长期处于社会主义初级阶段，社会生产力还不够发达，社会财富还不够充裕，在全民建成小康社会的奋斗中，面临着各种难题。只有依靠广大人民群众脚踏实地地劳动，持之以恒地诚实劳动、辛勤劳动，憧憬才能变为现实。习近平总书记强调，因为劳动创造，我们拥有了历史的辉煌；也正是因为劳动创造，我们拥有了今天的成就。劳动造就了中华民族，造就了中华民族辉煌的历史，也必将创造出中华民族的光明未来。习近平总书记的讲话深刻诠释了劳动对国家富强、社会发展的重要价值，揭示了劳动是实现"国家富强""民族振兴""人民幸福"的根本路径。劳动是梦想与现实之间的桥梁，是通向未来的必由之路，只有脚踏实地地辛勤劳动、诚实劳动、创造劳动，才能开创我们的美好未来。因此，必须"引导和支持所有有劳动能力的人依靠自己的双手开创美好的明天"。

劳动是一切成功的必由之路。现在，我们比历史上任何时候都更接近实现中华民族伟大复兴的目标，比历史上任何时期都更有信心、更有能力实现这个目标。但是，我们的路也更加艰难，更加需要艰苦奋斗、不懈努力，只有脚踏实地地辛勤劳动，"两个一百年"的奋斗目标才能实现。

劳动
视野

世界最长的跨海大桥：港珠澳大桥

港珠澳大桥

2018 年底，经过 6 年筹备、9 年建设，全长 55 公里的港珠澳大桥建成通车。这一超级工程集桥梁、隧道和人工岛于一体，其建设难度之大，被誉为桥梁界的"珠穆朗玛峰"。它的建成，不仅标志着中国从桥梁大国走向桥梁强国，也意味着粤港澳大湾区建设正式驶入快车道。

在港珠澳大桥管理局调度中心的大屏上，港珠澳大桥全线 22.9 公里的桥面、6.7 公里的沉管隧道，以及东西人工岛的运行情况一览无余。没有这座大桥之前，由于伶仃洋的阻隔，珠海、澳门与香港之间的陆上交通需要 3 个多小时。20 世纪 90 年代末，香港回归祖国，为应对亚洲金融危机的影响，香港特别行政区政府认为有必要尽快建设连接港、珠、澳三地的跨海通道，以发挥港澳优势，寻找新的经济增长点。这一计划得到中央人民政府的支持，2009年12月，东接香港特别行政区，西接广东省珠海市和澳门特别行政区的港珠澳大桥正式开工，这是在"一国两制"框架下粤、港、澳三地首次合作建设的超大型跨海交通工程。

然而，港珠澳大桥横跨珠江口、伶仃洋，这里是世界最繁忙的航道之一，每天有4000多艘船舶穿行，同时，大桥还毗邻周边机场，空域管理对大桥建设施工及大桥本身的规模都有诸多限制。

"海豚"造型钢塔高105米，相当于35层楼高，隧道单个标准沉管节长180米，重达8万吨，体量相当于一艘中型航母，还有全线208个预制墩台，这一个个庞然大物的建造、运输、安装牵动各方神经。

从大桥主体工程项目采用桥、岛、隧组合的设计，到大胆创新施工技术、施工方式，港珠澳大桥建设相关各方通力合作，在保证工程进度的同时，也最大限度地减少了工程及建设期间给这一区域海空交通运输带来的影响。与此同时，港珠澳大桥也创造了桥梁建设史上诸多世界第一。

全长55公里，是世界第一长的跨海大桥；海底沉管隧道全长6.7公里，是世界第一长的海底沉管隧道。海底隧道最深48米，是世界第一深的沉管隧道。

这一切，凝聚了所有大桥建设者的汗水和智慧，也将见证粤港澳大湾区建设的如火如荼、日新月异。

（资料来源：央视网，2020年5月1日，有改动）

相关链接：

世界最长的跨海大桥：港珠澳大桥

（四）劳动最美丽：奋斗是劳动人民最美的姿态

1. 劳动创造了世间的一切美好

人们靠劳动实现了生存与发展，人们在劳动中体会到了快乐和幸福，体验到了自身的价值。2013年10月，习近平总书记在同中华全国总工会新一届领导班子集体谈话中指出，要在全社会大力弘扬我国工人阶级的优秀品质，大力宣传劳动模范和其他典型的先进事迹，加强对广大青少年的教育，让全体人民进一步焕发劳动热情、释放创造潜能，通过劳动创造更加美好的生活。这是对劳动者辛勤劳动的赞美，也是对他们劳动的肯定。习近平总书记关于"劳动最美丽"的重要论述，是对马克思主义劳动价值观的继承和发展。

2. 劳动是最美的绽放

党的十八大以来，每年的"五一"国际劳动节前夕，习近平总书记都会在讲话中谈及劳动模范和劳模精神，并高度评价、赞美劳动模范与劳模精神，称劳模范是劳动群众的杰出代表，是最美的劳动者，是民族的精英、人民的楷模，是坚持中国道路、弘扬中国精神、凝聚中国力量的楷模，肯定劳动模范对社会所作的贡献。这不仅是国家、社会对于他们工作的认可，更是他们"最美"的证明。劳动模范在他们平凡的岗位上，默默无闻，辛勤劳动，以高度的主人翁责任感、卓越的劳动创造、忘我的拼搏奉献，为全国各族人民树立了光辉的学习榜样，给全社会展现了劳动最美丽的时代形象。习近平总书记指出，劳动模范身上体现的"爱岗敬业、争创一流，艰苦奋斗、勇于创新，淡泊名利、甘于奉献"的劳模精神，是伟大时代精神的生动体现，丰富了民族精神和时代精神的内涵，是我们极为宝贵的精神财富。习近平总书记关于劳模精神的表述，赋予劳动神圣与崇高性，强调了劳模精神作为精神财富的重要意义，为科学理解和大力弘扬劳模精神提供了正确的方向和指导，有利于在全社会营造"崇尚劳动"的浓厚氛围，树立"劳动最美丽"的观念。

劳动视野

礼赞劳动之美

劳动创造历史，也创造美。如果人类的文明史是一幅绚丽的画卷，那么这幅绚丽画卷的底色一定是人类的劳动。人们在劳动过程中所体现出来的智慧、品格、情感等都成为无数文学、音乐等艺术作品争相表达的主题。

在文学的世界里，人们从不吝惜对劳动的礼赞。唐代诗人李绅可谓把劳动者的勤苦写到了极致，他的《悯农》家喻户晓。其中，"锄禾日当午，汗滴禾下土"，描绘了在烈日当空的正午农民田里劳作的景象，概括地表现了农民终年辛勤劳动的生活。明代冯梦龙有诗云："富贵本无根，尽从勤里得。"告诉人们所有的富贵荣华，无不是从艰苦的劳动中创造出来的。除此之外，无论是刘禹锡的"美人首饰侯王印，尽是沙中浪底来"，还是郑遨的"一粒红稻饭，几滴牛颔血"，都在告诫人们，要懂得尊重劳动人民，并珍惜来之不易的劳动果实。

劳动本身的美丽不仅受到文学的礼赞，在音乐的王国里，劳动之美也常常带领人们进入神圣美好的精神殿堂。新中国成立后，歌颂劳动之美的作品不断涌现。《我为祖国献石油》唱出了石油工人投身祖国建设的豪迈，《在希望的田野上》反映了改革初期农民心底的喜悦，《幸福在哪里》激发了人们对未

工作在一线的石油工人

来的无限憧憬，《春天的故事》唱响了神州大地荡起的滚滚春潮……热情、激昂、有力量的旋律，共同塑造了一种气势磅礴的美丽；这些激动人心的歌词，鼓舞着千千万万劳动者奋力前行！

（资料来源：德州新闻网，2020年4月30日，有改动）

3.劳动者永远是最美丽的人

党的十八大以来，被习近平总书记点赞的劳动模范有很多，他们的共同特点就是热爱劳动、辛勤劳动、诚实劳动，在自己平凡的岗位上尽职尽责、淡泊名利、无私奉献。劳动模范以他们的行动谱写了新时代劳动者之歌，是我们学习的楷模，习近平总书记号召全国各族人民都要向劳模学习，以劳模为榜样，发挥只争朝夕的奋斗精神，共同投身实现中华民族伟大复兴的宏伟事业。

劳动最美丽是对所有劳动者根本的价值要求，更是对全社会的价值要求。我们今天所取得的伟大成就，所拥有的一切，无不凝聚着劳动者的辛勤汗水，蕴含着劳动者的牺牲奉献。我们一定要以劳动模范为榜样，爱岗敬业、勤奋工作，锐意进取、勇于创造，不断谱写新时代的劳动者之歌，以奋斗开创明天。

 榜样力量

黄大年：潜心科研　开启国家深地时代

2009年12月24日，平安夜，大雪天气，一架民航班机缓缓降落在长春龙嘉国际机场……享誉世界的地球物理学家黄大年，告别18年英伦生活，"挥一挥衣袖，不带走一片云彩"，回到祖国。在此之前，黄大年是国际著名航空地球物理探测技术专家。有人问他为何回国、为何选择吉林大学，黄大年说："康河留下了我的眷恋，而地质宫刻有我的梦想。"那时，国内顶尖科研单位的许多橄榄枝都向黄大年抛来，但他毫不犹豫地选择了母校。

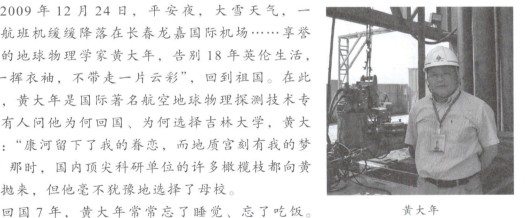

黄大年

回国7年，黄大年常常忘了睡觉、忘了吃饭。吉林大学地质宫507室，是黄大年的办公室，只要不出差，屋内的灯光每天都要亮到凌晨。回国7年，他超过1/3的时间在出差；他不肯浪费宝贵的白天，总是订夜航；回到办公室，他把会议吊牌随手挂在衣柜的横杆上，7年下来，竟攒了满满一杆大小各异、五颜六色的会议吊牌。黄大年的秘书说，这只是其中一部分。

在黄大年推动下，中国的深探事业用5年时间走完了发达国家20年的道路。他带领400多名科学家创造了多项"中国第一"，使中国正式进入"深地时代"。

在黄大年的倡议下，2016年9月，吉林大学新兴交叉学科学部筹备初期工作宣告完成，一个辐射地学部、医学部、物理学院、汽车学院、机械学院、计算机学院、国际政治系等专业的非行政化"科研特区"初步形成。

但人终究不是机器，黄大年病倒了。2016年12月14日，一向健壮的黄大年被推上了手术台。手术前一晚，他在朋友圈里写道："人生的战场无所不在，很难说哪个最重要。无论什么样的战斗都有一个共性——大战前夕最寂静，静得像平安夜……"没想到，这成了黄大年发在朋友圈的最后一条信息。

黄大年走了。2017年1月8日，他带着对祖国的无限眷恋，带着对事业的无限留恋，带着对学生的无限惦念，永远地离开了。一颗强大的心脏停止了跳动，至诚报国的精神将永远激励后人……

（资料来源：《人民日报》，2019年10月25日，有改动）

相关链接：

以身许国黄大年

四、大学生树立正确劳动价值观的意义

大学生是社会主义事业的建设者和接班人，肩负着建设国家的使命。培育大学生树立正确的劳动价值观，对大学生形成社会主义核心价值观，促进大学生全面和谐发展，实现高等学校立德树人的教育目标有着重要的价值。2018年5月，习近平总书记在北京大学师生座谈会上指出，青年的价值取向决定了未来整个社会的价值取向，并告诫青年，人生的扣子从一开始就要扣好。但是，长期以来，由于学校、家庭、社会等多种因素的影响，当前大学生中存在诸如"轻视劳动""看不起劳动者"等错误的价值观念。如何让大学生树立正确的劳动价值观，能够诚实劳动、辛勤劳动、创造劳动，已成为高等学校教育不可忽视的重要问题。

（一）促进自身全面和谐发展的需要

从劳动教育与品德教育、智力教育、体质教育、审美教育的联系来看，使学生形成正确的劳动价值观、提升劳动技能、锻炼劳动能力、体验劳动之美是高校进行德育、智育、体育和美育的重要内容。

德育在于引导学生领悟社会主义思想观点和道德规范，理解社会主义核心价值观，培养学生形成社会主义品德，侧重于培养学生形成正确的世界观、人生观和价值观；智育在于授予学生系统的科学文化知识和一定的基本技能，提高学生提出问题、分析问题、解决问题的能力，使其掌握社会主义现代化建设的本领，侧重于启发学生掌握认识世界、改造世界的方法论；体育在于授予学生保持健康卫生的知识和技能，发展学生体力、增强学生体质，侧重于使学生形成强健的体魄和良好的身体素质，为从事生产劳动和社会活动做好准备；美育在于培养学生形成正确的审美观，提高他们发现美、鉴赏美、创造美的能力，净化学生的心灵，使其形成高尚的情操，侧重于学生带着怎样的眼光和心灵进入生产和生活世界；而劳动教育在于培养学生的劳动情感、劳动态度、劳动价值观，形成劳动技能和劳动体验，侧重于学生带着怎样的情感、态度和方式进行生产和生活。就学生的全面发展来说，各类教育都有其自身的规律、特点和功能，同时，它们又相互制约、相互促进，共同构成人的教育的有机整体，值得注意的是，劳动教育独有的育人功能是全面发展的教育体系的重要组成部分，是发展德育、智育、体育、美育的重要支撑和有力抓手。

（二）实现美丽青春梦想的需要

无论是个人的梦想，还是社会发展的梦想，都只有通过辛苦劳动、诚实劳动、创造性劳动才能够实现。只有依靠劳动，我们才能在这个世界上获得存续与发展，在进行劳动实践的过程中，与世界发生关系，实现自己的梦想。可见，劳动才是现实与梦想之间的桥梁和中介。从国家层面，坚持科教兴国战略、人才强国战略、创新驱动发展战略，充分调动广大劳动者积极性、主动性、创造性，不断拓展人才成长空间，塑造一支有理想、有智慧、有技能、会创新的高素质劳动者队伍；从个人层面，将个人梦想与国家梦想紧紧相连，把人生理想、家庭幸福融入国家富强、民族振兴的伟大事业，形成"干一行、爱一行、专一行、精一行"的社会风尚，我们就能够让一切劳动与创新的活力竞相迸发，让一切创造社会财富的源泉充分涌流。

大学生正处于人生当中最为美好、最有激情、最有活力的重要阶段，也是敢于有梦、勇于追梦、勤于圆梦的关键时期。梦想有了，如何实现？"天上不会掉馅饼"，大学生青春梦想的实现唯有靠勤奋不辍、持之以恒的劳动。可见，劳动教育是大学生实现美丽梦想的需要。

 榜样力量

"90后"全国劳模裴先峰：焊花照亮青春梦想

他是2015年受表彰的最年轻的全国劳模，曾凭借着多乒苦练出的精湛技艺，代表中国摘得第一块世界技能大赛奖牌，先后获得"全国技术能手""全国

裴先峰

五一劳动奖章""全国五四青年奖章""中石油十佳青年岗位能手"等荣誉称号。他叫裴先峰，是一名"90后"电焊师，梦想着像自己的师傅一样，把焊接技能传播给更多的人，培育出更多的"一流焊工"，让中国焊接水平领先世界水平，让更多优秀焊工在国家建设中贡献自己的青春力量。

2012年至今，经过裴先峰培训的一建公司技校学生和技能工人先后在全国工程建设系统焊接比赛等大赛中获奖。在他的悉心指导下，一建公司选派的薛正才和王鹏鹏在世界技能大赛全国选拔赛中分别获得第二名、第七名的好成绩。

2015年12月，裴先峰被派遣到约旦最南端临近红海的亚喀巴工作，预计2016年才能回国。由于工作距离太远，手头工作不能耽误，裴先峰错过了2016年在京举行的全国劳动模范和全国先进工作者表彰大会。

现在，已是国内焊工中佼佼者的裴先峰，也未放松学习。2014年完成石油大学的函授班课程后，他一直坚持利用业余时间"充电"，为了更好地适应岗位工作，他瞄准焊接发展前沿，积极学习先进的焊接技术，并抓紧英语学习。

"一切荣誉最终还要回归平淡。"裴先峰说，最能彰显劳动者魅力的地方，还是工作一线。未来，他的梦想就是成为像师傅——一建公司"国家技能人才培育突出贡献奖"获得者董留寨、鸟巢焊接技术指导曹遂军那样优秀的焊接培训师，既有丰富岗位经验，又能培养优秀焊接工人。

（资料来源：中国青年网，2016年1月14日，有改动）

（三）形成积极向上就业创业观的需要

大学生毕业后的就业创业选择不仅影响其自身的发展和价值实现，也关系到千万个家庭的生活前景和幸福期待，尤其是来自农村家庭或贫困家庭的大学生，他们身上更是寄托着一个家庭甚至是一个家族的希望和梦想。引导大学生树立正确的劳动价值观，有利于促进大学生在大学阶段形成积极向上的就业创业观。比如，在继续深造和实现就业之间需要科学判断，并不是说学历越高就越容易就业，有的专业本科或专科更容易就业；也并不是说所有人都适合考研，读研意味着毕业后更多地从事科研工作。当国家建设需要和个人价值实现出现矛盾的时候，应当首先考虑国家建设需要，而不是置国家需要于不顾去考虑个人利益，应该有大局意识。甚至当所学专业与就业岗位并不完全匹配的时候，大学生应当加强学习，努力适应并胜任工作岗位，而不是迅速辞掉工作。当客观现实与主观认知产生分歧的时候，比如是否一定要坚持去一、二线城市工作？是否低于某一工资水平的工作就不要？是否一定要选择找个大公司大企业的工作？大学生需要立足现实，重新进行自我评估，并作出合理明智的选择。当就业和创业机会摆在面前的时候如何作出取舍，需要充分考虑创业前景、创业政策、社会关系、家庭背景、个人能力等多重因素，然后作出合适的选择。

可见，大学生只有在大学阶段形成正确的劳动价值观，形成积极向上的就业创业观，才会在就业创业选择时作出理性选择。

（四）成为社会主义现代化建设者和接班人的需要

大学生作为我国社会主义的建设者和接班人，必须树立正确的劳动价值观，将来才能为我国社会主义现代化建设作出重大贡献。

劳动教育是中国特色社会主义教育制度的重要内容，直接决定社会主义建设者和接班人的劳动精神面貌、劳动价值取向和劳动技能水平。长期以来，全国各级各类学校坚持教育与生产劳动相结合，在实践育人方面取得了一定成效。同时也要看到，近年来一些青少年中出现了不珍惜劳动成果、不想劳动、不会劳动的现象。这种现象的存在必须引起学校教育的重视，这显然不利于决胜全面建成小康社会，长远来看，对我国社会主义现代化建设也是极为不利的。因此，高校亟须加强对在校大学生的劳动教育，引导大学生树立正确的劳动价值观。劳动价值观直接影响到大学生在校期间的学习和生活，正确的劳动价值观会让学生认识到对待学习必须踏踏实实、勤勤恳恳，正所谓"书山有路勤为径，学海无涯苦作舟"，考试靠投机取巧的思想是要不得的。劳动价值观还会影响他们将来走上工作岗位后的价值取向，不正确的劳动价值观会造成他们工作中利益至上的思想，即对自己有利的劳动就去干，无利可图的劳动就远远地躲着，不正确的劳动价值观会使他们在工作中产生拈轻怕重的思想，劳动过程中总是挑肥拣瘦，缺乏全心全意为人民服务的意识。由此看来，引导大学生树立正确的劳动价值取向，才有利于专门人才的培养，从而推动我国社会主义现代化建设。

劳动视野

如何培养社会主义建设者和接班人

"培养德智体美劳全面发展的社会主义建设者和接班人"，在全国教育大会上，习近平总书记站在党和国家事业发展全局的战略高度，指明了教育工作的根本任务、教育现代化的方向目标，明确了培养社会主义建设者和接班人六个方面的重点任务，是坚持立德树人的重要认识论和方法论，为加快推进教育现代化、建设教育强国提供了根本遵循。

如何培养社会主义建设者和接班人？习近平总书记在讲话中强调要在六个方面下功夫：坚定理想信念、厚植爱国主义情怀、加强品德修养、增长知识见识、培养奋斗精神、增强综合素质。我们要认真学习、深入领会、全面贯彻。必须深刻认识到，只有在坚定理想信念上下功夫，增强学生的"四个自信"，才能让他们立志肩负起民族复兴的时代重任；只有在厚植爱国主义情怀上下功夫，教育引导学生坚持爱国和爱党爱社会主义相统一，才能让他们立志听党话、跟党走，立志扎根人民、奉献国家；只有在加强品德修养上下功夫，教育引导学生培育和践行社会主义核心价值观，才能让他们成为有大情怀的人；只有在增长知识见识上下功夫，教育引导学生增长见识、丰富学识，才能让他们沿着求真理、悟道理、明事理的方向前进；只有在培养奋斗精神上下功夫，教育引导学生历练敢于担当、不懈奋斗的精神，才能让他们做到刚健有为、自强不息；只有在增强综合素质上下功夫，教育引导学生培养综合能力，才能让他们德智体美劳全面发展。

（资料来源：《人民日报》，2018 年 9 月 14 日，有改动）

劳动影像

纪录片《劳动铸就中国梦》以习近平总书记系列讲话精神为指导，特别充分体现习近平总书记关于劳动的重要论断和社会主义核心价值观的基本精神，以劳动铸就中国梦为主题，以现实问题为导向，以中国故事为基点，突出思想性，体现生动性，增强传播力。通过拍摄可感知的人物故事对"劳动铸就中国梦"这一核心主题进行电视化的表现。劳动是中国人骨子里的气质，也是最接地气的一种行为。本片选取具有时代特征的典型人物，用讲故事的方式，充分运用电视画面、场景、细节等表现方式，展现人物内心的真实情感，讲述普通劳动者的故事。

劳动影像：

《劳动铸就中国梦》第二集——《劳动创造财富》

专题二
立足时代，感悟劳动精神

课堂导入

　　从盘古开天地，劳动就一直伴随着人类，一直伴随着中华文明的进步，一直助推着世界的发展。闻名世界的四大发明、举世瞩目的万里长城、巧夺天工的敦煌莫高窟、驰名中外的伟大水利工程都江堰等，无一不是中华民族的劳动结晶。而在科技发达的今天，我们依然离不开劳动。全长55公里的港珠澳大桥，凭借无数劳动者的坚持和付出，经过15年时间设计、建成、通车，使得它成为世界上最长的跨海大桥。为抗击新型冠状病毒疫情，我国用10天左右时间建成了雷神山和火神山两座医院，惊人的建成速度让全世界都叹为观止。

　　正是辛勤劳动、诚实劳动、创造性劳动的"劳动精神"，推动着世界改变和发展。物质决定意识，意识反作用于物质，这是马克思主义的基本原理。劳动精神的重要性，正在于它能激发出人的潜力，让劳动真正成为改变世界的力量。

研精致思

　　1.上述重大工程的成功离不开劳动和劳动精神，你理解的劳动精神包括哪些内容？

　　2.结合你的认知和实践，思考劳动精神的重要性是什么。

　　3.你觉得该如何弘扬劳动精神？

一、劳动精神的基本内涵

"精神"一是指"人的意识、思维活动和一般心理状态";二是指"(人)所表现出来的活力""活跃,有生气"。而劳动精神,主要指人们对劳动的热爱态度以及劳动者在劳动过程中体现出来的积极人格气质。前者包含对劳动价值的认识、对劳动的正向态度以及对劳动者、劳动过程、劳动成果的尊重等。习近平总书记所说的"要在学生中弘扬劳动精神,教育引导学生崇尚劳动、尊重劳动,懂得劳动最光荣、劳动最崇高、劳动最伟大、劳动最美丽的道理,长大后能够辛勤劳动、诚实劳动、创造性劳动",即主要指前者。后者是指对劳动热爱的态度在劳动主体身上的体现,包括劳动者身上所具有的对劳动的积极评价、敬业态度、积极性、创造性等,比如劳动教育使得学生"长大后能够辛勤劳动、诚实劳动、创造性劳动"就有人格意味。在日常生活中,劳动精神的学习常常与向劳动者尤其是向"劳动模范"的榜样学习联系在一起。

综上所述,劳动精神是每一位劳动者为创造美好生活而在劳动过程秉持的劳动态度、劳动理念及其展现出的劳动精神风貌。党的十八大以来,习近平总书记关于劳动和劳动精神的一系列重要讲话是我们正确理解劳动精神的重要依据,也是大力弘扬劳动精神的重要参考。

二、劳动实践"三部曲"

(一)辛勤劳动

辛勤劳动是指勤奋敬业、埋头苦干,是劳动者应有的基本要求,是诚实劳动、创造性劳动的基础和保障。

广大青少年正处于深入系统学习知识的黄金时期,在学习科学文化知识的同

时，加强劳动价值观教育尤为重要。新中国成立后，在中国共产党的领导下，正是广大人民群众的辛勤劳动，才使中国从一个贫穷落后的国家转变为世界上数一数二的经济大国。加强大学生辛勤劳动教育，需要引导大学生在课堂教学、自身学习、实验实践等教育环节上付出大量劳动，将自己打造成为高等教育的优质"产品"；让大学生在体味艰辛、挥洒汗水中塑造坚强的心理素质，在艰苦奋斗、顽强拼搏中磨炼自己的意志，从而获得受益终身的宝贵精神财富。

劳语典藏

"全党全军全国各族人民要在中国共产党坚强领导下，同心同德，开拓进取，用辛勤劳动创造中国人民的美好生活、创造中华民族的美好未来，继续同世界各国人民一道构建人类命运共同体！"

——习近平

对大学生进行新时代劳动观教育有利于大学生真正认识到劳动创造人类社会的本源性价值，树立正确的人生观和价值观。通过劳动观教育，让大学生热爱劳动、尊重劳动，保持学习热情和创新精神，真正认识到劳动是生命意义和生命价值实现的唯一途径，认识到劳动是财富创造的源泉，幸福是奋斗出来的。

2020年初突如其来的新冠肺炎疫情对当代大学生的劳动价值观具有很强的教育意义。春节前夕，新冠肺炎疫情以迅雷不及掩耳之势席卷了整个中国大地，在接到党中央发出支援湖北的号召数小时之内，全国多地医院的医护人员在"军令状"上郑重地签上了自己的名字，立即奔赴疫情前线，冒着生命危险投入抗击疫情的战斗之中。为了节省防护服，医护人员坚持七八个小时不吃不喝，不去厕所；

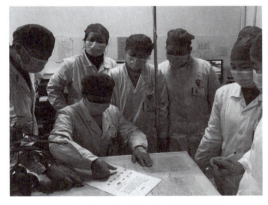
医务人员在请战书上签字按手印

实在累了困了就靠在墙角处或者背靠背休息一会儿；病人心里紧张或心情不好了，他们还进行心理疏导工作。最让人难忘的是火神山、雷神山医院的建造，很多工人都是连除夕都没在家过，连夜赶到工地现场，投入到伟大的劳动中去，为了早日建成医院，每天24小时不停施工，实在累了就躺在地上休息一下。仅用十天时间，收治重症患者的医院就拔地而起，创造了"中国速度"，他们的付出是对"辛勤劳动最美丽"最好的诠释。为了抗击疫情置个人生命安危于不顾的医护人员被称为"最美逆行者"，他们是最美的人，用实际行动诠释了"劳动最美丽"。医护人员中有很多是"90后"，甚至有些护士也就20岁左右，但是他们已经扛起了治病救人的重担。那么，当代大学生应该树立怎样的劳动价值观呢？这个问题值得

深入思考。

榜样力量

徐川子："电力十足"的女劳模

徐川子在车间进行装表演示

美女、学霸、劳模、电工……这些"电力十足"的标签，竟有机地统一在浙江富阳供电公司一位女性员工身上。她叫徐川子，是一名装表接电工，近日获评全国五一劳动奖章。对很多人来说，装表工作辛苦枯燥，徐川子却把它当作一门艺术。工作十年间，她用坚韧、细腻树立优质服务的标杆，脚踏实地书写着自己的芳华。

从一名普通的电力工人到全国五一劳动奖章获得者，徐川子认为"这是一个新的开始"，她说自己只是做了每个电力人都会做的事情。这些年，徐川子获得的荣誉越来越多，但是她始终保持对电力事业的初心和作为一名劳模对社会的责任心。无论是在迎峰度夏期间，或是春节期间，徐川子都要带领班组人员认真对照目标制定预案、做好监测，并根据轻重缓急安排现场走访，为用户提出用电优化建议。几年来，近百次的电量退补，每当客户听到"这电量是小徐师傅算出来的"，都会毫不犹豫地签字确认。

"若只是一味地帮助大家解决问题是不够的，我觉得让群众了解计量设备和基本的计量知识也很重要。"徐川子说。如今，每逢"世界计量日"，她都主动带头配合质量监督局开展进社区、进农村、进校园宣传活动，推动了电能计量知识的宣传和普及。工作之余，她还积极筹划开展"与您携手走近计量感受智能电网"之"学习日""宣传日""开放日""交流日"等系列活动；经常带领群众参观"徐川子电能计量示范工作室"，以直观的形式让用户了解各类电能表、采集终端，向群众介绍新的计量设备，讲解计量知识。凭借着对工作的韧劲和热爱，徐川子十年如一日耕耘在平凡的岗位上，用心点亮城市的万家灯火，也照亮了自己的美丽人生。

（资料来源：新华网，2019年5月3日，有改动）

（二）诚实劳动

诚实劳动是指脚踏实地、恪尽职守，遵守法律法规和政策，遵循职业道德规范和工作标准，实事求是地认识和对待劳动过程和劳动成果，是辛勤劳动的升华，也是创造性劳动的前提。

无论是个人还是社会，要想获得财富和幸福，唯有通过诚实劳动。习近平总书记经常强调"实干兴邦，空谈误国"。这既是对历史经验的客观总结，又是基于社会现实的深刻警示。所谓"实干"就是脚踏实地地劳动，进行持之以恒的诚实劳动。新中国成立的发展历史就是一部"干出来"的历史，"两弹一星"的研制成功，"人工天河"红旗渠的修建，奥运会每一枚金牌的获得，载人航天飞船的华丽腾空，高速铁路的纵横贯通……都是靠劳动者辛勤的汗水干出来的，是通过劳动者的不懈努力

"两弹一星"功勋科学家

拼出来的。幸福不是毛毛雨，幸福不是免费午餐，幸福不会从天而降。

诚实劳动是人全面发展的重要基础，也是人心理健全的主要表现。诚实劳动要求大学生不驰于空想、不投机取巧、不骛于虚声，而是诚实地运用自己的体力与脑力，不断实现梦想、获得全面发展。投机取巧、不劳而获是不可取的。多数大学生都能够认真对待学习，认真上好每一堂课，认真完成老师布置的作业，尽可能多抽出时间看书。但也有部分学生平时不积极学习，考试的时候总想投机取巧，蒙混过关。事实证明，平时不扎扎实实学习，不去积

"劳动是财富的源泉，也是幸福的源泉。人世间的美好梦想，只有通过诚实劳动才能实现；发展中的各种难题，只有通过诚实劳动才能破解；生命里的一切辉煌，只有通过诚实劳动才能铸就。"

——习近平

累知识和技能，没有真才实学，是很难通过考试拿到毕业证的。近年来，有不少高校和科研院所都卷入学术腐败的旋涡之中，学术成果是科研人员诚实劳动的汗水结晶，凝聚着劳动者的智慧和创造。相比其他方面的诚信失范行为，知识分子学术造假对社会的负面影响是不可估量的。正所谓"书山有路勤为径，学海无涯苦作舟"。在追求学问的道路上没有任何捷径可走，只有通过孜孜不倦的刻苦钻研才能成功。爱迪生说："天才是1%的灵感加99%的汗水。"大学生对待学习应当拿出实干精神，靠自己脚踏实地的诚实劳动汲取知识营养，为步入社会参加劳动打下坚实的基础。无论社会怎么发展，辛勤劳动永远是托起"中国梦"的健康底色。

榜样力量

李江福：凭良心筑起千栋"诚信大厦"

李江福在施工现场

全国劳动模范、全国道德模范、全国诚信之星、全国五一劳动奖章、中原城乡建设大工匠获得者李江福说："我的父母都是红旗渠的建设者，20岁时的我就跟随林县'10万大军'走出太行，投身建筑行业。从此，建筑成为我事业的全部，工匠成为我毕生的追求……"

1988年，李江福以信用担保，帮一个亲戚贷款12万元在中州铝厂承接工程，不料，这个亲戚因故打了退堂鼓。25岁的李江福为了能够还上贷款，毅然辞去"铁饭碗"，当起了"包工头"。2005年，濮阳某学院行政办公楼工程，李江福发现部分框架填充墙砌体砂浆标号偏低，他说，水泥没有生命，但可以检验良心。砌好的五道墙马上拆除重砌！虽然损失了5万多元，换来的却是河南省建设工程质量最高奖——"中州杯"奖。2007年，李江福承建一项工程，开发商拖欠工程款导致100多万元农民工工资没有着落。为此，他卖掉了刚刚住了几年的房子，赶在大年三十之前把工资足额发放到每个农民工手里……

30多年来，李江福主持建造的所有工程，没有一次质量问题，没有一次延误工期，没有一次拖欠工资，他用诚信践行诺言，为社会交上答案，更为自己赢得了全国劳动模范、全国道德模范、全国诚信之星、中原大工匠等荣誉称号。如果说一项殊荣是幸运，那这些殊荣则是李江福靠诚信精心锻造的人生名片。

（资料来源：《农民日报》，2019年10月12日，有改动）

相关链接：
李江福：讲诚信才能盖好万千大厦

（三）创造性劳动

创造性劳动是指在创造性思维的支配下，具有科学知识和科学技术的劳动者，通过创造发明来改变人类与自然的物质交换过程，打破生产要素组合的均衡态，形成新的劳动要素组合和新的劳动程序，使人类劳动在前所未有的程序上进行，从而加速人类物质财富和精神财富创造的生产活动。创造性劳动是辛勤劳动、诚实劳动的发展。

生活是创造之源。每个人在日常生活劳动中都会或多或少地、自觉不自觉地进行某种创造活动。日常生活中的创造性劳动最常见的表现是生活"小窍门"或者"小妙招"，它们能高效解决日常生活中遇到的不便或烦恼之处，让日常生活更方便、便捷、科学。这样的"小妙招"通常涵盖衣、食、住、行等日常生活的方方面面。比如针对家居空间中衣物、日常用品和厨

劳语典藏

"中华民族是勤于劳动、善于创造的民族。正是因为劳动创造，我们拥有了历史的辉煌；也正是因为劳动创造，我们拥有了今天的成就。"

——习近平

房用品等物品摆放容易杂乱无序的困扰，衍生出许多家庭整理收纳的创意"小妙招"，包括衣物叠放方法并由此衍生出衣物收纳袋等创意产品；日常用品的整理创意产品，如电源线的收纳；食材的分类存放方法和相应的收纳罐创意产品等。

生产服务劳动中蕴含着丰富的创造性劳动。生产服务劳动中的创造通常是指采用新方法、新材料、新技术生产产品或提供服务，以达到保证质量、降低成本、保护环境、提高生产效率的目的。创造性劳动是现代农业的最佳注脚，先进的生产工具、科学技术、管理经验、经营体制和运行机制都是人通过创造性劳动来实现的。现代工业的创造性劳动表现为产品创新和技术革新。围绕产品创新的创造性劳动包括产品使用功能创新、产品结构创新和产品外观改进等方面。围绕技术创新的创造性劳动则表现为工艺方法的革新、生产材料的替代和重组、工艺装备的革新和操作方法的革新等方面。现代服务业的创造性劳动表现为向用户提供不同于从前的崭新内容，从而提升服务品质与用户满意度，包括服务理念的创新、营销方式的创新、服务技术的革新等方面。

榜样力量

郑则诚：言之命至，越过山丘

过了而立之年，在"台电工匠"郑则诚眼里，黑夜里的万家灯火最为疗愈，仿佛连带着自己生命的热情也在其中闪烁着、耀眼着。说起自己这些年的"发明创造"，郑则诚有些羞涩，他说："谈不上什么发明创造，都是解决实际问题的一些小创新而已，不值一提。"而他口中的"小创新"，如"无线采集器远程重启装置的研制"项目实现无线采集器远程断电重启，达到了从原来的人工现场复位到远程复位的目标，年可节约费用407万余元；"配变低压总开关自动延时合闸装置的研制"项目实现了线路断电跳闸后，只要线路恢复送电，15秒内台区低压断路

郑则诚工作照

器即可合闸送电，无须人员到达现场，有效保障了居民用户的可靠用电，年均经济效益270万余元；"智能漏电检测装置研制"项目实现了泄漏电流的全天候、全区域监测和全流程管理，保障了农网低压台区安全稳定运行，年均可产生500万余元的经济效益……

而这些创新之所以诞生，正是因为郑则诚深入一线，了解"最后一公里"的难点、痛点，才可以想一线群众的所想，让"发明创造"有了可以"生长"的土壤。郑则诚在2015年开始了浙江大学电气工程专业在职研究生的学习，每个周末频繁往返台州、杭州两地，风雨无阻，而平日里他还要钻研课题直至深夜。正是这种"永远在路上"的忙碌，"终身学习"的常态，为自己的人生留下了一连串未完待续的新注脚。各项创新成果获地市级以上荣誉28余次，申请专利30余项，已获得授权12项，发表科技论文8篇；为政府、企业发展建言献策，历年来共提出合理化建议11条。2019年11月，郑则诚工匠创新工作室成立，开启他科技创新的新征程。

（资料来源：新华网，2020年5月7日，有改动）

三、培育积极的劳动精神

人民创造历史，劳动开创未来，劳动是推动人类社会进步的根本力量。劳动精神是每一位劳动者为创造美好生活而在劳动过程中秉持的劳动态度、劳动理念及其展现出的劳动精神风貌。作为时代新人，必须深刻认识劳动精神的重要性，树立劳动最光荣、劳动最崇高、劳动最伟大、劳动最美丽的价值观念，培育积极的劳动精神。

（一）培育勤劳勇敢、爱岗敬业、诚实守信的实干精神

"大道至简，实干为要"。事无论大小，都是靠脚踏实地、一点一滴干出来的。实干可以说是连通"知"与"行"的桥梁，一"实"当先可以胜过百"巧"。今天，我们为什么反复强调实干精神？因为只有涵养实干的态度，葆有实干的姿态，笃定逢山开路、遇水架桥的决心，砥砺滚石上山、爬坡过坎的意志，我们才能战胜一切艰难险阻。那些崇尚奋斗、苦干实干者，也必将练就担当的宽厚肩膀，不

断提升个人的视野、能力与境界。

培育劳动精神，就是要培育勤劳勇敢、爱岗敬业、诚实守信的实干精神。全面建成小康社会，我国亿万劳动群众是主体力量。广大劳动群众要爱岗敬业、勤奋工作，锐意进取、勇于创造，不断谱写新时代的劳动者之歌。勤劳勇敢是指有毅力、有勇气、有胆量的劳动。爱岗敬业是指尊重劳动、崇尚劳动、热爱劳动，做到辛勤劳动、勤奋工作。诚实守信是指脚踏实地、恪尽职守，遵守法律法规和政策，遵循职业道德和标准。勤劳勇敢、爱岗敬业、诚实守信的实干精神，是劳动精神的内涵。全体劳动者都要牢记"大道至简、实干为要"的道理，脚踏实地，撸起袖子加油干，在劳动中实现自身价值。

劳动视野

在平凡岗位上续写不平凡故事

2020年初，新冠肺炎疫情突然来袭。面对新中国成立以来在我国发生的传播速度最快、感染范围最广、防控难度最大的一次重大突发公共卫生事件，14亿中华儿女并肩战斗、守望相助，谱写了一曲感天动地的奋斗之歌。

在疫情防控一线，各行各业劳动者夜以继日地奋斗、全力以赴地工作，凝聚起抗击疫魔的强大合力，支撑着社会生产生活正常运转。从冲锋陷阵、不顾安危的医务人员，到尽职尽责、连续作战的社区工作者，再到昼夜不停、奔走不息的快递小哥，无数凡人英雄涌现出来，展现了广大劳动者胸怀全局、爱岗敬业、艰苦奋斗、无私奉献的光荣传统和家国情怀。在复

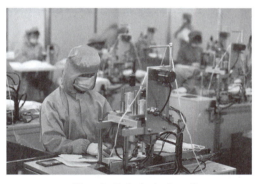

口罩工人坚守在生产一线

工复产一线，全国亿万劳动者迎难而上、团结一心，唱响了抗疫时期的"劳动号子"：在希望的田野上，人们在抓春耕促生产；在厂房车间里，人们在加班加点；在城市大街小巷间，外卖员、快递员们穿梭不停；居家办公、"云端"会议，上班族"停班不停工"……亿万有理想守信念、懂技术会创新、敢担当讲奉献的劳动者大军，创造出令世界刮目相看的"中国速度"，诠释着"人民创造历史，劳动开创未来"的新时代精神。

（资料来源：央视网，2020年5月1日，有改动）

（二）培育淡泊名利、甘于平凡的奉献精神

奉献是具有鲜明社会主义特征的劳动精神。共产主义信仰和中国特色社会主义信念，是新时代中国特色社会主义建设者和接班人在劳动中培养奉献精神的理想支撑。马克思在中学毕业论文中写道："如果我们选择了最能为人类福利而劳动的职业，那么，重担就不能把我们压倒，因为这是为大家而献身；那时我们所感到的就不是可怜的、有限的、自私的乐趣，我们的幸福将属于千百万人，我们的事业将默默地但是永恒发挥作用地存在下去，而面对我们的骨灰，高尚的人们将洒下热泪。"

培育劳动精神，就是要培育淡泊名利、甘于平凡的奉献精神。习近平总书记指出，"劳动模范身上体现的'爱岗敬业、争创一流，艰苦奋斗、勇于创新，淡泊名利、甘于奉献'的劳模精神，是伟大时代精神的生动体现"。劳模精神是劳动精神的升华。淡泊名利、甘于平凡的奉献精神，是劳动精神的更高体现。淡泊名利是指轻视在外的名声与利益，不追求名利；甘于平凡是指在劳动中甘于平凡、拒绝平庸，立足本职工作，在平凡的岗位创造出不平凡的业绩。每一个劳动者都应牢记"幸福是奋斗出来的"，生命不息、奋斗不止，在劳动中实现美好的未来。

榜样力量

张富清：淡泊名利最可贵

淡泊名利的老英雄张富清

张富清老人的英雄事迹被发现，是个"意外"。要不是国家进行退役军人信息采集，老人以"对党老实忠诚"的态度拿出军功章、报功书，他的事迹可能永远被深藏于箱底。如果不是当地干部以"组织的要求"之名，劝说老人接受媒体采访，他的故事也不会被外界所知。这就是最令人震撼之处——深藏功名60多年，烈烈往事，连儿女都不告诉；赫赫战功，连一起共事几十年的老同事也"不晓得"。

"将军百战死，壮士十年归。"九死一生的战斗英雄，看淡了生死、淡薄了功名，本就难能可贵；默默锁上军功章，服从组织安排到最艰苦的山区贡献一生，更让人敬仰感佩。"这些荣誉我不愿意让家里人知道，到处去讲去炫耀。""一想起和我并肩作战的战士，有几多都不在了，比起他们来，我有什么资格拿出立功证件去显摆自己啊？"说这些话的时候，张富清老泪纵横，感人至深。之所以"藏得住"，是因为他的初心就不是功名利禄，而是为国家谋解放、为人民谋安康；是因为他始终把那些牺牲的战友作为精神坐标，拿他们做对照，以向组织邀功、提要求、要待遇为耻；是因为在他看来，为党和人民出生入死、牺牲奉献本就是共产党员的本分，不值得夸耀和显摆。这样的境界何其高远，这样的精神何其可敬！

如何看待名利，是检验一个共产党员品格的试金石。"个人名利淡如水，党的事业重如山"，朴实纯粹、淡泊名利的老英雄张富清是一面亮堂堂的镜子，对"镜"自省、见贤思齐，正品行、找差距，我们就能坚定信仰，锤炼党性、提高境界，踏踏实实为党为民尽好"本分"。

（资料来源：《湖北日报》，2019 年 5 月 26 日，有改动）

相关链接：

张富清：初心自慷慨

（三）培育精益求精、追求卓越的创新精神

创新是具有鲜明新时代特征的劳动精神。在新时代的历史坐标上，社会及科技的发展日新月异，智能化、电子化、机械化、高科技化成为时代的鲜明特征，与此相应，劳动形态也发生了巨大变化。新时代的青少年需要适应新时代劳动教育的特点，正确理解劳动教育的新意蕴，在不同形态的劳动中培养创新精神，实现创造性劳动及劳动成果的创造性转化，通过创新科技、创新方法、创新思路等实现高效、节能、环保、利民等价值目标，通过创新劳动创造财富、创造辉煌，不仅能够跟上而且能够引领新时代飞速前进的步伐，从而实现自我价值。

培育劳动精神，就是要培育精益求精、追求卓越的创新精神。精益求精是指对自己的产品高要求，不惜花时间精力、精雕细琢、注重细节，把一件事情做到极致；追求卓越是指为了质量而孜孜不倦、乐此不疲。精益求精、追求卓越的创新精神，是劳动精神的专业要求。新时代劳动者要勇于创新、追求品质，为推动"质量强国"提供源源不竭的动力。

榜样力量

张黎明："创新让工作更快乐"

自主识别引线位置，准确抓取引线，平稳移动至搭火点，精准完成接引线作

业……2020年6月29日，在天津滨海新区一条试验线路上，单臂辅助自主配网带电作业机器人成功完成一系列操作。这个项目的带头人——国网天津滨海公司配电抢修班班长张黎明目不转睛地观察机器人操作的全过程。

时代楷模——张黎明

积跬步，至千里。30多年扎根生产一线，累计巡查供电线路8万多公里，绘制抢修线路图1500多张，完成故障抢修作业近2万次……实践经验的点滴积累，让张黎明的岗位创新特别富有针对性。无论是急修专用工具箱、可摘取式低压刀闸这样"四两拨千斤"的小革新，还是人工智能配网带电作业机器人、电动汽车充电机器人这种前沿技术的大课题，张黎明的创新成果都在实践中得到广泛应用。如今，张黎明已经从一名普通工人成长为行业里响当当的"蓝领创客"，被誉为"点亮万家的蓝领工匠"。

"时代楷模""改革先锋""最美奋斗者"……在数不清的荣誉面前，张黎明的创新步伐一刻不停。研读科技读物、核心期刊，钻研人工智能前沿技术，在创新工作室殚精竭虑，不舍昼夜。经过数百个日夜的苦心钻研，最终完成了人工智能配网带电作业机器人的研发，在天津配网运行中成功完成操作80多次。双臂自主作业机器人、单臂人机协同作业机器人等系列产品也在山东、浙江等省市应用，并将在全国推广。

"创新让工作更快乐。"张黎明时常把这句话挂在嘴边，并勉励同事和徒弟们。目前，张黎明创新工作室已经孵化出"星空""蒲公英"等10个创新工作坊，培养出了更多肯钻研、爱创新的"蓝领创客"。

（资料来源：《光明日报》，2020年7月13日，有改动）

劳动影像

影片根据开发北大荒的真实历史改编，围绕战长河带领大家拓荒并取得成功的故事，展现了军民团结拓荒的精彩的历史场景。该片在叙事手法上尽量贴近真实生活，并成功塑造了战长河这样一个迎难而上、勇于自我批评的老兵形象。

劳动影像：

《老兵新传》

专题三
奋斗一线，弘扬劳模精神

同志们：

今天，我们隆重召开大会，表彰全国劳动模范和先进工作者，激励全党全国各族人民弘扬劳模精神，在决胜全面建成小康社会、决战脱贫攻坚取得决定性成就的基础上，乘风破浪，开拓进取，为全面建设社会主义现代化国家、实现第二个百年奋斗目标而继续奋斗。

劳动模范是民族的精英、人民的楷模，是共和国的功臣。我国是人民当家作主的社会主义国家，党和国家始终坚持全心全意依靠工人阶级方针，始终高度重视工人阶级和广大劳动群众在党和国家事业发展中的重要地位，始终高度重视发挥劳动模范和先进工作者的重要作用。

……

光荣属于劳动者，幸福属于劳动者。我国工人阶级和广大劳动群众要更加紧密地团结在党中央周围，勤于创造、勇于奋斗，努力在全面建设社会主义现代化国家新征程上创造新的时代辉煌、铸就新的历史伟业！

习近平

2020 年 11 月 24 日

> 研精致思

1. 以上是习近平总书记在 2020 年全国劳动模范和先进工作者表彰大会上的讲话的部分内容，这对你有何启发？

2. 你所知道的劳动模范和先进工作者有哪些？结合你的见闻，谈谈你对劳动模范和先进工作者的看法。

一、劳模精神的基本内涵

劳模精神是劳模之所以成为劳模，而在平凡岗位上作出不平凡业绩所坚持坚守坚定的基本信念、价值追求、人生境界及其展现出的整体精神风貌。

劳动模范是亿万劳动者的杰出代表，集中体现了工人阶级和广大劳动群众的优良品质。从"边区工人一面旗帜"赵占魁、"兵工事业开拓者"吴运铎、"新劳动运动旗手"甄荣典等劳动模范，到"高炉卫士"孟泰、"铁人"王进喜、"两弹元勋"邓稼先等一大批先进模范，再到"蓝领专家"孔祥瑞、"新时代雷锋"徐虎、"马班邮路"王顺友等一大批劳动模范和先进工作者……在我们党团结带领人民进行革命、建设、改革各个历史时期，劳动模范始终是我国工人阶级中一个闪光的群体，享有崇高声誉，备受人民尊敬。特别是进入新时代以来，我国工人阶级和广大劳动群众在实现中国梦伟大进程中拼搏奋斗、争创一流、勇攀高峰，为决胜全面建成小康社会、决战脱贫攻坚发挥了主力军作用，用智慧和汗水营造了劳动光荣、知识崇高、人才宝贵、创造伟大的社会风尚，谱写了"中国梦·劳动美"的新篇章。

"兵工事业开拓者"吴运铎和"铁人"王进喜

"两弹元勋"邓稼先和"蓝领专家"孔祥瑞

劳动模范是民族的精英、人民的楷模，是共和国的功臣。我国是人民当家作主的社会主义国家，党和国家始终坚持全心全意依靠工人阶级的方针，始终高度重视工人阶级和广大劳动群众在党和国家事业发展中的重要地位，始终高度重视发挥劳动模范和先进工作者的重要作用。

劳动模范是优秀劳动者的典型代表，劳模精神激励了千千万万普通劳动者坚守信念、立足岗位、开拓创新、建功立业。深入考察劳模精神的丰富内涵，清晰阐释劳模精神的内在逻辑，对于解读劳模本质、探究劳模品格、宣传劳模价值和弘扬践行劳模精神，具有重要的理论价值和重大的实践意义。

（一）劳模精神是劳动精神的积极呈现

劳模精神继承并发展了中华民族传统优秀的劳动观念，树立并彰显了一种辛勤劳动、诚实劳动、创造性劳动的新理念，营造并弘扬了一种劳动光荣、技能宝贵、创造伟大的时代风尚，生成并传播了一种劳动者至上、劳动者平等、劳动者可敬、劳动最光荣、劳动最崇高、劳动最伟大、劳动最美丽的劳动观。也正因如此，劳动者才能通过自己的劳动，收获满足感、快乐感、尊严感，在创造丰富物质财富的同时，也拥有丰盈的精神世界。

（二）劳模精神的核心要素是工匠精神

从本质上讲，工匠精神是一种基于技能导向的职业精神，它源于劳动者对劳动对象品质的极致追求，它具有精益求精、专注执着、严谨慎独、创新创造、爱岗敬业以及情感浸透、自我融入的基本内涵，既表现了极致之美的品质追求，又体现了敬业之美的精神原色，更展现了创造之美的价值升华。工匠精神是劳模精神的重要构成要素，也是劳模精神当代品格的核心体现。工匠精神充分凸显了新时代劳模精神爱岗敬业、精益求精、追求卓越的精神品质和价值导向，可以说，工匠精神是对劳模精神的重要深化和丰富发展。

崔蕴："嫦娥五号"背后的"铸箭人"

崔蕴（左）和总装团队

2020 年 11 月 24 日，全国劳动模范和先进工作者表彰大会在北京人民大会堂隆重举行。天津航天长征火箭制造有限公司总装车间副主任崔蕴作为滨海新区唯一一位全国劳动模范代表到人民大会堂参加表彰大会。"很激动、很振奋！"回想起两天前参加全国劳动模范和先进工作者表彰大会时的场景，崔蕴依然情绪激昂，他说："能获得全国劳动模范的荣誉，我感到非常荣幸！"

新一代运载火箭的总装车间坐落于天津，我国自主研发的第一枚大型运载火箭"长征五号"就是在这里进行最后的总装、测试。总装是火箭诞生前的最后一道关卡，崔蕴是这道关卡的总把关人，也是人们第一时间想到的最合适人选。"新一代运载火箭总体装配带头人，非老崔莫属！"2013 年，崔蕴不顾家人对他身体的担忧，担任天津航天长征火箭制造有限公司总装测试车间副主任，挑起了新一代运载火箭总装的大梁。

作为我国唯一一位参与了所有现役捆绑型运载火箭研制全过程的特级技能人才，崔蕴参与总装过的火箭已有 70 多发。然而面对直径大了一倍、95% 都是新技术的"长征五号"，过去总装传统火箭所采用的工具和装配方式已经完全不能满足总装需求。崔蕴迎难而上，在一次次的摸索中，寻找解决路径。上百次的实验，无数次地修改图纸和方案，甚至自行车的辐条原理也被他大胆借鉴到二级火箭的滚转环安装当中。通过技术上和管理上的大胆创新，崔蕴带领团队有效保证了火箭出厂时间节点的"后墙不倒"。

崔蕴饱含激情地说："航天精神就是拼搏精神、以国为重、以航空事业为重，千人万人一杆枪，火箭总装团队容不了一点差错，质量是生命，只有整个团队凝聚力量，才能有如今天津滨海新区新一代运载火箭总装基地的成绩。我能荣获全国劳动模范的荣誉，也是大家共同奋斗的结果，我只是代表了大家。"

（资料来源：《滨海时报》，2020 年 11 月 27 日，有改动）

相关链接：

崔蕴：新一代运载火箭总装负责人

（三）劳模精神的内在本质是主人翁意识

主人翁意识是劳模精神的内在本质，是正确认识和理解劳模精神的关键词。正是因为自觉的、强烈的主人翁意识，劳模才以车间为家、以厂为家、以企为家、以国为家，才具有积极主动的岗位意识、职业意识、进取精神和创新精神，才在本职工作中充分发挥积极性、主动性和创造性，才能够艰苦奋斗、淡泊名利、甘于奉献，自觉把人生理想、家庭幸福融入国家富强、民族复兴的伟业之中，最终建构起个人与集体、个人梦与中国梦、小家与国家民族融合统一的发展共同体和命运共同体。

（四）劳模精神是社会主义核心价值观的生动诠释

劳模精神的重要元素和构成因子，像岗位意识、职业精神、进取精神、拼搏精神、创新精神、家国情怀和奉献精神等，是对社会主义核心价值观的生动诠释和现实呈现。可以说，劳模精神是社会主义核心价值观的具象化、人格化和现实化。一方面，劳模是遵循社会主义核心价值观的典范样本，是社会主义核心价值观的模范实践者、生动传播者和最有说服力的检验者；另一方面，劳模之所以能够生成劳模精神，能够成为全社会学习的典范，一个重要原因就在于其主动自觉地遵循并践行了社会主义核心价值观。

（五）劳模精神是实现伟大复兴中国梦的重要力量

劳模精神是实现伟大复兴中国梦的重要力量。一方面，劳模精神是实现伟大复兴中国梦的宝贵精神财富。在全社会弘扬和践行劳模精神，营造尊重劳动、尊重知识、尊重人才、尊重创造的社会氛围，涵养以辛勤劳动为荣、以好逸恶劳为耻的社会风气，培育积极健康、开放包容的社会心态，才能够让"劳动光荣、创造伟大"成为时代强音，让"辛勤劳动、诚实劳动、创造性劳动"成为普遍认同的价值遵循。

劳　语　典　藏

"劳动模范是民族的精英、人民的楷模。全国各族人民都要向劳模学习，以劳模为榜样，发挥只争朝夕的奋斗精神，共同投身实现中华民族伟大复兴的宏伟事业。"

——习近平

另一方面，劳模精神是实现伟大复兴中国梦的强大精神力量。要实现伟大复兴中

国梦，实现从制造大国向制造强国的华丽转身，建设知识型、技能型、创新型劳动者大军，必须大力弘扬和践行劳模精神。如此，才能够真正为中国经济社会发展汇聚强大正能量，才能真正为实现中华民族伟大复兴中国梦增砖添瓦。

二、劳模精神的核心内容

"劳动模范身上体现的'爱岗敬业、争创一流，艰苦奋斗、勇于创新，淡泊名利、甘于奉献'的劳模精神，是伟大时代精神的生动体现。"习近平总书记关于劳模精神的表述，为我们科学理解和大力弘扬劳模精神提供了正确的方向和指导。这需要我们正确理解这一表述中六个词汇的各自含义，又要从整体上把握劳模精神的科学内涵。总体上看，这一表述一方面道出了劳模之所以能在广大劳动者群体中脱颖的根本原因，另一方面也为广大劳动者群体提出了奋斗的目标和方向。

（一）爱岗敬业，争创一流

"爱岗敬业，争创一流"体现了广大劳模恪尽职守、创先争优的职业道德及高度的历史使命感、责任感。

爱岗敬业是劳模精神的基础。它反映的是从业人员对待自己职业的一种态度，也是一种内在的道德需要。它体现的是从业者热爱自己的工作岗位、对工作极端负责、敬重自己所从事职业的道德操守，是从业者对工作勤奋努力、恪尽职守的行为表现。爱岗敬业就是要干一行爱一行，爱一行钻一行，精益求精，尽职尽责。

争创一流是当代劳模具有竞争力、战斗力和爆发力的精神源泉。争创一流就是要树立自信心、提振精气神，以"敢为人先、追求卓越"的精神状态高起点谋划、高标准定位、高质量推进，行动上快人一步、措施上硬人一度。

 榜样力量

胡耀华：爱岗敬业的"能工巧匠"

胡耀华是镇海港埠分公司流动机械修理班班长，二十多年来，他扎根于港口、服务于社会，勤奋好学，勇于挑战，他的技术创新累计为企业节约成本600余万元，并带出"劳模班组"，培养了一大批技术能手，取得一批创新成果。其事迹被人民网、新华网、《宁波日报》等媒体宣传报道。他本人获得"全国劳模""全国技术能手""浙江好人""宁波好人"等荣誉，享受国务院特殊津贴。

勤奋好学，他是"一专多能"的"金牌蓝领"

1989 年，胡耀华入职镇海港埠分公司从事流动机械维修。为了提高业务水平，仅有高中学历的他跑到鄞州职业培训中心要来电脑光盘资料进行 CAD "充电"，想方设法参加国外设备公司举办的专业维修培训，还通过网络把握最前沿的技术。渐渐地，胡耀华不仅掌握了各种基本功，还练就了快速排查故障的绝活，许多"疑难杂症"在他面前迎刃而解。一些急件、单件、小件他可以自己制图加工制作。从宁波港到省、市各级修理技术比武，胡耀华包揽多项第一，成为当时宁波港最年轻的"高级技师"。

胡耀华工作照

创新管理，他是"劳模班组"的"领导核心"

自从 2000 年担任流动机械修理班班长后，胡耀华一直努力提高团队的技术力量。他编制了《流动机械设备常见故障原因及排除方法汇总》，制定实施了"111"培训计划，即在一年时间里，每一星期利用一小时的时间，对班组成员传授系统的专业理论知识和自己多年的实际维修经验。2011 年，公司成立了以胡耀华名字命名的创新工作室，作为负责人，胡耀华建立"每季度一课题"研讨实践制度，并与工作室成员签订《工作协议书》，激励创新精神。目前拥有高级工以上职业资格证书的工作室成员达到 87.5%。2012 年 7 月，"胡耀华工作室"被命名为宁波首家"国家级技能大师工作室"。

面对既得的荣誉，胡耀华把自己比作"镜子"：既要始终做好表率，给他人做榜样；又要时时省视自我，鞭策自己继续努力前行！

（资料来源：《云南日报》，2020 年 5 月 4 日，有改动）

（二）艰苦奋斗，勇于创新

艰苦奋斗，勇于创新，体现了广大劳模吃苦耐劳、坚韧不拔的作风和强烈的开拓意识，勤于学习，善于实践，积极掌握知识，努力增强核心技能，主动应对各种挑战。

艰苦奋斗是新时代中国劳模精神的本色。新时代劳模凭借艰苦奋斗的价值追求锐意进取、奋发有为，攻破了一个又一个阻碍实现中国特色社会主义现代化建设的难题，取得了一个又一个惊叹世界的成就。劳模秉承艰苦奋斗的优良作风，在工作中忘我劳动、开拓创新、奉献集体，表现出崇高的美德和精神风貌。新时代中国劳模精神之所以能够继续发挥其号召力、感召力和影响力的作用，就是因为劳模精神中包含着长期以来具有的始终如一的艰苦奋斗精神因素，并成为当代中国劳模精神最稳定和永恒的本色。

勇于创新是新时代中国劳模精神的核心。党的十九大指出，"创新是引领发展的第一动力，是建设现代化经济体系的战略支撑"。新时代中国劳模充分发挥先锋模范作用，不断钻研科学技术，全面提升勇于创新的本领，锐意进取、勇于创新，不断增强善于创造的能力，为中国特色社会主义现代化建设作出了突出贡献。勇于创新、善于创造已经成为三代中国劳模精神的关键内容和核心内涵。提倡勇于创新、善于创造的劳模精神是实现中华民族伟大复兴的现实需要。

榜样力量

罗昭强：埋头苦干　抬头创新

罗昭强在调试模拟设备

一辆高铁从制造到完成，调试环节是至关重要的一步。2020年刚当选的全国劳动模范、中车长客调试车间高级诊断组技术负责人罗昭强就是一位高铁车辆调试人员。近年来，随着我国高铁的迅速发展，车辆调试人才短缺现象逐渐凸显。2015年，已经43岁的罗昭强半路出家，从一名顶级维修电工转行当起了调试工。从那时起，他的手机、电脑里存满图纸，每天早晚坐班车都在研究。

经过疯狂补课，罗昭强完成了岗位的转换。他发现动车组价值高昂，如用实车培训，代价很高。为破解这一瓶颈，罗昭强和团队自主研发出整车调试模拟实训装置，大幅压缩了培训成本。这项成果获得4项国家发明专利、7项国家实用新型技术专利。

截至目前，罗昭强已经先后研制出具有自主知识产权的一系列动车组关键调试装备，540件成果在动车组调试工序中得到广泛应用。2016年，罗昭强摘得有"工人院士"之称的"中华技能大奖"。眼下，依托公司组建的首席操作师工作站和劳模创新工作室，他又开始开堂授课，为国家培育更多调试技能人才。

（资料来源：央视网，2020年11月27日，有改动）

 相关链接：

罗昭强：挑战未知领域的高铁"体检"专家

（三）淡泊名利，甘于奉献

淡泊名利，甘于奉献，体现了广大劳模任劳任怨、不计得失的模范行动，反映了工人阶级的价值取向和大公无私、不怕牺牲的高尚情操。

淡泊名利是当代中国劳模精神的境界，涵养着当代中国劳模精神。名利反映的是一个人的劳动成果和贡献得到社会公认，并获得相应的物质报酬。正确的名利观会影响和铸就高品位与高格调的人。在新时代，我们仍须倡导劳模保持的本来就具有的安贫乐道、甘于寂寞、淡泊自守、不求闻达的豁达态度，学习、继承老一辈劳模体现的谨守本分、淡泊名利的精神境界。

甘于奉献是劳模精神的底色。奉献就是要求从业者在自己的工作岗位上兢兢业业地为社会和他人作贡献。弘扬劳模精神，有利于激发广大人民群众的集体主义荣誉感，正确处理义与利、奉献与索取、个人与集体之间的关系；有利于激发人们的历史使命感和责任感，自觉把人生理想、家庭幸福融入国家富强、民族复兴的伟业之中，把个人梦与中国梦联系在一起，为坚持和发展中国特色社会主义贡献智慧和力量。

 榜样力量

张辉源：羊城"摆渡人"　正能量"的哥"

作为拥有35年党龄的共产党员，作为保家卫国的退伍军人，"的哥"张辉源从业30年来，零违章、零投诉、零事故，服务过的乘客超过48万人次；多年工作中，见义勇为，前后救过21条性命；2020年疫情期间，他率先倡议组建防疫应急爱心出租车队，义务接送医务人员上下班。2020年11月24日，全国劳动模范和先进工作者表彰大会隆重举行，张辉源被授予"全国劳动模范"称号。

正能量"的哥"张辉源

助力疫情防控：倡议组建防疫应急爱心出租车队

一场突如其来的新冠肺炎疫情，为出租车司机的工作赋予了新的意义。2020年2月初，广州市白云出租汽车集团有限公司出租车驾驶员张辉源，向公司提出倡议，要组建一支防疫应急爱心出租车队，为医护人员提供义载接送服务。据不完全统计，防疫应急爱心出租车队成立后，在张辉源的带领下，300多名先锋模范司机 24 小时驻点在高铁、火车、汽车等交通枢纽，为普通发热旅客和疫情防控一线医护人员解决交通出行问题，为全市 9 家定点救治医院疫情防控工作一线医护人员提供义载接送服务，义载医护人员、义载转运普通发热旅客等各类乘客超过 6000 人次。为了抗击新冠肺炎疫情，张辉源还毫不犹豫地捐出 3000 元，并积极参加义务献血。据统计，张辉源在疫情期间和之前几十年间，共计献出 3 万毫升的血浆。

兢兢业业：30 年贴心服务守护市民出行

从业 30 年，无论是刮风下雨，还是逢年过节，张辉源始终准时准点出车，用优质服务守护广州市民的出行。张辉源驾驶的出租车车质车况、车容车貌一直是全公司最好的车辆之一。每天在出车前，他都会花二十分钟检查车容车况，将车身擦得一尘不染，保证车子内外都整洁有序。车内有个"百宝袋"，晕车药、垃圾袋、签字笔、一次性雨衣、纸巾、充电线……乘客所需的常用物件一应俱全。张辉源贴心的准备及细心的服务，让每一位乘车市民都感到舒服。

见义勇为：前后救过 21 条性命

1999 年 7 月 11 日上午，张辉源驾车过程中见一歹徒抢劫，当场捉获歹徒将失物归还女事主；2005 年 6 月，张辉源在营运途中见一老太太满身鲜血倒卧在路边，张辉源立即停车，把老太太小心抱上车送往医院抢救；2016 年 7 月，一位老人乘车途中突发疾病，危急关头，张辉源把稳方向盘驱车前往最近的医院，将老人及时送医治疗……据不完全统计，从业 30 年来，张辉源前后救过 21 条性命。

多年来，张辉源自始至终抱有一颗赤子的初心，在小小的车厢里，稳稳地抓好方向盘。"全国劳动模范""全国交通运输系统劳动模范""全国文明出租汽车驾驶员""广东省五一劳动奖章""广东好人""广东省十大感动交通人物"……张辉源始终以劳动托举梦想，以奋斗书写华章，用初心守护市民的美好出行，用爱心传递社会的正能量，用匠心实现劳动者的"中国梦"，在出租车司机的岗位上绽放新时代的"劳动美"。

（资料来源：大洋网，2020 年 11 月 28 日，有改动）

三、劳模精神的时代价值

（一）劳模精神凝聚建功新时代的磅礴伟力

2018 年"五一"国际劳动节之际，习近平总书记在给中国劳动关系学院劳模本科班学员回信中提出，希望"用你们的干劲、闯劲、钻劲鼓舞更多的人，激励广大劳动群众争做新时代的奋斗者"。劳动模范是"干出新时代"的排头兵，是践行"实干兴邦"的楷模。激励广大劳动群众争做新时代的奋斗者，就是要让实干担当在新时代蔚然成风，让改革创新在新时代焕发活力，让精益求精在新时代落地生根。只要我们持之以恒地弘扬劳模精神，充分调动起广大劳动人民的积极性、主动性和创造性，就一定能最大限度地聚合起人们饱满的奋斗热情，从而为建功新时代、实现中国梦凝聚起磅礴的中国力量。

（二）劳模精神引领新时代产业工人队伍建设

推进产业工人队伍建设，是以习近平同志为核心的党中央着眼于巩固党的执政基础、实施制造强国战略、全面提高产业工人素质作出的重大决策部署。在抗击新冠肺炎疫情全民战争中，广大产业工人，尤其是大批劳动模范，积极参与到疫情防控的各条战线中，以艰苦卓绝的劳动创造了"中国速度"，谱写了一曲曲抗疫赞歌，充分体现了产业工人在非常时期的非常担当，彰显了中国特色社会主义制度的显著优势。在新时代，应充分发挥劳动模范和工匠人才的示范带动和价值引领作用，培养造就更多劳动模范、大国工匠，努力打造一支有理想守信念、懂技术会创新、敢担当讲奉献的宏大产业工人队伍，建设知识型、技能型、创新型劳动者大军。

（三）劳模精神昭示新时代劳动教育的价值取向

习近平总书记在全国教育大会上强调，"要在学生中弘扬劳动精神，教育引导学生崇尚劳动、尊重劳动，懂得劳动最光荣、劳动最崇高、劳动最伟大、劳动最美丽的道理，长大后能够辛勤劳动、诚实劳动、创造性劳动"。这既是对广大学生涵养深厚劳动情怀的谆谆嘱托，更是对未来劳动者用奋斗成就梦想的殷切期待，昭示着新时代劳动教育的价值取向。劳动模范是每个时代劳动精神的典型化身，是引导广大学生培育践行社会主义核心价值观的宝贵财富和有效载体。应充分发挥劳动模范先进事迹和优秀品质的感召作用，让青少年有机会近距离接触劳动模范、聆听劳模故事、感受劳模精神，在实践中体悟劳模精神，在磨炼意志和增长才干中感受劳动的乐趣和收获，从而培育辛勤劳动、诚实劳动、创造性劳动的精神气质。

四、弘扬和践行劳模精神

"爱岗敬业、争创一流，艰苦奋斗、勇于创新，淡泊名利、甘于奉献"的劳模精神，是广大劳动群众在从事社会生产的劳动实践中锤炼形成的，是工人阶级弥足珍贵的精神财富。我们要深刻领悟劳动的丰富内涵，把它与新时代的"奋斗幸福观"结合起来，牢固树立"劳动最光荣、劳动最崇高、劳动最伟大、劳动最美丽"的观念，充分发挥劳模的作用，让劳模从基层中来再到基层中去创造更大价值，用劳模精神凝聚力量、鼓舞士气、激发干劲，奋力书写出不负时代、不负使命的崭新答卷。

（一）充分发挥劳模的示范作用

充分发挥好劳模的示范作用，要树立示范标杆，以点带面，全面辐射，发挥劳模在工作岗位上的示范作用；强化劳模的责任意识、服务意识，发挥劳模的榜样魅力，带动其他员工立足岗位，扎实工作；把有潜质、肯上进的青年员工送到劳模身边培训，学习他们的精湛技艺和争创一流的劳模精神；开展创先争优活动，使劳模的示范作用不只停留在个人，而是以高技能、高水平的团队成为员工们的示范榜样。

（二）充分发挥劳模的引领作用

充分发挥好劳模的引领作用，可以发现、发掘出更多立得住、叫得响的先进典型，能够带动更多的劳动者爱岗敬业、无私奉献，争做新时代的奋斗者。要以劳模高度的主人翁责任感为引领，激发员工把自己当作单位的主人，把工作当作事业来追求，用心工作、专心做事、尽心履责，干一行、爱一行，专一行、精一行，对工作始终保持热情、对事业不断执着追求，努力在平凡的岗位上干出不平凡的业绩。要以劳模卓越的劳动创造为引领，鼓励员工始终保持对新知识、新技术的"饥渴感"，坚持学习，勇于创新，用创造性劳动来实现自我突破、自我提升、自我超越，为社会创造更大价值。要以劳模忘我的奉献精神为引领，教育员工将个人成长与单位、国家发展紧密融合，胸怀全局，淡泊名利，甘于奉献，在促进经济社会发展进步中体现人生价值。

> **劳语典藏**
>
> "对劳动模范和先进工作者、先进人物，各条战线广大职工和各族人民群众要向他们学习，各级党委和政府要热情关心他们的工作、学习、生活，为他们的健康和幸福、为他们更好发挥作用创造良好环境和条件。"
>
> ——习近平

（三）充分发挥劳模的创新作用

勇于创新是时代精神的体现，也是当代劳模身上最闪亮的新特质。要坚持以"劳模创新工作室"为平台，由劳模"担纲领衔"，以专业技术人才和技能人才"唱主角"，吸纳更多爱岗敬业、技术精湛、锐意进取的职工投入到创新工作之中。

并依托工作室的技术、人才密集优势，广泛深入开展课题领办、技术攻关、革新创造和成果交流展示活动，带动职工踊跃投身合理化建议征集、劳动竞赛等群众性经济技术活动；引导职工从日常工作中的问题入手，大胆进行改造发明，营造"处处是创新之地、人人是创新之源、时时是创新之机"的氛围，有力地引领全员走创新、创造、创效之路。设立创新奖励机制，凸显利益效应。通过物质上的刺激来激励劳模在工作中不断推陈出新，让员工真正感受到有贡献就有收益，使劳模的创新作用发挥得更好。

 榜样力量

温淑霞："劳模创新工作室"的领头雁

三十余载坚守迎来农业科研战线的累累硕果，她在"科技领头雁"的艰辛路上兢兢业业；在"劳模创新工作室"的夜影中倾尽芳华……

她就是黑龙江农垦大西江农场有限公司科研站站长温淑霞。近年来，温淑霞把更多精力放在发展经济作物方面，为垦区转方式、调结构迈出了坚实的步伐。2013年，农场为大力发展林下经济作物，引进了23个中草药品种，她通过示范种植测产综合亩效益达到800元以上。2015年，她带领"劳模创新工作室"团队研发的大豆龙垦332被命名推广，她参与选育并繁殖的专品种豆浆豆何九田2号更是在网上线下热卖，代表九三大豆地理标志产品，参加了省内外展会并受到热捧。

此外，她和她的科研团队把目光投向绿色、有机种植研究上，到2018年农场全部应用有机肥、生物有机肥生产豆浆豆、五谷杂粮、大棚蔬菜、瓜果，应用物理农业方法防治病虫害，保证了从土地到餐桌实现绿色革命，为农场有机农产品种植开了先河。

温淑霞就是这样一个人，爱岗敬业，无私奉献，朴实无华却又卓尔不群。2012年她被评为黑龙江垦区有突出贡献的高技能人才，2018年被评为全省职工创新标兵。同年，以她名字命名的"温淑霞劳模创新工作室"被省总工会授予垦区唯一一个省级劳模和工匠人才创新工作室。温淑霞在她的事业生涯中，为农场培养出了一批又一批能钻研、业务强的年轻力量，她的科研精神也在这里得到传承。

（资料来源：《农民日报》，2019年4月26日，有改动）

（四）充分发挥劳模的品牌作用

每一位劳模都是一面旗帜，高扬着"爱岗敬业、争创一流"的价值操守；每一位劳模都是一个标杆，标示出"艰苦奋斗、勇于创新"的精神境界；每一位劳模都是一盏明灯，折射出"淡泊名利、甘于奉献"的道德取向。我们要把劳模这一"闪光群体"打造成品牌形象，不断提升劳模品牌效应。通过组织开展劳模先进事迹报告会、人物专访和劳模风采故事演讲、编印劳模光荣册、举办劳模先进事迹图片展等多种形式，大力弘扬劳模精神、劳动精神、工匠精神，以劳模事迹和劳模品质感召人、鼓舞人、激励人，让"劳动最光荣、最崇高、最伟大、最美丽"的理念深入人心。及时总结提炼劳模选树经验，鼓励和支持劳模做好"传帮带"，通过个人劳模、明星班组、先进车间的打造和宣传，扩大劳模的影响力。成立劳模志愿服务队，本着"从职工群众中来到职工群众中去"的方针，坚持以服务职工为主体，贴近实际、贴近生活、贴近群众，以献真情、送科技、美环境、保平安、优服务为主要内容，广泛开展形式多样的志愿服务活动，发挥劳模的先锋模范作用，从小事做起，向大处努力，积极传播社会正能量。为劳模施展聪明才智搭平台、建机制、铺路子、造氛围，努力创造劳动模范的成长环境，不断提升劳模和工匠品牌的"含金量"。

劳动影像

　　一个艰苦卓绝的年代，石油大会战在东北荒原打响。作为新中国第一批石油钻井工人，时年 37 岁的王进喜带领 1205 钻井队千里迢迢从玉门赶往大庆。在战斗最紧张的日子里，王进喜整日整夜地奋战在井场上，面对青天一顶、荒原一片的艰苦条件，王进喜带领队友们人拉肩扛、破冰取水、勇跳泥浆池，创造了大庆石油会战的三个奇迹，让钻井工人们获得信心和勇气。

劳动影像：
《永不过时的劳模精神》系列第一集——《王进喜》

专题四
精雕细琢，传承工匠精神

课堂导入

2020 年两会上，全国人大代表、杭州技师学院特级教师杨金龙建议设立"全国工匠日"。"设立'工匠日'，倡导'工匠精神'，可以推动、树立起对职业的敬畏、对工作的执着、对产品的责任，带动中国制造业走向中高端，从'制造大国'变为'制造强国'。"

5 年前，在巴西圣保罗举行的第 43 届世界技能大赛上，杨金龙一举拿下汽车喷漆项目的金牌，实现了在该项大赛中中国金牌"零"的突破。

杨金龙说，如果将人才结构比作金字塔，支撑起高塔最坚实的塔基是数量规模最大、行业覆盖最广的技能人才。"设立'工匠日'有助于形成社会共识，弘扬工匠精神，打造领先世界的中国速度和中国精度，擦亮中国制造品牌。"

2019 年，杭州将每年 9 月 26 日定为"工匠日"，杨金龙认为，这是对工匠精神的肯定，也表达了对为杭州建设发展作出贡献的广大劳动者的激励和敬意。

研精致思

1. 人大代表杨金龙建议设立"全国工匠日"，你如何理解与看待这一举动？

2. 什么是工匠精神？你是如何理解这一概念的？

◎ 理解工匠精神的基本内涵。
◎ 知晓工匠精神的核心内容。
◎ 了解工匠精神的时代价值。
◎ 自觉传承和培育工匠精神。

一、工匠精神的基本内涵

工匠精神是一种严谨认真、精益求精、追求完美、勇于创新的精神。党的十八大以来，习近平总书记多次强调要弘扬工匠精神。党的十九大报告提出"弘扬劳模精神和工匠精神"。党的十九届四中全会《中共中央关于坚持和完善中国特色社会主义制度推进国家治理体系和治理能力现代化若干重大问题的决定》提出"弘扬科学精神和工匠精神"。在新时代大力弘扬工匠精神，对于推动经济高质量发展、实现"两个一百年"奋斗目标具有重要意义。

我国自古就有尊崇和弘扬工匠精神的优良传统。美丽的丝绸、精美的陶瓷，以及数不清的发明创造，无不体现着古代中国工匠无比的智慧和对完美的不懈追求。庖丁解牛、运斤成风、百炼成钢……这些耳熟能详的成语，不仅是对中国古代工匠出神入化技艺的真实写照，也是对他们精益求精、追求卓越的职业态度的由衷赞美。中国传统十分强调"敬"这一观念。对于古代工匠群体而言，他们十分尊敬自己从事的职业劳动，因此形成了内涵丰富的"敬业"观念。可以说，我国古代非常注重工匠精神，形成了"尚巧工"的社会氛围。新中国成立以来，我们党在带领人民进行社会主义现代化建设的进程中，始终坚持弘扬工匠精神。无论是"两弹一星"、载人航天工程取得的辉煌成就，还是高铁、大飞机等的设计与制造，都离不开工匠精神，都展现出我们对工匠精神的继承与发扬。

工匠精神是每一位不甘于平庸的劳动者在平凡的工作中不断对自己提出更高

劳语典藏

"要健全技能人才培养、使用、评价、激励制度，大力发展技工教育，大规模开展职业技能培训，加快培养大批高素质劳动者和技术技能人才。要在全社会弘扬精益求精的工匠精神，激励广大青年走技能成才、技能报国之路。"

——习近平

的要求，并不断自我超越、自我提升、自我完善，始终追求做更好的自己时所表现出的工作态度、工作境界、工作习惯以及整体工作精神面貌。

相关链接：

林玉登：坚守工匠精神　铸就行业精品

二、工匠精神的核心内容

新时代的"工匠精神"的基本内涵，主要包括执着专注、精益求精、一丝不苟、追求卓越。

（一）执着专注

执着是一种人生态度，是永不放弃的精神，是一如既往的追求，是难能可贵的坚持。要完成一项工作最为难能可贵的就是善始善终地坚持到底。歌德这样描述坚持的意义："不着急地坚持下去，严厉地驱策自己继续下去，就是我们之中最微小的人这样去做，也很少不会达到目标。因为坚持的无声力量会随着时间而增长，到没有人能抗拒的程度。"坚持是一场漫长的分期分批的投资，而落实是对这场投资的一次性回报。作为一个执行者，他决不会在困难面前停止不前，因为执着于工作本身就是执行者的工作作风。在生活和工作的过程中，我们难免会经历孤独、遇到困难、面对诱惑，这时一定要执着地坚持下去，耐住寂寞、稳住心神、经住诱惑，不达目标决不言弃。世上的事，只要不断努力去做，就能战胜一切。哪怕事情再苦、再难，只要我们持之以恒、坚持到底，就有希望，就有成功的可能。

专注是工匠最宝贵的品格之一，也是现代人最缺乏的品质之一。不能保持专注是工匠精神的大忌，也是降低效率的头号杀手。于纷乱喧嚣中保持浑然忘我的状态，把所有的智慧与心力聚焦于手头的工作，是工匠最令人肃然起敬的地方。专注就是集中精力、全神贯注、专心致志。专注不是三天打鱼两天晒网。专注不是一分一秒，专注有时需要一年、十年、二十年、五十年，多年如一日地把一件事情做好，把一件产品做完美。专注是集中了时间、集中了精力、集中了资源、集合了智慧做好一件事，做完美一件产品。正因为专注了，才能最大限度发挥自己的积极性、主动性、创造性，创造出最好的产品，达到专业。

榜样力量

非遗匠人木雕情

浙江省宁波市宁海县前童古镇的一处工作间，工艺美术师童献松画图、钻孔、拉花、雕刻……一个活灵活现的木雕龙头在他的手中诞生。今年44岁的童献松是浙江省宁波市非物质文化遗产龙舟雕刻技艺的代表性传承人。他幼时热爱美术，初中毕业后由家人介绍到山东学习木工，从而与木结缘。1995年，童献松在家乡宁海看到一位工匠的工作室里摆放的龙船，被其流畅的线条和精细的纹理深深吸引，当即拜师，进入宁海县仿古工艺厂学习

童献松在打磨龙舟的龙头

雕刻。学成出师后，他创立自己的工作室，整日与木为伴，这与他的名字"献松"无形间形成一种呼应——将自己的人生奉献于木雕事业。童献松说，要用一腔热情坚守冷门手艺，专注地做好一件事，未来希望成立一座木雕龙舟美术馆，"把好的东西留给后人"。

（资料来源：新华网，2020年7月20日，有改动）

（二）精益求精

精益求精是注重细节，追求完美，不惜花费时间和精力，孜孜不倦，反复改进产品。优秀的工匠是不允许自己出败笔的，因为工匠的作品不光是用来换取金钱的商品，更是倾注了自己心血的艺术品。艺术品岂能容忍败笔！对技术精益求精，对作品精雕细琢，不是为了用诚意之作换取"业界良心"的用户口碑，而是为了不愧对自己的"工匠灵魂"。

工序有先后，精细有标准。只有严格控制每一道工序、跟紧每一道流程，做好每一个环节，保证每一个步骤都做到最好，才能有精美的作品问世。越是环环相扣、步步相连的工艺，越需要把每一个步骤都严格做到位、不允许有一点点的偏差才行。假如每一道工序都可允许0.1%的不合格率，那么一个流程（假设由100个工序组成）下来，那产品的合格率就可想而知了。所谓失之毫厘，谬之千里就是如此。将每一个步骤及环节都按要求做到位，就是将工作的每一个细节精雕细琢、精益求精。按步骤、依环节，就是按流程、体系做事。优秀的人往往不想给自己留下败笔与遗憾，尽量把事情做得尽善尽美。　特别是那些具有工匠精神的人，为了做出毫无瑕疵的精品，甚至愿意付出常人不敢相信的代价。对他们来说，

品质就是生命，有败笔等于是要了命。这种不断超越自我，追求完美的生活态度，在别人眼中是艰辛和痛苦，在他们眼中却是无与伦比的快乐。

劳动视野

把精益求精融入血液

现代汉语中，"精益求精"的意思是学术、技术、作品、产品等好了还求更好。《诗》云："如切如磋，如琢如磨。"朱熹说："言治骨角者，既切之而复磋之；治玉石者，既琢之而复磨之；治之已精，而益求其精也。"这就道出了"精益求精"一词的丰富内涵。

从古至今，大凡功勋卓著者，多是勤奋务实、追求完美之人。历经时代淘洗与先贤实践，精益求精的精神已融入国人血液，并日见厚重。近年来，人们耳熟能详的"工匠精神"，亦可视为新时代对精益求精的另一种注解与诠释。在纷繁社会中，我们只有沉下身、静下心，术业专攻，才能抵达新境界，精益求精，收获精彩。

精益求精，收获人生的精彩。改革先锋、"最美奋斗者"许振超爱岗敬业，视拥有精湛技艺为人生要义，在日常工作中不断改进、不断超越。试想，如果他拿出"差不多"的人生态度，放弃自我较真的狠劲，不把精益求精视为人生追求，如何能练就"一钩准""一钩净""无声响操作"等绝活？如何能带出"王啸飞燕""显新穿针""刘洋神绳"等工作品牌呢？

列夫·托尔斯泰曾说，人类的使命在于自强不息地追求完美。追求完美，需要不畏艰苦，日复一日，在风雨中接受洗礼，接受精益求精的千磨万击，持续激发深藏内心的勇气和信心。要坚决与"差不多"划清界限，敢于探索，勇于奋斗，步履不停，追求极致，让精益求精接地气、冒热气，方能创造辉煌业绩，收获人生精彩。

（资料来源：新华社客户端，2019年12月24日，有改动）

（三）一丝不苟

一丝不苟是指办事认真，连最细微的地方也不敢马虎。认真，就好比人生命运的"发动机"，能激发起每个人身上所蕴含的无限潜能。一个认认真真、全心全意做好本职工作的员工，即使能力稍逊一筹，也可能创造出最大的价值。而一个人的能力再强，如果他不愿意付出努力，他就不可能创造优良业绩。

作为通向精益求精的必要路径，一丝不苟主要体现在始终严格遵守工作规范和质量标准，兢兢业业做事，一板一眼工作，把每个操作要求和工作步骤都落实到位，不投机取巧，不寻求"捷径"，不敷衍了事，不放过任何一个细节和细微之处，确保操作结果符合标准甚至高于标准，没有瑕疵，不留缺憾。

一丝不苟是工匠精神的一种体现，同时也是一个人品行的反映。只有养成认真的习惯，我们才能充分展现自己的能力，才能在自己的职业生涯中获得成功。学会认真、养成认真工作的习惯，无疑是每个人事业道路上最重要的必修课。

榜样力量

刘云清：新时代工匠精神就是一丝不苟的创新

刘云清荣获"全国五一劳动奖章"

刘云清，1996 年中专毕业成为一名普通的机床维修工，历时 21 年成长为智能装备的领军研发人员，有数十项科研成果、2 项发明专利、3 篇国家级论文，2018 年获"全国质量工匠"称号。

每当行走在车间机器群组之间，刘云清总能从轰鸣声中感知哪一台出了异样，可能"生病了"，而且几乎一下子就能判断出"病因"部位。2015 年，当时国内功率最大的高铁制动设备一次锻压成型机出现故障，等候德国的配件需要 1 个多月。

刘云清说："线路有十万根以上，当时买设备的时候，光接线路就接了一年。它有一个螺旋杆，换一下就要 3000 万元，这个螺旋杆有两百吨重。当时领导束手无策，所以我想办法改造。我开始把所有线路理顺。机械、电气、液压、软件、控制系统，在我熟悉之后，分析问题所在。最后发现是一个机械和传感器配合发生故障，最终我们把它修复了。"

在外人看来，维修是个苦差事；刘云清却认为，维修有着广阔的个人舞台。2013 年，作为关键工序设备的进口数控珩磨机故障频繁，精度波动大，而客户订单越来越大，每年有上百万件，而且订单还在不断增多。数控珩磨机已成为制约产能的主要因素。

经过大半年时间的奋战，数千次反复试验，刘云清成功研制出新型龙门式全浮动数控珩磨机，其磨削精度可细到头发丝的二十到三十分之一，各项性能远超国外同类设备，且制造成本仅为进口设备的四分之一，填补了国内空白。

刘云清说："工匠精神应该是劳模精神和创业精神的综合体，新时代的工匠精神，更多地体现在创新、精益求精、干事认真、讲究奉献、敢于迎接挑战。我是个完美主义者，我不能允许把有瑕疵的产品提供给客户。从我手上流出的产品，应该是让公司、客户放心的产品。'由我来办、马上就办、办就办好'，这是我们中车的工作作风。"

（资料来源：央广网，2018年4月29日，有改动）

相关链接：

刘云清：从维修工到高铁"智造"专家

（四）追求卓越

追求卓越是新时代"工匠精神"的灵魂。传统的"工匠精神"强调的是继承，祖传父、父传子、子传孙，是传统工匠传承的一种主要方式，而新时代的"工匠精神"强调的则是在继承基础上的创新。因为只有在继承基础上的创新，才能跟上时代前进的步伐，推动产品的升级换代，以满足社会发展和人们日益增长的对美好生活的需要。有无"追求卓越的创新精神"，是判断一个工人能否称为新时代"工匠"的一个重要标准。

彭彦军：修行19载的"严"专家

在2019年11月底结束的南方电网公司2019年职工创新成果大赛上，来自广西电网桂林供电局彭彦军工作室职工创新成果《变压器试漏自动检测装置》获得职工技术创新一等奖。彭彦军，"80后"，中专毕业后到供电局当了一名变电检修工。在19年的变电检修生涯中，他勤学苦研，解决了一个个生产难题，笔者在以他命名的工作室见到他时，他正在和工作室成员探讨技术问题。"这个名次算是正常发挥吧。"谈起在这次成果大赛中获一等奖，彭彦军淡然一笑。

彭彦军在工作中

工作融会贯通精益求精

中专毕业初入供电企业时，彭彦军和所有的学徒一样，给师傅打下手，砍树、刷漆、滤油、擦瓷瓶，啥活都干。但他总是想方设法利用业余时间提升自己，为了尽快掌握不同设备的检修技能，他通过现代先进技术，对各类设备的信息、软件、程序进行收集和整理，掌握了系统知识。只要有机会，他什么都往精里学，什么都往深里研究，遇到难题他就紧抓不放，直至解决。

2010年，彭彦军给一台漏油液压机断路器进行检修、更换零件。但那天，彭彦军对更换零件这个环节不放心，总是想着所更换的零件：螺丝有没有拧紧？断路器还会不会漏油？……思前想后，心里愈发不踏实。午夜12时，他又急匆匆赶到变电站，打开机构箱的那一刻，他悬着的心终于放下了：油管没有漏油。十几年来，他经手的设备、管辖的设备区域，从未发生一起人为责任事故。

创新呵护设备安全

2014年冬，桂林电网的一个110千伏站的Ⅱ段母线已经停了10天，但当时阴雨连绵，空气湿度大，GIS解体大修无法开展。环境湿度指标不达标，工作就会无限拖延下去。"不可能坐等。"于是，彭彦军带领团队在现场"头脑风暴"，最终决定现场搭建可拆装的检修车间，人为创造低湿度、密封的检修环境。经过逐步完善，一个"便携可移动式无尘检修间"最终出炉，当时环境湿度高达89%，而搭建的检修车间，内部湿度稳稳地控制在42%以下，使母线设备解体大修能够顺利开展进行。无尘检修间的运用，解决了当时行业内针对解体检修工作受环境限制的难题，填补了广西电网无尘检修技术空白，在南方电网公司也属首次。

2014年，以彭彦军名字命名的劳模工作室揭牌成立。工作室成立初期可谓一穷二白，设施不完善、制度不完善、人才紧缺是摆在彭彦军劳模工作室面前的几大拦路虎。虽然困难众多，但就是在这种情况下，工作室成立至今获得国家专利62项，发表论文73篇，全国电力行业、南方电网公司、广西电网公司职工创新一、二、三等奖100多项，产生直接或间接效益6000万元。

"在追求技能精湛的路上，我还得不断创新。"这是彭彦军在工作日记中，对成果研发的一段总结。19载精益求精，彭彦军用智慧和汗水，编织出一颗明亮的电力匠人之心。

（资料来源：人民网－广西频道，2019年12月27日，有改动）

三、工匠精神的时代价值

实现中华民族伟大复兴的中国梦，不仅需要大批科学技术专家，同时也需要千千万万的能工巧匠。更为重要的是，"工匠精神"作为一种优秀的职业道德文化，它的传承和发展契合了时代发展的需要，具有重要的时代价值与广泛的社会意义。

（一）社会文明进步的重要尺度

物质文明与精神文明是推动社会文明进步的"两个轮子"，是实现中华民族伟大复兴中国梦的"一双翅膀"，二者缺一不可。事实上，"工匠精神"的发育程度，同一个社会的物质文明、精神文明的进步程度直接发生关联。从精神文明来看，"工匠精神"作为一种职业精神，在本质上它是同社会主义核心价值观特别是同其中的"敬业""诚信"要求高度契合的。从物质文明来看，"工匠精神"在物质文明的创造过程中可以发挥强大的精神动力及智力支持作用。

（二）中国制造前行的精神源泉

经过改革开放40多年的发展，我国早已成为世界第一制造业大国。尽管我们成了"世界工厂"，贴着"MADE IN CHINA"标签的产品在世界随处可见，大到汽车、电器制造，小到制笔、制鞋，国内许多产业的规模居于世界前列，但这里面却依然缺少真正中国创造的东西。总体而言，我国制造业大而不强，实现制造业转型升级迫在眉睫。加快建设制造强国，加快发展先进制造业，关键在于提高创新能力，而工匠精神是助推创新的重要动力。工匠精神不是因

中国制造

循守旧、拘泥一格的"匠气"，而是在坚守中追求突破、实现创新。把工匠精神融入生产制造的每一个环节，敬畏职业、追求完美，才有可能实现突破创新。我们要通过弘扬工匠精神，培育劳动者追求完美、勇于创新的精神，为实施创新驱动发展战略、推动产业转型升级奠定坚实基础，加快建设制造强国，推动经济高质量发展。

（三）品牌形象提升的必由之路

品牌是企业走向世界的通行证，也是国家竞争力的重要体现、国家形象的亮丽名片。近年来，我国品牌建设取得长足进步，但在国际上真正叫得响的品牌还不多，这与我国作为世界第二大经济体、第一制造业大国的地位很不相称。提升品牌形象，要求把工匠精神融入设计、生产、经营的每一个环节，做到精雕细琢、追求完美，实现产品从"重量"到"重质"的提升。通过弘扬工匠精神，让每一个劳动者恪尽职业操守，崇尚精益求精，进而培育众多大国工匠，不断提高产品质量，打造更多

"落实党的十九大关于推动经济发展质量变革、效率变革、动力变革的重大决策，实现中国制造向中国创造转变、中国速度向中国质量转变、中国产品向中国品牌转变，必须有信心、有耐心、有定力地抓好自主创新。"

——习近平

享誉世界的中国品牌，建设品牌强国。

（四）员工个人成长的道德指引

尊重员工的价值、启迪员工的智慧、实现员工的发展，不仅是员工个人成长的强烈需求，同时也是现代企业的责任和使命。而"工匠精神"作为一种职业精神，是企业员工提升个人精神追求、完善个人职业素养、实现个人成长进步的重要道德指引。事实上，企业员工所具有的高尚职业操守和强烈"工匠精神"，同拥有较高专业知识技能一样，是其自身立足职场的重要条件和在未来职业生涯中脱颖而出的制胜法宝。

四、传承和培育工匠精神

党的十九大报告提出："建设知识型、技能型、创新型劳动者大军，弘扬劳模精神和工匠精神，营造劳动光荣的社会风尚和精益求精的敬业风气。"改革开放以来，我国制造业快速发展，综合实力和国际竞争力显著增强，但仍存在大而不强的问题。当前，我国经济已由高速增长阶段转向高质量发展阶段，尤其需要传承和培育工匠精神。

（一）树立匠心是弘扬工匠精神的关键

树立匠心是弘扬工匠精神的关键。工匠精神，匠心为本。有没有工匠精神，关键是看有没有一颗安于默默无闻、执着于追求卓越的匠心。树立匠心，既要弘扬优良传统，又要紧跟时代步伐、勇于开拓创新。一方面，加强宣传教育。从中华优秀传统文化中汲取营养，不断赋予其新的时代内涵，引导全社会深刻认识培育和弘扬工匠精神的重要意义，大力倡导尊重劳动、尊重知识、尊重人才、尊重创造的社会价值观，尊重一线员工和专业技术人员的劳动，形成推崇工匠精神的良好社会氛围。另一方面，完善制度机制。比如，可以建立健全评价机制，设立与工匠精神有关的奖项，评选奖励优秀一线员工和专业技术人员，引导人们在工作中精益求精。

匠人就得有匠心

"工匠精神"，算得上是2016年最热词之一了。这样一个兼具历史刻度与精神温度的名词，正式写入政府工作报告。更重要的，它不仅仅停留在文件里，而是自上而下化作社会共识，成为各行各业不约而同的价值标尺，进而成为时代呼声。

　　如今的工匠，不再只是"一盏枯灯一刻刀，一把标尺一把锉"的木工，当代匠人是技能人才，更是我们全体劳动者。虽然技能和行业不同，但匠心是一致的，那就是一丝不苟的态度、精益求精的追求。此前在央视播出的《大国工匠》，以及广东卫视正在热播的《技行天下——匠人匠心》，都将目光投向不同行业的当代匠人。他们传承、坚守、钻研、创新，追求技能的极致，打磨完美的作品。也许身边很多人心躁如汤煮，津津乐道于热点与风口，但他们却坚守本分，让"匠物"化腐朽为神奇。也因此，他们的"匠心"在时间的淬炼下坚定，"匠魂"在不懈的攀爬中沉淀。通过展示器物之美、人性之美，这些节目向观众传递出当代匠人内心里那股沉静的力量。

　　对，面对蒸腾的市场热情，我们需要的正是沉静。长年遭受冷遇的老手艺热起来，这真是好事。但热了之后怎么办，这可是大事！如今有种现象：言必称匠心，实则有泛化之嫌，更有甚者，借机炒作赚快钱。如若泛滥成灾，工匠精神与传统手艺都将处在尴尬甚至被摧毁的边缘。

　　不是说非遗热门了不好，而是要辩证地看：冷门变热门，挺好，有了关注度才有市场，有了市场才有生命力；升温莫高温，冷静，不要心烦意乱、不要着急上火、不要神不守舍，越是热门时越要心平气静。毕竟，工匠精神的内涵不限于技艺，没有一流的心性，哪来一流的技术？

　　我们不是没吃过热过头的亏。曾几何时，"中国制造"成了粗制滥造的代名词，就是急功近利、急于求成惹的祸。如今，中国制造在迈向中国智造、中国质造的路上，不要与浮躁之气、逐利之心随行，而是要老老实实地守住静气，不改初心。后者，才更体现勇气与智慧。

　　回到最初的发问。匠人之所以为匠，只因他们心安魂定。要对未来有信心，就要对现在有耐心。这句话，送给我们所有人。

（资料来源：《人民日报》，2017年1月19日，有改动）

相关链接：
百年古厝修旧如旧，匠心传承生生不息

（二）培育匠人是传承工匠精神的基础

　　工匠精神，匠人为基。广大技能人才是工匠精神的主要传承者、实践者、创新者。拥有一支技艺超群、敬业奉献的技能人才队伍，是建设制造强国的坚强保障。近年来，随着职业技能培训事业快速发展，我国技能人才队伍不断壮大。但与世界制造强国相比，我国制造业大而不强、科技含量总体不高的问题依然突出，技能人才队伍仍然存在总量不足、结构有待优化、供需矛盾突出等问题，技能人才的发展渠道偏窄、待遇偏低，社会上重学历、轻技能的观念还没有根本扭转。实践证明，只有培养大批技能人才，才能有力支撑制造强国建设。培育技能人才既要激发其内在动力，又要构建有效激励机制。应在健全制度、落实措施方面做好顶层设计，建立健全培养、考核、使用、待遇相统一的激励机制。在实践中，应探索产教融合、校企合作的技能人才培育方式，完善职业技能等级认定政策，为技能人才成长搭建平台、创造条件，让更多的大国工匠脱颖而出。

榜样力量

"90后"当匠人大有可为

传统工艺美术作品，最能反映中国璀璨的历史文化，最能彰显民族的气韵神采，可以带给人美的享受和艺术的熏陶。但是，因为市场化程度低、学习周期长，传统工艺美术从业者年龄偏大，年轻人很少问津，导致很多传统技艺后继乏人，陷入濒危状态。

如今，在一些传统手工艺领域，出现了一群优秀的"90后""新匠人"。

"90后"福建雕刻师陈滢家学渊源。刚刚当选寿山石界十大新锐雕刻青年的他，舅舅是玉石雕艺术大师刘传斌。从小受舅舅的影响，陈滢很早就对寿山石雕产生了兴趣。毕业后，他发现自己比较适合精雕细刻的工作。在舅舅的指引下，他开始系统学习寿山石雕。"在石雕技艺之外，我还学习了国内外的设计知识，包括色彩的利用和内容的选择。我们的题材选择比传统题材更广泛。传统雕刻往往以升官发财为主题，现在，很多生活化的题材都可以选择。"陈滢说。

费志涛在工作中

硖石灯彩是浙江海宁的国家级非物质文化遗产。"90后"费志涛学习硖石灯彩制作已经有10年时间。11年前，他就读于海宁市职业高中灯彩班，在嘉兴市级非遗项目（硖石灯彩）代表性传承人寿斌杰的带领下，开始接触这门手艺。随后，他又亲炙胡金龙、孙杰等多位硖石灯彩大师，为硖石灯彩博大精深的"八大技法"工艺和悠久历史所吸引。"我们现在用LED光源代替传统光源，更加环保、安全、美观。以前很少有人知道这门手艺，随着互联网的传播，硖石灯彩在全国都有了一定影响力。网上交易平台让硖石灯彩进入每家每户成为可能。"费志涛说。从2008年正式从事这门手艺至今，同行中只有他一个"90后"。直到不久前，一个海宁市职高灯彩班毕业的师妹来到他所在的单位，从事这门手艺的"90后"才增至两人。虽然这条路很艰

难，但是费志涛要做这门古老手艺传承者的信心很坚定。

陕西"90后"彭方，从事的是具有悠久历史的烙画艺术，就是用火烧热烙铁，在物体上熨出烙痕作画。开始选择这个职业，家里人并不支持，他们希望他做一个更稳定的工作。他开了家小店，生意逐渐有了起色。同时，家里人对于烙画艺术也有了更多的了解，逐渐开始支持他的选择。

年轻人从事传统工艺美术还是小众，但是这批"90后"给传统技艺带来的不仅是新力量，还有很多新观念、新技术，这些都潜藏着让传统工艺美术焕发璀璨新生的动力。

（资料来源：《光明日报》，2017年8月4日，有改动）

（三）打造精品是践行工匠精神的目的

工匠精神，精品为重。精品就是优质产品。习近平总书记指出，要弘扬"工匠精神"，精心打磨每一个零部件，生产优质的产品。只有打造更多的精品、优质产品，塑造更多的"中国品牌"，中国经济发展才能进入质量效益时代，中国制造业才能在做大做强中跻身世界前列。打造精品要以精益求精的追求，从创新上找动力，在产品和服务两方面下苦功。在产品方面，应注重改进制造工艺、产品性能。在服务方面，应努力提升管理服务水平，不断满足用户对产品和服务品种多样化、品质高端化的需求。打造精品要以品质为保证，在品种、品质、品牌等方面深耕细作，着力解决质量稳定性、消费安全性等问题。当前，应严格执行工序标准，普及卓越绩效、精益生产、质量诊断等先进生产管理模式，加强从研发设计、物料采购、生产制造到销售服务的全过程管理，让工匠精神体现到一件件精品、优质产品上，在打造更多享誉世界的中国品牌中成就自己的精彩人生。

 榜样力量

坚守工匠精神　打造金字招牌

厚度仅为一张A4纸的1/4，可以承受连续20万次的翻折……2018年初，经过711次试验，0.02毫米的超薄不锈钢精密箔材在山西太钢不锈钢精密带钢有限公司研发成功，被人们形象地称为"手撕钢"。这项工艺技术，在我国自主研发之前，一直被国外少数企业垄断。

为了突破长期依赖进口的"卡脖子"

太钢集团研发生产的钢铁精品

局面，2016 年以来，太钢精密带钢研发团队攻克 175 个设备难题、452 个工艺难题，实现了一系列关键工艺和生产制造技术重大突破，成功生产出厚度 0.02 毫米、宽度 600 毫米的不锈钢精密带材，质量达到国际领先水平，太钢集团也因此成为可批量生产宽幅超薄不锈钢精密带钢的企业。

成功的背后，是太钢精密带钢研发团队一直坚持的一丝不苟、精益求精的工匠精神。而这样的工匠精神，也体现在太钢日常生产和管理的方方面面。

"双精度"是被太钢人时时挂在嘴边的一个词。一是设备的功能精度。高质量的产品，离不开高水平的设备。为了设备功能精度达标，太钢创建设备精度控制点 94 个，同时，突破设备功能瓶颈，新增设备功能 38 项，硬是一点点把世界顶级设备的功能精度提高到最优。二是工艺技术操作的精度。太钢推行"操检合一"，将操作人员、设备点检维修人员和管理人员的绩效捆绑起来，与收入挂钩考核，推动全员围绕质量同向发力，在 3 年时间里，先后健全工艺技术精度控制点 137 个，消除影响因素 68 个，实现了高端产品质量的稳定可控。

"双精度"的管理模式带出了一批技能高手，熟练轧制"手撕钢"的大工匠吴琼、质量检测高手廖席、超硬料研发团队领头人杨星、磨辊能人韩晓东……这些工匠，为太钢技术的创新和产品质量的保证提供了人才支持。

如今，太钢的不锈钢精密带材正以超群的强度、精度、光洁度，在航空航天、军工、核电、高端电子、家电、精密机械加工等高端制造行业中得到日益广泛的应用，成为我国尖端工业制造的一张"金字招牌"。

（资料来源：《人民日报》，2020 年 5 月 11 日，有改动）

劳动影像

《匠人·匠心》从情感和传承入手，讲述人与人之间的情感以及人与社会之间的交流，旨在为时代重新唤醒工匠精神。深刻阐释了匠人的吃苦耐劳和一丝不苟的匠心精神，在今后工作中还需秉承优秀传统，不忘初心、牢记使命，用实实在在的努力为新时代工艺发展贡献力量。该片所要传达的态度是，人生纵有许多大风大浪，但真正组成生活的，是一分一秒的点点滴滴，而匠心，只有存在于这方寸之间，才得以源远流长、生生不息。

劳动影像：

《匠人·匠心》

专题五
自立自强，做好家务劳动

课堂导入

　　美国哈佛大学和斯坦福大学的专家曾对家务劳动与健康的关系做过专门研究，列出了家务活的能量消耗表。扫地15分钟约消耗60卡路里热量；手洗衣服1小时约消耗190卡路里热量；熨衣服45分钟约消耗180卡路里热量；擦玻璃窗30分钟约消耗150卡路里热量；用吸尘器吸尘30分钟约消耗120卡路里热量；洗碗碟15分钟约消耗45卡路里热量；收拾物件10分钟约消耗30卡路里热量。如果通过家务劳动，每周能消耗2000卡路里能量，患心血管病而死亡的可能性就会比不做家务劳动的人低75%，寿命也可以延长5至10年。

　　当然如果家务劳动过于繁重，对人的精神和体力是无益的。所以，想让家务劳动达到健身的效果，还得心情愉快地去做。国外的专家对数千名中年以上的女性进行调查，发现每星期能做2.5小时园艺工作及喜欢经常散步的女性，身体充满活力，不容易发胖，静态时心率较低，比那些经常陷于沉重家务劳动中的女性体质健康。

研精致思

　　1. 家务劳动包括哪些内容？你所掌握和熟练的家务劳动有哪些？
　　2. 通过上述材料，结合你的经历，总结一下家务劳动与健康的关系。这种关系对于今后的家务劳动有什么意义？

> **学习目标**
>
> ◎ 掌握衣物的洗涤与整理技巧。
> ◎ 学会选购绿色健康食材。
> ◎ 掌握一定的烹饪技能。
> ◎ 掌握起居的清洁技巧。

一、衣物洗涤与整理

（一）洗涤前的准备

1. 区分衣物

内衣与外衣要分开；成人与儿童的衣物要分开；病人与健康人的衣物要分开；不同颜色、不同质地的衣物要分开。

2. 辨别衣物面料

常见衣物面料包括纺织纤维和皮革两种。纺织纤维包括天然纤维和化学纤维，其中，天然纤维包括植物纤维（棉、麻等）和动物纤维（羊毛、兔毛、驼毛、蚕丝等），化学纤维包括人造纤维（人造毛、人造棉、人造丝等）和合成纤维（涤纶、腈纶、氨纶、丙纶等）。皮革由真皮、再生皮和人造革组成。不同的面料具有不同的特点，应采用不同的洗涤（保养）方法。皮革通常用皮革专用油来保养，不能洗涤。对于需洗涤的纺织纤维类衣物，应掌握其面料的鉴别方法。

表 5-1 鉴别衣物面料的基本方法

基本方法		说明
看	查看其标识牌、标签，观其色泽、质地。正规厂家生产的衣物一般有专门标明其成分类别的标志牌	棉纤维衣物色泽柔和；混纺、化纤衣物色泽发亮，颜色刺目；真丝制品光泽柔和、均匀；毛纤维衣物色泽柔和，纹路清晰，明亮光滑
摸	用手触摸其质感、厚薄等	棉纤维衣物厚实柔软，弹性差；麻纤维衣物粗糙发硬，易起皱褶；毛纤维衣物分量重，起皱后能自行恢复；真丝制品摸上去柔软滑爽，拿起来沉甸甸的；化纤衣物轻飘、皱褶明显，弹性差；氨纶等纤维衣物弹性好；毛涤制品攥在手里发硬，弹性较差

（续表）

基本方法		说明
烧、闻	通过燃烧不同纤维材料衣物上的摘取物，看燃烧后的形状，闻燃烧后的气味	从不同面料的衣物上取下一小段线头点燃，植物纤维燃烧后灰烬呈粉末状，无异味；动物纤维尤其是羊毛、兔毛制品燃烧后可闻到动物的体味，灰烬凝结在一起，用手一捻即碎；化学纤维燃烧后会发出淡淡的臭味，灰烬凝结发硬，不易捻碎

3. 检查衣服表面及口袋

检查衣服表面是否有特殊污垢，如有应在洗涤前处理，如衣物上染有其他色泽；检查衣服口袋中是否有钱币、首饰、票据等，如有要及时取出，然后抖净口袋里的烟末、碎屑等。

4. 选择洗涤方法

衣物的洗涤标识通常由文字和图形两部分组成，也有的衣物采用中文和外文两种洗涤标识。文字尽管有差异，但图形相对一致，可以通过这些图形来判断所洗衣物适合哪种洗涤方式。

5. 选配洗涤用品

不同面料的衣物由于其性能的差异，与不同的洗涤用品相混会产生不同的效果。洗涤用品种类繁多，成分、性能各异，必须多加了解、正确选用，才能取得理想的洗涤效果。

表 5-2　常用洗涤用品的种类及特点

洗涤用品	特点
肥皂	呈碱性，固体，有块状、粉末状之分。块状的为肥皂，粉末状的为皂粉。肥皂去污力强，泡沫少，易漂洗。适宜洗涤棉、麻及混纺服装、床上用品和毛巾等
洗衣粉	分为碱性、中性等多种，逐渐由普通型向特殊用途和专用化方向发展。固体，呈粉末状，具有泡沫丰富、去污均匀等优点。高泡洗衣粉去污力强，适合洗涤麻、丝、毛、化纤衣物，更是手洗的理想用品；中泡洗衣粉泡沫少，容易漂洗干净，适合洗涤各种纤维衣物，手洗、机洗均可；低泡洗衣粉泡沫少，容易漂洗干净，适合洗涤各种纤维衣物，适宜机洗；加酶洗衣粉除油渍、血渍、奶渍、汗渍等效果较好，机洗、手洗均可
洗涤剂	分为普通洗涤剂和特殊用途的洗涤剂。适宜洗棉、麻、丝、羊毛、合成纤维等衣物。使用方法简单，易于溶解，只要其溶液不混浊、不分层、无沉淀，就和洗衣粉的作用一样，手洗、机洗均可。羊毛衫洗涤剂适宜洗羊毛衫、毛料织物、丝织物，但不能与洗衣粉、肥皂或其他洗涤剂混合使用；衣领净用于洗涤衣服的特殊部位，如衣领、袖等
柔顺剂	在最后一遍漂洗衣物时，倒入柔顺剂，可使衣物柔顺，防止产生静电和衣物变形，衣物洗涤后手感舒适、蓬松，有光泽

相关链接：

你洗涤衣物的方式正确吗？

（二）洗涤方法

洗涤方法要根据衣物的面料、质地和洗涤标识要求而定。一般来说，可水洗的衣物在洗涤前应稍加浸泡，这样更易洗涤干净。洗涤方法包括手洗和机洗两种。

1. 手洗

（1）手洗衣物的范围及洗涤用品的选择。毛料衣物、丝（麻）织品、人造棉、人造毛、人造丝、羽绒制品、沾有汽油的衣物等衣物适宜手洗。另外，对于可机洗的衣物，如果领口、袖口、被头等部位污垢严重，可先用手洗再用机洗。洗涤棉麻、合成纤维类衣物时，可选择使用中高泡洗衣粉、碱性液体洗涤剂或肥皂；洗涤丝毛类衣物时，可选择中性液体洗涤剂或皂片。

劳动贴士

沾有汽油的衣物不能在洗衣机内洗涤。因为汽油不但易燃、易爆，而且油污扩散后会污染、腐蚀洗衣机，还有可能因洗衣机运转中出现打火现象而引起爆炸。

（2）手洗衣物的要求。一是勤洗勤换。对于手洗衣物应勤换，久穿不换会降低穿用效果，增加洗涤难度。二是对领口、袖口等容易脏的地方可先用衣领净涂抹。三是根据衣物的面料，合理浸泡，但不可浸泡时间过长。用衣领净等处理过的衣物应至少等待5分钟后再浸泡。四是冲洗干净。洗涤后要反复用清水将衣物漂洗干净。

（3）手洗衣物的基本方法。常见的衣物洗涤手法有搓洗、刷洗、拎洗、揉洗四种。搓洗是双手抓住衣物，上下来回摩擦，根据衣物的面料、脏净程度适当用力搓洗，或者把衣物放在搓板上上下摩擦，直至把污渍洗掉。刷洗是将衣物铺平，用刷子在污渍严重的部位来回刷洗，直至把污渍刷洗掉，适用于洗涤较脏的衬衣领子和牛仔服。拎洗是在盆内放适量清水，加入洗涤剂，把脏衣服放入水中浸透，然后抓住衣物的上端，从盆内拎起再放入，反复数次后以同样的动作用清水冲洗干净，适用于洗涤容易扒丝的丝绸类衣物，尤其是绢丝衣物。柔洗是像揉面团一样在盆中揉搓衣物，双手反复抓捏衣物，直至把污渍洗掉，然后用清水揉洗干净，适用于洗涤羊毛衫、围巾等纯毛针织品。

（4）不同面料衣物的洗涤要求。

毛料衣服的洗涤要求。纯毛衣服的面料一般是羊毛纤维，具有缩溶性、可塑性，洗涤时要特别注意：洗涤水温不宜过高，以 30 ～ 40℃为宜。如果水温过高，会出现褶痕且不易烫平。选择适宜的洗涤剂。羊毛耐酸不耐碱，要用弱碱性或者中性洗涤剂，不能直接用肥皂或洗衣粉洗涤。洗涤时间不宜过长。浸泡和洗涤时间过长，会导致毛纤维咬在一起，导致织物缩水变形。尤其是织物松散的羊毛衫、围巾等，最容易导致缩水变形，甚至无法穿用。晾晒方法必须得当。洗好后的衣物不要拧绞，不要在阳光下暴晒，宜将其反面向外放在阴凉通风处，自然晾干。

丝绸制品的洗涤要求。洗涤丝绸制品时要注意：水温不宜过高。水温过高会使丝绸制品严重褪色。最好用冷水洗涤，且在冷水中浸泡的时间不宜过长，应随浸随洗。洗涤动作要轻。不宜使用搓板搓洗，用力不要过猛，切忌拧绞。防止太阳直晒。各类丝绸制品均不宜在阳光下暴晒，应置于阴凉通风干燥处晾干。高级丝绸制品最好干洗。

劳动贴士

丝织品在漂洗过几次清水后，最好放入含有酸的冷水内（可滴点醋酸或白醋）浸泡两三分钟，这样处理既可中和衣服内残存的皂碱液，又能保持衣服的光泽。

亚麻类衣物的洗涤要求。洗涤亚麻类衣物时要做到：控制水温。水温应控制在40℃以内。动作轻柔。选用优质洗涤液，采用"拎洗"或"揉洗"的方式洗涤，忌在搓板上揉搓，也不能用硬毛刷刷洗。漂洗干净。漂洗时先用温水漂洗两次，再用冷水漂洗一次（漂洗时不要拧绞），然后甩干并及时晾起。

人造纤维类衣物的洗涤要求。洗涤人造毛、人造棉、人造丝等人造纤维类衣物时要做到：控制水温。水温以30～40℃为宜。洗净后先用温水漂洗两次，再用冷水漂洗一次。动作轻柔。人造棉和人造丝类衣物可用手轻轻搓洗或揉洗，人造毛类衣物下水后纤维膨胀变粗，质地变厚发硬，污垢和纤维结合牢固，适宜刷洗。

羽绒服的洗涤要求。将羽绒服放入冷水中浸泡15分钟左右。将中性洗衣粉倒入温水中搅匀（水温为30℃左右，每件羽绒服约用2匙洗衣粉）。将已浸泡好的羽绒服取出平压去水分后，放入兑好的洗涤液中，浸泡10分钟左右。将羽绒服从洗涤液中取出，平铺于干净平板上，用软毛刷蘸取洗涤液轻轻洗刷，先刷里面，后刷外面，最后刷两个袖子的正反面（越脏的地方越要放在后面刷），特别脏的地方可撒上洗衣粉重点刷。刷洗干净后，将衣服放在原洗涤液内上下冷涮几下，然后放在30℃左右的温水中漂洗2次。再放入清水中漂洗3次，以彻底清除洗涤残液。漂洗时切勿揉搓，以免羽绒堆积。将漂洗干净的羽绒服轻轻挤压出水分，然后放在日光下晾晒或挂在通风干燥处晾干。晾晒时勤加翻动，使其干透。最后用光滑的小木棒轻轻拍打羽绒服反面，可使羽绒服恢复蓬松柔软的状态。

相关链接：

正确洗涤羽绒服

2.机洗

家庭中使用的洗衣机可分为两大类：一类是全自动洗衣机，另一类是半自动洗衣机。

用全自动洗衣机洗涤时，可按"洗涤菜单"进行操作，根据不同的衣物选择合适的洗涤程序即可。

用半自动洗衣机洗涤时，可按以下程序操作：注水。根据洗涤衣物的数量，向洗衣机水桶内注入相应的水（要在机器规定的上下限水位内），放入适量的洗涤剂，洗涤剂溶解后放入所洗衣物。洗涤。根据要求选择洗涤按键。按衣物面料和脏污程度选择洗涤时间。漂洗。洗完后漂洗2～3次，每次2～3分钟，直至干净。脱水。将洗完的衣服均匀放入脱水桶内，放好脱水桶压盖，盖好桶盖进行脱水。晾晒。停机后，及时取出衣物晾干。

（三）晾晒方法

科学合理地晾晒衣物，是保持衣物良好形态、保证穿着质量的重要环节。衣物洗涤完毕，要根据衣物的面料、颜色和分类来确定晾晒的方法。

表5-3　不同衣物的晾晒方法和要求

衣物名称	晾晒方法和要求
棉麻类衣物	一般可放在阳光下直接晾晒，为避免褪色，最好反面朝外。这类织物的纤维强度在日光下几乎不下降，如内衣、袜子、床单、被罩等
丝绸衣物	反面朝外，放在阴凉通风处自然晾干，严禁用火烘烤。这类衣物面料耐日光性差，阳光暴晒会造成织物褪色，纤维强度下降
毛料衣物	反面朝外，放在阴凉通风处。自然晾干羊毛纤维的表面为鳞片层，外部的天然油胺薄膜赋予了羊毛纤维以柔和光泽，阳光暴晒会使表面的油胺薄膜氧化变质，影响衣物外观和使用寿命
毛衫、毛衣等针织衣物	洗涤后装入网兜挂在通风处晾干，也可搭在两个衣架上悬挂晾干，还可以平铺在其他物件上晾干。避免暴晒、烘烤，以防变形
化纤类衣物	在阴凉处晾干，不宜在日光下暴晒，否则会使面料变色发黄、纤维老化，影响面料寿命
羽绒服装	可挂起来自然脱水晾干，也可平铺在桌面上用干毛巾挤去水分晾干，要避免阳光暴晒

（四）整理收纳衣物

1. 折叠衣物

（1）折叠衬衣（T恤衫）：系上纽扣→前身朝下后背朝上抚平对正→以纽扣为中心，等距离将衣身两边向中间对折抚平→袖子折进两折向下转→下摆向上折→翻过来使衬衣正面朝上→整理抚平。

（2）折叠西裤：拉上拉链、扣上扣子→从裤脚处将四条裤缝对齐→两条中线对齐→用手抚平→从裤脚至裤腰对折、再对折。

（3）折叠无中缝的休闲裤：拉上拉链、扣上扣子→从裤裆处将两条裤腿对折抚平→从裤腿到裤腰依次对折两次。

（4）折叠秋衣裤：折叠各类睡衣、背心、内衣裤的方法可参照衬衣、裤子的折叠方法。

（5）折叠羽绒服：拉上拉链、扣上扣子→平摊、抚平→左右衣袖平行交叠在胸前→从下方将衣身向上折叠至所需要的大小→双手慢慢挤压出羽绒服内的空气。

（6）折叠棉被、毛毯：将棉被、毛毯沿长度上下对折三次，然后从一端卷向另一端。卷时要用力，避免松散。这种折叠方法占用的空间小。如果空间允许，可将棉被、毛毯沿长度上下对折三次，然后从两端向内折叠成方块状。

2. 摆放衣物

（1）西服：西服上衣是立体剪裁，不宜抚平，尤其是肩部圆阔度、受挤压后影响美观。所以，挂放西服上衣时，要选用两端宽阔的宽衣撑，以免肩部变形。西服裤子在存放时，可用带夹子的衣撑夹着折叠好的裤脚悬垂挂放。也可将四条裤缝对齐后横挂于衣撑上或折叠后存放于衣橱内。过季不穿的西服要用专用衣罩罩起来。挂在衣橱内，以保持西服的干净整洁。

（2）丝绸衣物：丝绸衣物要洗净晾干，最好熨烫一遍，再收藏在衣橱内。这类衣物易生虫、发霉、变色，怕压，可放在其他衣物上层或用衣撑挂起，适当放些防虫药剂（用白纸包好）。

（3）针织类衣物：针织类衣物适宜折叠后摆放而不宜挂放。围巾可折叠或卷成卷摆放。袜子要成双成对摆放，可将两只袜子整齐地折叠在一起，从脚尖处向上卷起，然后翻起袜口将两只袜子包在其中。

（4）羽绒服：羽绒服要拉上拉链，扣上扣子，平摊、抚平，按羽绒服折叠方法折叠后放入衣柜。可在衣服内放置3～5粒用白纸包好的樟脑球。

（5）棉衣：棉衣要扣上扣子，平摊、抚平，左右衣袖平行交叠在胸前，从下方向衣身折叠至所需要的大小，放入衣柜。棉衣容易受热生霉，必须拆洗干净，晒干晾凉后再往衣柜内摆放。里面放3～5粒用白纸包好的樟脑球。

（6）棉被、毛毯：这类衣物视存放空间，按棉被、毛毯的折叠方法折叠成合适的体积摆放。棉被、毛毯吸湿性强，可先装入塑料包装袋中，再放入衣柜（每床棉被、毛毯内放入数粒用白纸包好的樟脑球）。

（7）毛呢、毛料衣物：将衣服挂在宽型衣撑上，用专用衣罩罩起来悬挂在衣橱内。毛呢衣物怕挤压，怕虫蛀，可在衣物内放置数粒用白纸包好的樟脑球。

（8）毛皮衣物：将衣物挂在通风凉爽处晾干，用光滑的小竹竿敲打皮面除去灰尘。将皮板铺平，理顺皮毛，然后毛里对毛里折叠起来，用布包好装进塑料包装袋中，放入衣柜。毛皮衣物怕潮湿、怕高温、易生虫，包装时在毛里处放几粒用白纸包好的樟脑球。尽量在天气转暖不穿时及时收放。

3. 收纳鞋帽

一般存放鞋时，应在保养或洗刷后，用鞋撑或纸团撑起鞋内空间，然后再放入鞋盒。布鞋晒干后可直接放入鞋盒，毛绒里皮棉鞋，存放时应在鞋内放入数粒用白纸包好的樟脑球。针织帽子洗净晒干后可直接存放在衣橱内，呢质、挺括的帽子应挂放在衣橱内，必要时可用物品填充，以防变形。

榜样力量

陈爱华：为衣物"望闻问切"的洗衣师

陈爱华工作照

据《劳动报》报道，说到洗衣服这件事，即便是年纪再小的孩子也能在家长的教导下独立完成，但若是要清洗旗袍、皮革等难洗质地的织物，却并不是每一个人都能成功洗净。然而，在上海市劳模、上海正章实业有限公司洗衣首席技师陈爱华的手中，任何织物似乎都能变得干净如初。说起洗衣这件与自己相伴了22年的工作，陈爱华总是笑着说，自己就像是一名为衣物治病的"老中医"，以"望闻问切"四步法为衣物带去新的生机。

1996年，18岁的陈爱华来到正章洗衣店内成为店内的一名三级营业员。"其实，我是早了半年入职工作。"与其他同学毕业后才工作不同，早在学校分配实习工作的时候，陈爱华便受到店内老师傅们的青睐。说起其中原因，她半开玩笑道："大概是师傅看中了我的巧劲吧！"

洗衣的工作看似简单，但实际操作起来却很烦琐且大有学问。通常来讲，送到洗衣店的衣物一般要经过4个步骤——收货、洗涤、熨烫、包装，而这4个步骤内又包含着36道工序，每道工序都充满技术含量。为了尽快掌握洗涤技术，陈爱华不仅钻研工艺，还留在工厂里一遍遍地进行操作，光是洗涤、烫干、熨平等步骤，每天练上百遍都是最基本的。在操作过程中，只要稍不留意就会被蒸汽管或蒸汽熨斗烫到，双手及手臂上烫伤的痕迹并不罕见，有时更是旧伤未好又添新伤。说到这些时，她爽快地撩起自己的袖子："这些都是我的'见证人'，是我工作的'好伙伴'！"

2009 年，陈爱华成为正章，同时也是洗染行业内最年轻的高级技师。随着技能的不断提升，陈爱华在业界的名声也越来越响，许多人纷纷慕名前来，希望她处理一些高价值或是别人无法处理的物品。"有了成熟的技艺，更应该将它传授出去！"在工作之余，陈爱华先后成立了属于她的首席技师工作室及技能大师工作室，她也成为上海洗染行业里唯一的技能大师。在陈爱华看来，有了这些平台，洗涤技艺方能在年青一辈中传递下去，提升整个洗染行业职工队伍的素质，打响"上海服务"的品牌。

（资料来源：东方网，2018 年 5 月 7 日，有改动）

二、食品选购与制作

（一）合理选购食品原料

选购食品原料要有计划地进行，即确定用餐人数→确定购买数量→确定购买地点。购买原料时，要注意选择采买方便、物美价廉、货源可靠的购物地点，例如，蔬菜、肉、蛋、禽、水产类食品要到大的菜市场购买，奶制品、速冻制品、调味品等要到正规超市购买。

1.选购安全食品

（1）判断原料品质。可以运用感官，依据经验来判断原料的品质，如用嗅觉鉴别原料的气味；用眼睛观察原料的外部特征；用舌头分辨原料的滋味；用手触摸原料了解其弹性和软硬程度；摇动或敲击原料听其声音等。

表5-4 "四看法"鉴别原料品质

"四看"	鉴别方法
看原料食用价值	包括营养价值、产地、质地等。即使同一种原料，由于其产地、品种不同，食用价值也会有差别。食用价值越大，品质越好
看原料的成熟度	原料的成熟度与培育、饲养的时间以及上市季节有着密切的关系。原料的成熟度处于最佳时期时，其品质最好。比如，夏季的西瓜口味好，营养价值也高；秋季的螃蟹肉质肥嫩，味美色香

（续表）

"四看"	鉴别方法
看原料的纯净度	优质原料均表现为无杂质、无异物。反之，品质差的原料，杂质多，加工起来费时费事，消耗成本高，口味也差
看原料的新鲜度	这是识别原料最直观、最基本的方法。原料存放时间过长或保管不善，都会导致新鲜度下降，甚至引起发霉变质

（2）判断卫生程度。要观察购物环境是否卫生，如有没有苍蝇，水源是否具备，人员操作是否规范，如口罩、抹布、案板、容器及相关工具是否规范使用。

（3）识别食品标签。主要关注以下三个方面：一是认证标志。很多食品的包装上有各种质量认证标志，比如有机食品标志、无公害食品标志、绿色食品标志、QS 标志（质量安全标志）等，这些标志代表着食品的安全品质和管理质量。二是生产日期和保质期：食品标签的保质期是指食品在标签标明的条件下保存、食用的最终日期，是食品的最佳食用期。在此日期之后该食品不宜再食用。我们从生产日期和保质期上，可以识别食品的新鲜程度。三是食品重量、净含量。食品的净含量是指除包装外的可食用部分的重量。有些食品包装得又大又漂亮，内容物却很少；有些食品看起来便宜，但如果按照净含量计算，很可能会比其他同类产品更贵。如将两种价格、体积都差不多的面包摆在面前，一种净含量是 120 克，另一种是 160 克，前者可能只是发酵后更为蓬松，但从营养总量来说显然后者更为划算。

食品认证标志示例

2. 选购健康食品

在考虑家庭消费观念的基础上，优先选择无公害食品、绿色食品等。另外，要特别注意食品的营养价值，尽量做到科学搭配、合理膳食。人体所必需的营养素有蛋白质、脂肪、糖类、矿物质、维生素、水六类。这些营养素主要通过以下食物获取。

（1）粮食类。主要含有淀粉，其次是蛋白质、无机盐和维生素及人体所需的其他微量元素等，是膳食纤维的重要来源和生命活动的主要承担者。

（2）蛋白质食品类。包括各种肉、鱼、禽蛋、大豆及其制品等。它们主要含有优质蛋白质和脂肪及部分无机盐和维生素等，营养价值较高，有利于提高人体免疫力。尤其是禽类和鱼类食品，易于消化吸收和利用。

（3）蔬菜和水果类。主要含有维生素、无机盐和膳食纤维。水果中含有维生素C，可增强人体抵抗力，预防感冒。另外，水果中含有丰富的葡萄糖、蔗糖、果糖，能直接被人体吸收，产生热能。蔬菜和水果中含有很多纤维素，并含有果胶，能促进肠蠕动，预防便秘，有利于体内废物和毒素的排泄。

（4）油脂类。这类食品主要提供热能，含有不饱和脂肪酸和部分脂溶性维生素等。

相关链接：

"健康食品排行榜"无益反有害

（二）一般菜肴制作

1. 调制菜肴口味

调味是菜肴制作中的"点睛之笔"，具有除异味、增美味，增加菜肴的色泽，增加和保护菜肴的营养价值，以及使菜肴品种多样化等作用。

（1）调味的分类。调味的种类很多，概括起来可分为两大类，即单一味和复合味。单一味又称基本味，就是调味品的原味，有咸、甜、酸、辣、麻、香、苦。复合味是由两种或两种以上的调味品调和而成的味道，通过调味品之间相乘、相抵、对比等而形成的各种不同的风味。

（2）调味的原则。调味品的使用与选择直接关系到菜品的质量，恰当使用调味品是保证调味成功的关键。调味时要掌握以下原则：一是恰当适时地调味。一般烧菜时，黄酒、糖、酱油等调味品应先放，尤其是黄酒，时间越长，香味越大；味精应晚放，早放或放多了会出现似涩非涩的胶水味或苦味，味精适应的温度为70～90℃。二是严格按规格调味。所谓规格调味是指调味品要按调味配方加放。不同的调味配方，加放不同量的调味品。三是顺应季节变化调味。夏天味淡一些，冬天味重一些。四是按原料性质灵活调味。鲜活原料应弱化调味，以突出原料的本味；带有腥膻味的原料，应加重调味；本身无滋味的原料，应适当增加鲜味。

（3）调味的方法。通常归纳为调味三阶段，即原料加热前调味、原料加热过程中调味、原料加热后调味。原料加热前调味，又称基本调味，主要目的是使原料先有一个基本滋味，一般适用于在加热过程中不宜调味或不能很好入味的烹调方法，如蒸、炸、炒、熘、爆等。原料加热过程中调味，又称决定性调味，大部分菜肴的口味都经过这一过程确定，适用于烧、炒、熘、炖、煨等烹调过程。原料加热后调味，又称辅助调味，主要用来补充前期调味的不足，使菜肴更加完美，如食品炸后加花椒盐、涮料，浇淋卤汁等。

劳动贴士

山西醋，山东盐，苏北浙江咸又甜。宁夏河南陕青甘，又辣又甜分外咸。安徽甜，河北咸，东北三省咸带酸。黔赣两湖辣子蒜，又麻又辣数四川。广东鲜，江苏淡，少数民族不一般。因人而异多实践，巧调能如百人愿。

2. 冷菜的制作方法

冷菜就是热制冷吃或冷制冷吃的菜肴，其口味甘香、脆嫩清爽。冷菜的制作方法较多，这里列出常见的几种，仅供参考。

（1）拌。把生料或熟料加工成丝、片、条或块等较小形状，用调味品拌和后直接食用的方法。一般以植物性原料做生料，动物性原料做熟料。其成品清爽脆嫩。由于调料的不同，其味也有诸多变化，有咸鲜味、甜酸味、酸辣味、芥末味、椒麻味、麻辣味等。菜品如葱油拌海蜇、麻辣肚丝等。

（2）腌。将原料置于调味汁中，利用盐、糖、醋、酒等溶液的渗透作用使其入味的一种烹调方法。成品脆嫩爽口，按调味汁不同可分为盐腌、醋腌、糖醋腌等。菜品如酸辣黄瓜条、糟鸡、醉蟹等。

（3）卤。用由调味料、水、香料等配好的卤汁反复烹制菜肴的方法。卤有白卤、红卤之分。白卤是放盐、水和香料烹制；红卤是放酱油、糖、水和香料烹制。卤菜成品酥烂香浓。菜品如卤鸭、卤肫等。

（4）酱。其制法与红卤相似，不同的是卤不收汁，酱收汁，酱汁比卤汁浓稠。菜品如酱鸭、酱牛肉等。

（5）冻。将烹调成熟后的原料，在原汤汁中加胶汁质（琼脂或肉皮冻），冷却后凝结成透明如水晶状。成品凉爽不腻，易做夏令冷盆。菜品如水晶鸡、水晶虾仁等。

（6）炝。将切配成小型的原料初步加工，熟处理后，趁热加入调味品调拌均匀成菜。菜品如炝西兰花。

（7）油炸卤浸。原料经油炸后，在配制好的调味中浸渍或加热收汁，使调味渗透到原料内部。其成品味浓醇厚。菜品如油爆虾、油爆鱼等。

3. 热菜的种类及烹调方法

热菜的品种很多，其制作方法多样，这里列出常见的几种。

（1）蒸。以蒸汽加热使经过调味的原料成熟或酥烂入味，其方式包括以下几种：一是旺火沸水速蒸。适用于质地较嫩的原料，水开以后蒸10～15分钟即可。二是旺火沸水长时间蒸。凡是原料体大、质老需蒸熟烂的采用此方法。一般需蒸1～2

小时。三是中小火沸水徐徐蒸。适用于原料质嫩或经过精细加工要求保持鲜嫩的菜肴。

（2）炒。将切配后的丁、丝、片等小型原料用中油量或少油量以旺火或中火快速烹制成菜的烹调方法。根据工艺、特点和成菜风味，炒可分为滑炒、生炒、熟炒、清炒、爆炒等。

（3）炖。将经过加工处理的原料放入炖锅或其他陶制器皿中，添足水用小火长时间烹制，使原料熟软酥烂的烹调方法。炖制菜肴具有汤多味鲜、原汁原味、形态完整、酥而不碎的特点。汤清且不加配料炖制的叫清炖，汤浓而有配料的叫浑炖。

（4）煎。锅中加少量油加热，放入经刀工处理成扁平状的原料，用小火煎至两面呈金黄色，酥脆成菜的烹调方法。

（5）煮。将经初步熟处理的半成品切配后放入汤汁中，先用旺火烧沸，再用中火或小火煮熟成菜的烹调方法。煮菜具有汤宽汁浓、汤菜合一、口味清鲜的特点。川菜中还有一种水煮的方法，是将鸡、鱼、猪、牛等肉切片、码味、上浆、水滑后放入调好味的汤汁中煮熟（有的菜肴需勾芡）。

（6）炸。将经过加工处理的原料用调味品拌渍，再经拍粉或挂糊，放入较大油量的油锅中加热成熟的烹调方法。其成品外香酥、里鲜嫩。

 榜样力量

陈康：从厨房学徒到厨师长！30 余载只为做好"一道菜"

崇尚劳动，礼赞创造。1988 年，陈康从安顺安吉技校烹调班毕业进入黄果树旅游集团公司，至今已 32 载。从懵懂青春到不惑之年，将最好的年华投入黄果树酒店餐饮行业中，从一名普通员工成长为全国劳模，做一行，爱一行，他始终不忘初心，即便在最平凡岗位上也从未心存懈怠。几十年来，对厨师职业的热爱始终支撑着他，给他前进的力量。

依靠持之以恒的坚守执着和精益求精的追求，陈康诠释了平凡岗位上的一位普通劳动者的伟大精神。"当年，我们工作的艰苦程度，是今天的厨师难以理解的。"陈康回忆起往事，感慨万分。他告诉记者，每天凌晨，他就到厨房宰鸡杀鱼，寒冬季节冷水刺骨，一干就是几个小时，手冻得又红又肿，疼的连刀都握不住，但为了心中的"主厨梦"，他严格要求自己，从基本功做起，磨炼刀工，还帮师傅洗围裙、磨刀、下煤炭、掏煤渣，不断向师傅学，向同事学，向书本学；不管上班还是休息，只要接到任务就第一时间赶到岗位。辛苦没有白费。不到一年的时间，陈康的综合素质就得到快速提高，成了黄果树老宾馆天星楼餐饮部的骨干力量。2014 年，多年的锻炼下，陈康担任黄果树酒店集团厨师长。他结合黄果树旅游集团餐饮的实际情况，制定各项规章制度和 5D 工作管理流程，使后厨工作有据可依、有章可循，提高红案、白案等各项烹饪的工作效率。

陈康工作照

2020 年初，遇上突如其来的新冠肺炎疫情，为抗击疫情，他放弃了春节与家人团聚的机会，积极投入到抗疫前列，每天为集团和黄果树旅游区当地的 500 多名职工提供新鲜、健康的餐食，以实际行动为集团公司疫情防控工作作出了贡献。同时，从职工的需求出发，他也在增加饭菜花样和调整口味，切实让职工有种回家吃饭的感觉，让职工吃上"放心饭、卫生饭、安全饭"。一分耕耘，一分收获。多年来，陈康磨炼自己的厨艺，在自己的岗位上取得了大大小小的多项荣誉。

对于 2020 年获得"全国劳动模范"称号，陈康表示，他将以高度的主人翁责任感、卓越的劳动创造、忘我的拼搏奉献，为全公司乃至全市人民树立学习的榜样，让劳模精神、劳动精神、工匠精神成为时代主旋律，营造全社会创先争优、尊重劳动者的良好氛围。

（资料来源：天眼新闻，2020 年 11 月 25 日，有改动）

三、起居清洁

掌握正确的清洁方法，要牢记四句话：把握要领、合理运用、依据流程、科学操作。

（一）清洁卧室

卧室清洁的内容及方法如下。

1. 物品归类

（1）衣物。把睡衣、拖鞋和准备洗涤的衣物分别放在习惯或指定的位置。

（2）台面。把梳妆台、卧室柜、床头柜上的物品按使用功能归回原位，清理时发现贵重物品要收好。

2.整理床铺

（1）床被。将需要叠好的床被折叠整齐后放入卧室柜，需要铺开的床被四面对称铺平。

（2）枕头。按生活习惯整齐摆放在床头或放入卧室柜。

（3）床罩。将床罩铺开，四面对称铺平。

（4）其他。用床刷将散落在床上的毛发等清扫干净，特别注意枕边处、床头与床垫的接合处。

整理床铺

3.清洁其他物品

（1）床头板、穿衣镜等。先用湿布后用干布擦拭。

（2）衣柜。将衣柜外表从上到下从里到外用抹布擦拭干净。

（3）擦拭时避免湿布玷污墙壁，影响美观。整理完后再检查一遍各处是否干净、平整，对不符合要求之处再作相应整理。

4.地面清洁

根据地面材质，按要求清洁地面。

（二）清洁书房

书房清洁的主要内容及其相应的清洁要求如下。

1.字画

根据不同质地分别用鸡毛掸或软布轻轻拂去表面灰尘，不可用湿布或蘸化学制剂擦拭，以防损坏作品。

2.书橱

用抹布将表面擦拭干净。

3.电脑

关机后才可清洁，以防信息丢失。用软布或软刷清扫灰尘，可蘸酒精擦拭后用干布擦干。鼠标表面的灰尘用软布擦拭或用专门清洁剂擦拭，严禁用水擦洗。

4.写字台

整理台面上的文件、纸张时切记要用鸡毛掸掸扫写字台、椅子等表面的浮尘，然后用抹布擦拭干净，将台历翻到当天日期，擦拭高级台面时，避免尖锐物品划伤台面。

5. 其他物品

（1）台灯。先关闭电源，再用软布擦去表面尘土，油渍处可蘸清洁剂或醋擦拭，灯口处要保持干燥。

（2）工艺品。对于玻璃制品或陶瓷制品，可直接用湿抹布擦拭，小物件可直接用水冲洗，然后用干抹布擦净，切记轻拿轻放，以防损坏。

（3）金属饰品。一般用软布擦去灰尘。如果特别脏，可用湿布蘸少量洗涤剂擦拭；如果有锈迹，可用细砂纸轻轻磨去锈迹再进行清洗。

> **劳动贴士**
>
> 使用抹布前先将其对折，再对折，使用面积为原面积的四分之一，先用第一个四分之一面擦，污染后再用其他面擦，直到几个面都用完。使用中手掌的一面永远是干净的，避免手掌接触污渍。

6. 地面

根据地面材质，按要求将地面清理干净。

（三）清洁客厅

通常客厅中的家具、物品较多，除清洁门窗、地面等基本设施外，还应将沙发、座椅、茶几、电视机、电话机、空调机等擦拭干净。沙发、座椅的清洁应区分不同的材质，采用不同的清洁方法；清洁茶几的同时，要注意将茶几上的茶具清洁干净，若茶具内茶渍较重，可挤少量牙膏在茶具上面，用手或棉棒均匀地涂在茶具表面，约15分钟后用水冲洗干净；清洁电视机等电器之前，应切断电源；清洁电话机时，应用酒精棉球擦拭听筒和受话器，予以消毒；对于空调机，每周应擦拭 1 ~ 2 次，防止通风时尘土飞扬。

清洁电视机

（四）清洁厨房、卫生间及附属设施

1. 清洁厨房

厨房清洁的主要内容是清洁厨房设施以及餐具、灶具等，要自上而下地进行，其步骤为：顶部→墙面→吊柜→抽油烟机→灶具→灶台→冰箱→橱柜→餐具→厨具→水池→卫生死角→地面→垃圾处理。清洁要点如下。

（1）对各设施表面油污较多的地方，可用软毛刷或抹布蘸稀释后的洗涤剂或除油剂擦洗，然后再用抹布蘸清水擦净；餐具、厨具等要用专用的洗洁精清洗，然后用清水冲洗干净。

（2）清洁厨房天花板时，应自边角向中央进行；清洁墙面时，应自上而下进行。

（3）抽油烟机和灶具表面油渍最多，每次做饭后要及时擦拭，以免时间长了，油腻越积越多，不易清洗。

（4）清洁餐具时应先洗刷不带油的后洗刷带油的，先洗小件的后洗大件的，先洗碗筷后洗锅盆；儿童、老人及病人用的餐具应单独洗涤码放。餐具存放一周以上，用时要重新清洗。

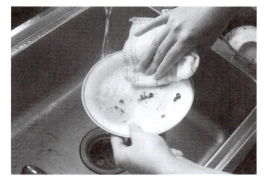

清洁餐具

（5）刀具使用后要冲洗干净，然后用百洁布擦干，放好。刀生锈后可将其浸在淘米水中一段时间，然后擦净，即可除锈。长期不用的刀在其表面涂上一层油，可防生锈。

（6）案板每次刷洗后要置于通风处晾干，以免滋生霉菌。将案板浸在淘米水中，加盐擦洗，然后用热水冲净，可清除案板异味。

（7）清洁油污严重的锅盖，可在锅内放少许水，将锅盖翻盖在锅上。把水烧开，让蒸汽熏蒸锅盖，待油垢发白柔软时，用软布擦拭即可。

（8）炒菜锅应在用完后趁热洗，饭锅内先用水浸泡几分钟后再洗。生锈的铁锅，可用食醋擦拭；清洗铝锅时用水加小苏打浸泡一会儿，可去除水垢或焦迹等；清洗不锈钢锅时，可用百洁布蘸食醋擦洗，切忌使用钢丝球或其他硬质物擦洗；对于不粘锅上的顽固污迹，可用热水加洗洁精浸泡，用海绵清洗，不可使用粗糙的砂布或金属球大力擦洗，以免破坏涂层。

（9）清洁不锈钢水池，可用海绵蘸洗涤剂或用抹布蘸氨水擦拭，然后用水冲净；陶瓷水池表面易产生黄色污迹，可在碗中放入食醋，加入适量食盐，隔水加热，然后涂抹在有污渍的地方，30～50分钟后用布擦除。

（10）对于地面上的严重油污，可用食用醋浸泡一会儿，然后用旧布或旧报纸擦净。

2. 清洁卫生间

清洁卫生间同样应按照自上而下的顺序进行，而且要经常清洁，定期消毒，保持卫生间干净、无异味。

（1）卫生间的面盆、浴盆、墩布池等多为白色的陶瓷制品，清洁时，可用去污粉兑少许水擦洗，定期用消毒液消毒5～10分钟，再用清水冲洗干净即可。

（2）清洗坐便器、便池等，可在冲水后将洁厕灵喷入便池内壁，再用刷子刷洗，最后用清水冲刷干净。坐便器的坐板和盖板可用喷壶喷涂消毒剂，然后用水冲洗，用干毛巾擦干。

（3）清洁镜面时，可用抹布蘸稀释后的玻璃清洗剂，自上而下反复擦洗，再用清水擦洗，最后用刮水器自上而下刮干水分，或用干毛巾擦干水分。也可在凉茶水或温水中加少许增白剂，用抹布蘸着擦拭，最后用揉皱的旧报纸擦干净。擦拭镜面的过程中要避免水从镜子边缘渗入而损坏镜面质量。

劳动贴士

卫生间要经常通风、防臭、防霉、除异味。将香水或风油精滴在小块海绵或棉球上，用绳子系在卫生间门上，可除臭、除味。

（4）清洁卫生间的过程中，应及时将各部位的物品，如洗脸巾、浴巾、洗发水、沐浴液、各类化妆品等依个人习惯归位放置整齐。

（五）清理卫生死角

家庭中每个房间都存在卫生死角，大家要留意死角的部位，掌握清理的方法，做到心细、到位、彻底无遗漏。

（1）沙发下面、有较大空隙家具下面及大型家电下面应先用小型吸尘器吸尘，然后用拖布伸到里面反复擦拭。

（2）卧室柜、大衣柜的顶部，装饰画、博古架、古玩柜、画柜、窗帘盒、镜子、门框的上沿等部位，要先用鸡毛掸子轻轻掸去浮尘，再用潮湿毛巾擦拭干净。

（3）房屋的边角在冬春两季容易滋生塔灰（蜘蛛网），可用鸡毛掸子经常轻掸这些部位，或用旧毛巾包裹扫帚头轻拂。

（4）灶台的底部容易积攒油垢、油污，日常保洁中要用抹布蘸有除油性能的碱性清洁剂擦拭。

（5）污水池、坐便器周边最容易积存污垢，日常保洁时一定要用除渍剂重点清理，然后用湿抹布擦净。

（6）地漏和下水口要经常清理，以免被头发、菜屑等异物堵塞。

（六）清洁家具

1. 常见家具分类

市场上的家具种类繁多，家庭中常见的家具种类主要有：

（1）木制类家具。木制类家具一般怕潮、怕烫、怕磕碰，清洁时要注意方法和技巧。

（2）金属类家具。金属类家具应防潮、防碰、防锈。

（3）聚氨酯类家具。聚氨酯类家具的漆膜具有较好的耐高温性和耐腐蚀性。

（4）竹藤类家具。竹藤类家具忌受潮，否则容易弯曲裂开，切勿让藤椅脚与潮湿的地面接触；藤类家具怕高温，不能暴晒，也不要将高温的吹风机、电熨斗等直接放置在上面，不要使其接触和靠近火源、热源。

2. 家具的清洁方法

家具的清洁方法可分为干擦和湿擦两种。干擦就是用干软布擦拭；湿擦就是用浸湿的干净抹布擦拭。一般家具都可以先用干净的湿抹布轻轻擦拭，再用干抹布擦净；油污较多的餐桌或其他家具，可先用干净的湿抹布蘸清洁剂擦拭，再用干净的抹布擦干。

清洁家具的顺序要掌握"六先"和"六后"，即先高处后低处，先上部后下部，先里边后外边，先桌面后桌腿，先大件家具后小件家具，先较干净处后较脏处。如有摆放的饰品，应先擦拭后摆放。

清洁家具时要经常换水，抹布要经常洗涤，保持清洁；不同用途的抹布不能混放，要分开使用，以免交叉污染。

（1）木制类家具的清洁（保养）。

表 5-5　木制类家具的清洁（保养）

把握重点	清洁（保养）方法
去油污	用抹布蘸茶水擦拭木家具表面油污，也可将玉米粉撒在油污处用干布反复擦拭
去水渍	将湿布盖在水渍上，用温热的熨斗小心地按压湿布数次，直至水渍中的水分蒸发出来
去烫痕	家具表面出现的白色烫斑一般只要及时擦抹就会除去。若烫痕过深，可用抹布蘸碘酒、酒精、花露水、煤油、茶水擦拭，或在烫痕上涂上凡士林，两天后用软布擦拭
防虫蛀	将卫生球或樟脑球放在木制家具中，可以免除蛀虫对家具的咬噬。如发现家具被虫蛀蚀，可将大蒜削成棒状塞进蛀孔，用腻子封口，将洞内蛀虫杀灭
保光泽	经常用蘸有花露水的纱布轻轻擦拭家具表面，光泽暗淡的家具会焕然一新。用抹布蘸浸泡鲜蛋壳的水擦拭家具，会增加光泽。用抹布蘸淘米水擦洗木制家具，再用干布轻轻擦干，家具表面会光亮如新

（2）金属类家具的清洁（保养）。

表 5-6　金属类家具的清洁（保养）

把握重点	清洁（保养）方法
防潮	用潮湿、干净的软布擦去表面灰尘，如上面有水迹，及时擦干，最好不要用水冲洗

（续表）

把握重点	清洁（保养）方法
防碰	清洁时不要碰撞硬物，更不要用钢丝球等擦洗，以免漆皮脱落
防锈	锈蚀不严重时，可用少量食用醋涂抹，再用软布蘸温水擦拭。不可用砂纸等摩擦，更不能用刀刮。用软木塞蘸食盐水或石蜡溶液擦拭，再用软布蘸温水擦拭。镀铬的金属家具经常用干纱布蘸少许防锈油或缝纫机油擦拭，可保持家具表面光亮如新

（3）聚氨酯类家具的清洁。用软布或鸡毛掸子掸去灰尘，并经常用上光蜡涂擦。须注意的是，打蜡的表面不宜用水擦，以免除去蜡质，减少漆面的光亮度。

（4）竹藤类家具的清洁。用抹布蘸淡食盐水擦拭藤制家具用品，既能去污，又能使其柔韧性保持长久不衰，还有一定的防脆折、防虫蛀作用。日常表面灰尘可用柔软湿布擦拭，缝隙间的灰尘用小毛刷或吸尘器清理，不可使用清洁剂或其他化学制剂擦拭，也不宜直接暴露在阳光下，以免失去弹性和光泽。清洁竹制家具时用湿布擦拭。污渍严重的用湿布蘸清洁剂擦拭，再蘸清水擦净后用干布擦干或置于通风处晾干。

（七）清洁灯具

（1）灯泡、灯管平时可用干布擦拭。

（2）如灯泡、灯管上有污垢，可将其取下，用抹布蘸洗涤剂或酒精擦拭；如果被油烟熏黑，可用抹布蘸些温热的食醋或剩茶叶水擦拭。

（3）灯罩可取下来直接用水冲擦晾干，油污处可用抹布蘸相应的洗涤剂擦拭，然后用清水冲洗干净。

劳动影像

　　主食是餐桌上的主要食物，是人们所需能量的主要来源。从远古时代赖以充饥的自然谷物到如今人们餐桌上丰盛的、让人垂涎欲滴的美食，一个异彩纷呈、变化多端的主食世界呈现在我们面前。该片着重描绘不同地域、不同民族、不同风貌的有关主食的故事，展现人们对主食的样貌、口感的追求，处理和加工主食的智慧，以及中国人对主食的深厚情感。

劳动影像：
《舌尖上的中国》第二集——《主食的故事》

专题六

携手同行，共建美丽校园

书香校园，垃圾分类无疑有重要的意义。

校园是垃圾分类知识的实践场所。目前，垃圾分类教育已经纳入大中小学的日常教育。校园里垃圾分类，无疑给学生提供了一个很好的实践场所和机会。校园垃圾分类，就是要让学生在垃圾分类的实践中，感受垃圾分类带来的不是负担和任务，而是快乐和收获。

校园垃圾分类做得好，可以给社会树立良好的示范。眼下，垃圾分类在各行各业全面铺开，有的行业做得好，有的行业做得不好。即使做得好的行业，也有自己的弱环。校园垃圾分类，如果能成为一个样板，无疑会向社会传递积极的信号。一则可以给社会积累宝贵的经验；二则让垃圾分类成为校园文化的亮点，给社会文明注入新的内涵。

为了让校园垃圾分类做得更好，对校园垃圾分类进行专项督导检查，非常有必要。

研精致思

1. 校园垃圾分类有哪些意义？

2. 结合你的认知和经历，谈一谈你对垃圾分类的认识。

3. 和你身边的同学一起组织一个关于垃圾分类知识的竞赛，认真补足你所欠缺的垃圾分类知识。

◎ 学习和掌握寝室卫生的相关内容。
◎ 掌握关于教室、食堂卫生的相关技能。
◎ 掌握室外清洁的相关内容。
◎ 理解和掌握垃圾分类的内容。

一、美化寝室环境，营造温馨之家

学生寝室是学生生活的重要场所之一，安全祥和、整洁有序的寝室环境，既是寝室管理的外在要求，更是全体住宿生的内在愿望。大家应共同打造一个良好的寝室环境。

（一）寝室卫生标准

1. 地面干净
地面无灰尘、无垃圾、无积水，阳台、卫生间无污垢、无杂物堆放。

2. 墙面干净
墙面、天花板整洁，无蜘蛛网、无损坏、无涂鸦。

3. 门窗干净
门面干净，无污迹，不挂门帘，不粘贴纸、画等；保持门上窗户玻璃干净，不钉窗纱或张贴任何物品；室内玻璃擦拭干净、窗框无积尘。

4. 桌面、床面干净
桌面、床面整洁，物品摆放整齐；桌面、电脑等干净无积尘。

5. 室内设施干净
物品柜、洗漱台等无积灰、无损坏；电风扇不用时用袋子包起来，注意整齐美观。

6. 讲究个人卫生
个人物品及时整理、清洗，保持干净。

（二）物品摆放规范

1. 整体布局文明、整洁、美观
床铺、书桌、个人物品等要统一摆放整齐，无乱拉绳索、电线，乱晾挂衣服

及其他破坏整体形象的物品，坚决不使用大功率电器等违禁物品。

2. 床铺

（1）床上用品经常清洗，保持干净、卫生、整洁。

（2）平时被褥叠放整齐。被子叠成方块形，放于宿舍门远端；枕头平整摆放于被子对侧床头中间；床单平整，外侧统一折放在褥子下面。

（3）床上、床头不得摆放书籍、悬挂衣服，毛绒玩具尽量收进衣柜，多余的统一放在被子与墙壁之间的空隙中，摆放整齐；床上不允许挂布帘，冬季不允许悬挂蚊帐。

床铺整洁

（4）靠床墙面如张贴海报、照片等物品，内容应积极健康并保持整洁美观。

3. 书桌

（1）书桌不允许放零食、杂物。

（2）书籍整齐放于书架中，少量常用书籍可整齐放于书桌左上角。

（3）书桌上若需放置电脑，须保持清洁，电源线等束放整齐。

（4）个人化妆品、小装饰品等物品集中放入柜中，不得放在书桌上。

（5）椅子不用时推进书桌下。

（6）内容积极健康的名言警句、书法字画等一律居中贴在紧靠书桌的墙上，保持整洁美观。

4. 衣柜

衣服要内外有别，整齐叠放在衣柜里；衣柜外不允许悬挂毛巾、衣服、背包等物品。

5. 行李箱

个人行李箱放在衣柜里，若行李箱过大，可放在床头与靠过道墙壁的夹缝中，摆放整齐。

6. 鞋子

每人床下只允许放一双家居拖鞋，鞋跟朝外对齐摆放，不得超过上铺扶梯底线，其余鞋子统一放于鞋柜中。

7. 清扫工具

笤帚、簸箕、拖把等工具整齐放于宿舍门后墙角，垃圾桶需套上垃圾袋并及时清理。

8. 个人洗漱用品

脸盆统一叠放于书桌下面，水杯、毛巾、牙杯、香皂等物品放于脸盆内，毛巾叠成方形，牙刷牙膏头朝上放于牙杯内。

9.其他

热水瓶统一靠墙边成一条直线，把手朝外。个人碗筷、饭盒等餐具统一收于柜中。窗台之上只允许放花草植物。有饮水机的宿舍要摆放合理，不影响宿舍整体布局。

相关链接：

这些空空如也的寝室照，刷遍朋友圈！

二、积极参与教室、食堂卫生保洁

（一）清洁地面

1.清洁流程及方法

不同材质地面的清洁流程及方法如下。

（1）木地板。用软扫帚（或吸尘器）将表面污物扫（吸）干净。用潮湿的拖布擦拭，打蜡地板可用蜡拖把擦拭。有污渍的地方可以先蘸中性洗涤剂擦拭，再用湿布擦净，避免用汽油擦拭。不要把烟头或燃烧着的火柴棒随手扔在木地板上，以免烧焦地板表层；水或饭菜汤洒落在地板上，要及时清除。不要用尖硬物划伤地板。定期为地板打蜡上光。

（2）纯毛地毯。要经常用吸尘器除去地毯上的纸屑、尘土等，遇到污点，可用湿布蘸洗涤剂反复擦。定期拿到室外通风处拍打，拍打前可先在阳光下晒 3 ～ 4 小时。地毯使用几年后，要经常调换磨损的部位，使之磨损均匀。如某些地方出现凹凸不平，可轻轻拍打或者用蒸汽熨斗轻轻熨烫。

（3）化纤地毯。直接用扫帚清扫。用潮湿的拖布或抹布擦净，也可使用吸尘器清洁。定期拿到室外用清水冲洗，晾干后再拿到室内铺好。

（4）大理石或瓷砖地面。用扫帚或用吸尘器将地面污物清扫干净。用湿拖布从里到外，从边角到中间，从桌下、床底到较大地面反复擦拭。用干拖布擦干，以防滑倒。用清水擦只能擦去表面污垢，时间长了，地面会发暗，可用拖布蘸洗涤剂擦拭（擦地拖布不宜太湿）。

2.清洁基本要求

（1）可移动的摆放物要移动后再清洁，避免遗漏死角和摆放物下的空间。

（2）拖地时要勤洗拖把头，每次拖约 6 平方米后清洗一次拖把头，拖约 16 平方米后换水。

（3）拖地过程中随时将黏附在拖把头上的头发类杂物清理干净。

（4）拖擦后，拖把应放入水桶中拎走，不得悬空提走。

（5）擦过污染物的拖把，要用热水浸泡，再用洗涤剂清洗，然后漂洗干净，晾干待用。

3. 地毯（地板）上常见污物的清洁方法

（1）墨水渍。将食醋倒在墨水渍处，20分钟后用湿布擦除。或者用柠檬汁、柠檬酸擦拭，擦拭过的地方要用清水洗一下，然后用干毛巾吸去水分。

（2）血渍。先用冷水擦洗，再用温水或柠檬汁搓洗，也可用香皂搓洗。切忌先用温水洗，血中蛋白质遇热容易凝固粘牢，难以洗掉。

（3）油污。可用汽油与洗衣粉混合调成糊状，晚上涂到油渍处，早晨用温水清洗后，再用干毛巾将水分吸干，并设法尽快将地毯晾干。切忌在阳光下暴晒，以免褪色。

（4）水果汁。可用冷水加少量氨水去除。

（5）咖啡、可乐、茶渍。可用甘油兑水除掉，通常1食勺甘油兑1升水即可。

（6）牛奶、呕吐物。对化纤地毯来说，可先用茶叶揉擦，然后用扫帚扫走。

（7）绒毛、纸屑等。质量较轻，用吸尘器即可处理干净。

（8）碎玻璃。可用宽胶带粘起，也可用湿肥皂按擦碎玻璃散落的地方，碎玻璃就会粘在肥皂块上，随后刮去再按，直至清除完毕。

（二）清洁墙壁

1. 清洁步骤

清扫墙壁要按照顺序，从上到下，由角、边、凹陷处到主体墙面。逐一清扫，不留灰尘。墙壁清扫完毕后要将地面清理干净，把清扫工具一一收起，清洗晾干以备后用。

2. 清洁方法

（1）刷涂料的内墙。用吸尘器吸取涂料墙表面灰尘；用鸡毛掸子清除涂料墙角处的灰尘；用百洁布擦拭污染处，也可蘸少量洗涤剂擦拭；用湿毛巾将墙面擦拭干净。

（2）贴塑料壁纸、壁布墙面。用吸尘器吸去墙面的灰尘；用鸡毛掸子掸去死角处的灰尘；用微温、微湿毛巾轻轻擦拭表

劳动贴士

无论哪种墙壁，如果沾上污垢，切忌用力猛擦，以免损坏墙壁，同时还应避免操作工具或吸尘器的边角划伤墙壁表面，尤其是贴壁布的墙面。

面；用蘸有清洁剂的百洁布擦拭表面，除去局部污垢再用微湿毛巾擦去污迹；用吸水毛巾擦干潮湿表面。

（3）玻璃、金属墙。用刮刀铲除玻璃表面的污垢和金属结构框边缘及死角的污垢；用毛巾蘸清洁剂，拧干后擦拭金属结构框表面；用干燥、洁净毛巾擦拭金属结构框表面，去除污垢。

（4）多彩喷塑墙壁。多彩喷塑墙壁与油漆墙壁一样比较平整光亮，不容易积灰又容易清扫。平时可用鸡毛掸掸扫灰尘，也可用柔软的毛巾或棉纱轻擦，每隔几个月用拧干的湿毛巾擦洗一次。

（5）木胶合板。用吸尘器进行表面吸尘，吸尘器吸不到的地方，用鸡毛掸清除灰尘；用温水浸湿抹布，拧干后擦拭木制品表面；用百洁布蘸清洁剂，局部除垢；用干燥、洁净的吸水毛巾擦拭木胶合板表面，恢复原有的光泽、颜色、质感。

（6）釉面砖墙。釉面砖多用于厨房、卫生间。清洁厨房墙面用软毛刷蘸稀释后的碱性洗涤剂反复擦洗，擦净油污，然后用清水采用同样的方法将墙面清洁干净，再用干布擦干。清洁卫生间墙面用洗涤剂或去污粉兑好水，用海绵或毛巾蘸少量水溶液擦拭，然后用清水冲净，再用干布擦干。

清洁小妙招

下面为大家介绍几种简单实用的清洁小技巧，让迎接新学期的学生们来一场说扫就扫的大扫除吧。

粉墙、壁纸墙别用清水擦拭

无论是四白落地的涂料，还是壁纸墙，千万不要用清水擦拭，否则粉墙遇水之后会变成湿粉墙，这样更容易脏。而壁纸墙遇到水则更不"淡定"，因为它可能会脱落。正确的清洗方式其实很简单，就是每一家"十元店"里都有售的"扫房神器"——鸡毛掸子，只需要轻轻掸去尘埃即可，省时省心；如果遇到顽固的污渍，可以使用酒精混合清洁剂装入喷壶，喷在脏的地方，用拧干的热毛巾覆盖后轻轻擦拭，这里所说的酒精是医用酒精或者白酒。

地板总被踩，也要好好理睬它

地板和地板砖如果每天我们踩它，还不理睬它，久而久之就会"变脸"。先说地板，不管是实木地板，还是实木复合地板，都非常需要业主精心的保养，清洁起来也需要有足够的专注度，并且注意使用地板木油精保养。要定期对地板进行除尘，防止沙砾对地板表层的磨损，在清除污渍的同时，要避免过度地使用碱性清洁剂而导致地板油漆被破坏，也不要用未拧干的毛巾擦地板，因为如果水顺着地板缝流进去，地板就会出现鼓胀的情况。

相对而言地板砖的维护保养要简单一些，一般情况下使用常用的洗洁精即可，但如果有茶水、咖啡、啤酒、冰激凌、油脂等污染物洒落，还是要尽快清洗，时间长了清洗难度就会变大。觉得擦洗困难时，也可使用次氯酸钠稀释液，也就是我们常说的漂白粉兑水，有些渗入砖内时间较长的污渍，浸泡时间需几个小时。墨水、水泥等污染物可使用盐酸、硝酸的稀释溶液，而油漆、涂料等污染物建议使用专用清洁剂。

（资料来源：《北京晨报》，2017 年 1 月 19 日，有改动）

（三）清洁门窗

1. 清洁纱窗
取下纱窗，掸去浮尘，用清水冲净后用干毛巾擦干。

2. 清洁积尘
用鸡毛掸从上至下把门窗上的积尘掸扫干净，或用抹布擦净。

3. 清洁边角框架
用湿毛巾从上至下擦洗门窗的边角框架，然后用干毛巾擦干。

4. 清洁玻璃
用湿毛巾蘸稀释的玻璃清洗剂反复清擦玻璃两面，用刮水器刮净玻璃。或用喷雾器将清水均匀地喷洒在玻璃上，特别是玻璃的边角处，然后从上到下用抹布擦拭，最后用旧报纸反复擦拭干净。

5. 清洁窗框窗槽
先用小毛刷清除遗留在窗台、窗槽部位的灰尘，然后用抹布擦净水迹，安上纱窗。

（四）清理天花板

1. 清理工具
天花板清理工具包括一次性鞋套、一次性口罩、一次性帽子、扫把、拖把、水桶、畚斗、天花板刷和胶手套等。

2. 清理方法
（1）准备天花板清理工具。
（2）穿戴一次性鞋套、口罩、帽子。
（3）用防罩布盖住下方桌物。
（4）用天花板刷清理污物。
（5）用扫把清扫污物。
（6）用拖把拖洗地面。

三、室外清洁，让校园更干净

（一）楼梯清洁

清洁楼梯

1. 清洁工具

楼梯清洁工具包括地板刷、畚斗、拖把、扫把、清洁布、洗衣粉、水桶、钢丝球、胶手套和垃圾桶等。

2. 清洁方法

（1）准备楼梯清扫工具，用扫把从扶手往墙角方向清扫。

（2）将垃圾集中收入畚斗，将畚斗中的垃圾倒入垃圾桶。

（3）准备楼梯清洁工具，将洗衣粉倒入水中。

（4）用清洁布擦洗扶手。

（5）用钢丝球打圈刷洗瓷砖墙面，并用清洁布擦干瓷砖墙面。

（6）用地板刷刷洗楼梯，并用干拖把擦干楼梯。

（二）沟渠清理

1. 清理工具

沟渠清理工具包括扫把、高压水枪、铲刀、垃圾袋、洗衣粉、地板刷、垃圾夹和胶手套等。

2. 清理方法

（1）准备沟渠清理工具。

（2）清扫沟渠和周围的垃圾。

（3）用铲刀铲除顽固污渍。

（4）用高压水枪喷湿沟渠。

（5）撒上洗衣粉，用地板刷刷洗沟渠。

（6）用高压水枪冲洗沟渠。

（三）水槽清理

1. 清理工具

水槽清理工具包括洗洁精、清洁布、海绵布、高压水枪和胶手套等。

2. 清理方法

（1）准备水槽清理工具。

（2）用清洁布清理水槽垃圾。

（3）用高压水枪冲洗水槽。

（4）用清洁布擦洗水槽。

（5）用海绵布擦洗水龙头。

（6）用高压水枪冲洗水龙头和水槽。

（四）绿化带清理

1. 清理工具

绿化带清理工具包括垃圾斗和垃圾夹等。

2. 清理方法

（1）准备绿化带清理工具。

（2）用垃圾夹夹起垃圾。

（3）将垃圾放入垃圾斗。

（4）巡视和清理绿化带垃圾。

（5）将垃圾分类后倒入垃圾桶。

四、让垃圾分类成为"新时尚"

"垃圾是放错地方的资源"，进行垃圾分类，实现变废为宝，是生态文明建设倡导绿色循环低碳生活方式的重要内容。实行垃圾分类，首先，可以减少垃圾存量，避免潜在污染，保护生态环境。其次，综合利用好垃圾可以生产新的产品，促进资源回收利用，获得更高的经济利益。再次，有利于提升国民素质、推进社会文明，达到生态效益、经济效益和社会效益大丰收。因此实行垃圾分类事关形成绿色发展方式和生活方式。普遍推行垃圾分类制度，关系 14 亿多人生活环境改善，关系垃圾能不能减量化、资源化、无害化处理。

> 劳语典藏
>
> "实行垃圾分类，关系广大人民群众生活环境，关系节约使用资源，也是社会文明水平的一个重要体现。"
>
> ——习近平

（一）可回收物

1. 可回收物的定义

可回收物指适宜回收利用的生活垃圾。材质为可再利用的纸、玻璃、塑料、金属等，报纸、杂志、广告单及其他干净的纸类皆可回收。

2. 可回收物的意义

无论是对于社会还是对于个人而言，可回收物都具有非常重大的意义。首先，可回收物从技术层面避免了"增长的极限"。"增长的极限"指的是资源迅速消耗导致食物及医药匮乏，死亡率上升，人口增长达到极限。而可回收物的存在使资源可反复利用，从根源上避免了这一情况发生。并且，可回收物增加了材料使用寿命，降低了资源压力。在自然资源、生活资源日益珍贵的今天，这对可持续发展意义重大。对可回收物进行重复利用，还能减少对土壤、水资源、空气的污染，对环境保护起到积极促进作用。在经济意义层面，重复利用可回收物可以减少对国际原材料市场的依赖，进一步提升经济稳定性。此外，还为垃圾回收与再生资源企业创造就业机会，推动经济发展。

3. 可回收物的投放要求

根据可回收物的产生数量，设置容器或临时存储空间，实现单独分类、定点投放，必要时可设专人分拣打包。居民可自行运送，也可联系再生资源回收利用企业上门收集，以进行资源化处理。

4. 可回收物的主要类型

可回收物主要分为纸类、塑料、金属、玻璃、织物等。

玻璃类　　牛奶盒　　金属类　　塑料类　　废纸类　　织物类

可回收物代表物品

表 6-1　可回收物的物品列举

类别	物品列举
纸类	报纸、废弃书本、快递纸袋、打印纸、广告单、信封、纸板箱、纸塑铝、复合包装等
塑料	塑料盒、塑料玩具、塑料衣架、食品及日用品塑料包装、塑料瓶、瓶盖、PVC、塑料卡片、亚克力板、泡沫塑料、密胺餐具、KT板、PE塑料等
金属	金属瓶罐、金属餐具、金属工具、金属厨具、其他金属制品（铝箔、铁钉、铁板等）
玻璃	玻璃杯、玻璃盘、食品及日用品玻璃包装、其他玻璃制品、碎玻璃等
织物	旧衣服、毛绒玩具、床单、窗帘、枕头包、皮带、棉织品、皮鞋、丝绸制品等
其他	木制品、电子制品、电线、插头、电路板等

（二）有害垃圾

1.有害垃圾的定义

有害垃圾指对人体健康和自然环境造成直接或潜在危害的生活废弃物。居民生活垃圾中的有害垃圾包括电池类、含汞类、废药品类、废油漆类、废农药类。

2.有害垃圾的投放要求

遵循便利、快捷、安全原则，设立专门场所或容器，对不同品种的有害垃圾进行分类投放、收集、暂存，并在醒目位置设置有害垃圾标志。对列入《国家危险废物名录》的品种应按要求设置临时贮存场所。需要注意的是为了避免有害垃圾中的有害物质在专业处置前进入自然环境，投放时请妥善包裹，防止废灯管、水银温度计等破碎，以免其中的有机溶剂、矿物油等物质溢出。

3.有害垃圾的主要类型

有害垃圾主要分为灯管、家用化学品、电池，具体包括废电池，废荧光灯管，废温度计、血压计，废药品及其包装物，废油漆、溶剂及其包装物，废杀虫剂、消毒剂及其包装物，废胶片及废相纸等。

| 废电池 | 废墨盒 | 废油漆桶 | 过期药品 | 废灯管 | 杀虫剂 |

有害垃圾代表物品

表 6-2　有害垃圾的物品列举

类别	物品列举
废电池	充电电池、镉镍电池、氧化汞电池、铅蓄电池、纽扣电池、铅酸电池等
废荧光灯管	日光灯管、节能灯等
废温度计、废血压计	水银血压计、水银体温计、水银温度计等
废药品及其包装物	过期药物、药片，药品包装，药物胶囊等
废油漆、溶剂及其包装物	废油漆桶、过期指甲油、过期洗甲水、染发剂包装等
废杀虫剂、消毒剂及其包装物	杀虫剂喷雾罐、老鼠药、含氯消毒剂等
废胶片及废相纸	相片底片、感光胶片等

（三）厨余垃圾

1.厨余垃圾的定义

厨余垃圾指居民在日常生活及食品加工、饮食服务、单位供餐等活动中产生的易腐的、含有机质的生活垃圾，包括丢弃不用的菜叶、剩菜、剩饭、果皮、蛋壳、茶渣、骨头等，其主要来源为家庭厨房、餐厅、饭店、食堂、市场及其他食品加工业。

2.厨余垃圾的投放要求

厨余垃圾设置专门容器单独投放，除农贸市场、农产品批发市场可设置敞开式容器外，其他场所原则上应采用密闭容器存放。厨余垃圾可由专人清理，避免混入废餐具、塑料、饮料瓶罐、废纸等不利于后续处理的杂物，并做到"日产日清"。此外，还应按规定建立台账制度（农贸市场、农产品批发市场除外），记录厨余垃圾的种类、数量、去向等。

厨余垃圾应采用密闭专用车辆运送至专业单位处理，运输过程中应加强对泄漏、遗落和臭气的控制。相关部门要加强对厨余垃圾运输、处理的监控。

3.厨余垃圾的主要类型

厨余垃圾主要分为家庭厨余垃圾、餐厨垃圾、其他厨余垃圾，包括家庭、相关单位食堂、宾馆、饭店等产生的厨余垃圾，农贸市场、农产品批发市场产生的蔬菜瓜果垃圾、腐肉、肉碎骨、蛋壳、畜禽内脏等。

骨骼内脏　　菜梗菜叶　　果皮　　茶叶渣　　残枝落叶　　剩菜剩饭

厨余垃圾代表物品

表6-3　厨余垃圾的物品列举

类别	物品列举
蔬菜瓜果	绿叶菜、根茎蔬菜、菌菇、水果果肉、果皮、水果茎枝、果实等
残枝落叶	家养绿植、花卉、花瓣、枝叶等
畜禽内脏、腐肉	腊肉、午餐肉、肉类及其加工产品、鸡、鸭、猪、牛肉及其内脏等
肉碎骨	鱼骨、碎骨、鱼鳞、虾壳等
蛋壳	鸡蛋壳、鸭蛋壳等
调味品	糖、盐、酱油、醋等

（四）其他垃圾

1.其他垃圾的定义

其他垃圾是指危害较小，但也无再利用价值的垃圾，是除可回收物、厨余垃圾、有害垃圾之外的垃圾。

2.其他垃圾的主要类型

其他垃圾的类型有砖瓦、陶瓷、渣土、卫生间废纸、瓷器碎片等难以回收的废弃物。总的来说，不属于可回收物、厨余垃圾、有害垃圾的废弃物，都是其他垃圾。

宠物粪便　　烟头　　污染纸张　　破旧陶瓷品　　灰土　　一次性餐具

其他垃圾代表物品

3.其他垃圾的处理方法

其他垃圾危害较小，一般采取填埋、焚烧、卫生分解等方法，其中，卫生填埋是最常用的处理方法，可有效减少垃圾对地下水、地表水、土壤以及空气的污染。

表6-4　其他垃圾的物品列举

类别	物品列举
卫生间用纸	餐巾纸、尿不湿、猫砂、污损纸张等
砖瓦陶瓷	瓷器碎片、砖头、瓦片等
渣土	毛发、灰土、炉渣、施工废料等
补充	其他不属于有害垃圾、厨余垃圾、可回收物的垃圾

 榜样力量

赵章国：扎根清扫保洁一线20年的"老黄牛"

从业20多年来，从管道工到清扫组组长，赵章国始终扎根清扫保洁一线，把身心奉献给环卫工作，用满腔热情在玉环的大街小巷谱写了一曲爱岗敬业、无私奉献之歌。"我和他的办公室就是两隔壁，但每天碰面的次数不过一两次。"在同事叶勇眼里，赵章国是个大忙人，与他共事的10多年里，叶勇深深被赵章国的敬业所感动。"他经常四五点钟就到公司，除了中午回来休息一下，会在街面巡查一直到晚上九十点钟，特别敬业，让人佩服。"

赵章国工作照

2020 年 2 月，大麦屿街道建成区的清扫保洁工作被划归市市容环卫公司。大麦屿街道建成区内的清扫保洁人员由原来的 60 人增加到 160 人，还增建了一处垃圾中转站，目前所有人员和场所、设备均实现了良性运转。

这一切也与赵章国的努力密不可分。早在 2019 年 12 月，赵章国就开始做基础调研。"当时对于大麦屿街道建成区的情况我一无所知，只能蹲点在那边搞调研、摸情况。"赵章国回忆道。那时，他经常是带着笔记本和笔，在大麦屿街道一走就是一整天，经过 10 多天的一线蹲点，他终于摸清了各类基本数据，为后续的决策实行提供了支撑。担任班组长的 10 多年里，赵章国写完了数十本笔记本。翻开赵章国的笔记本，除了文字记录外，还有不少数据以及手绘的地图，"这些地图都是我在一线巡查的时候画的，要确定一块区域的面积、用人和设备需求，就必须到现场去看，这样工作起来才能更精准、更科学合理。"

对于环卫工人来说，应急清扫处理是必不可少的一项工作内容，但大部分应急清扫都发生在深夜或凌晨。作为班组长，赵章国主动接过了这项工作，经常半夜三更奔赴一线。"应急处理就是要快，每当收到指令再通知工人就会耽误时间，一般的应急清扫处理我都是自己处理，这样更节省时间。"赵章国说道。在他看来，做环卫工作就是要勤快，作为班组长自己必须带头去一线，起早贪黑没关系，只要能把事情做好。

得知自己被评为台州市劳动模范，赵章国觉得又惊喜又意外："我觉得我只是做了我分内的事情，没想到还被评选为劳模，今后我会更加努力工作，带领我们公司的 900 多名环卫工人把玉环打扫得更干净、更整洁。"

（资料来源：玉环新闻网，2020 年 5 月 12 日，有改动）

劳动影像

成为 2019 年热词的垃圾分类其实由来已久，从 2000 年开始，垃圾分类工作已经在一些地方推行，垃圾围城更是成为很多城市之痛。而这一次，垃圾分类进入"强制"时代。垃圾分类难在何处？

劳动影像：

垃圾分类难在何处？

专题七
学工学农，掌握劳动技能

目前，我国技能劳动者已超过2亿人，高技能人才超过5000万人。其中，技工院校每年向生产服务一线输送近百万名技能人才。数据显示，"十三五"期间，我国大规模高质量开展职业技能培训，5年共开展补贴性培训近1亿人次，贫困劳动力培训约1000万人次。在高技能人才培养方面，我国建设了500多个国家级高技能人才培训基地，近700个国家级技能大师工作室，全国新增高技能人才超过1000万人。不过，我国技能劳动者占就业人口总量的比重仅为26%，高技能人才占技能人才总量的比重为28%，与发达国家相比仍然存在较大差距。因此，"十四五"规划建议要求"加强创新型、应用型、技能型人才培养"。当前我国结构性就业矛盾依旧突出，需要加快培养高素质劳动者和技术技能人才。具体工作包括：持续开展职业技能提升行动，进一步提高补贴标准、扩大补贴范围、提高培训质量；大力发展技工教育，进一步扩大培养规模；加强基础建设、能力建设，加大新职业开发力度，修订职业分类大典，加强职业标准、职业培训包开发，做好推进工学一体化教学改革等方面工作。

研精致思

1. 阅读完上述材料，谈谈你对劳动技能的认识。

2. 我国技能劳动者占就业人口的比重仅为26%，与发达国家相比仍存在较大差距，你如何看待这一问题？

3. 你掌握的劳动技能有哪些？

学习目标

◎ 了解劳动能力的内涵
◎ 掌握劳动需要的知识和技能。
◎ 了解农民身上的优良品质，并自觉学习和践行。
◎ 了解工人身上的优良品质，并自觉学习和践行。

一、自觉锻炼劳动能力

（一）什么是劳动能力

社会劳动多种多样。我们的衣食住行都需要由劳动者提供相关的产品和服务，这些产品或服务都是劳动的成果，比如与吃饭和穿衣相关的日常劳动，建筑工人和管道工人的职业性劳动，教师与医生的专业性劳动。每个人既需要在社会中从事职业性劳动或专业性劳动，也需要在生活中从事日常劳动。

劳动能力是指从事劳动所必需的体力和脑力等基本生理和心理条件与知识。广义的劳动能力，既包括生产、生活和服务中的一般性知识、技能和素养，也包括职业领域和专业领域中与具体工作相关的特殊知识、技能和素养。

劳动能力需要在认识和使用劳动工具、熟悉劳动过程中形成。与记忆数学公式、物理公式和记忆化学反应方程式这类学科学习的能力不同，劳动能力不仅强调知识记忆，更强调按照预期劳动要求高效地完成任务，得到满意的产品或服务。比如，数学中用长、宽、高三者乘积来计算体积的公式，只有结合建筑形状与材料特征才能应用于建筑工地。一线建筑工人的劳动能力，就是将这些公式和建筑形状、材料联系起来思考和行动的能力。

即使学习了很多关于食盐的化学分子式知识，也难以掌握一道道特色菜的食盐用量；即使非常熟悉物理学杠杆原理，也无法熟练使用开垦土地的锄头。劳动能力在具体劳动中才能形成。比如在生活劳动中，需要恰当地使用清洁工具，了解高压锅和电饭锅等厨房用具，包括熟悉它们的操作过程、操作规范和注意事项等，具备了这些具有情景性内容的能力才能称为劳动能力。

（二）劳动需要相应的知识和技能

随着现代劳动的复杂化，知识已经成为人类劳动的基础条件，技能也成为提升劳动质量的关键因素。胜任劳动需要与时代发展相适应的知识和技能。

1. 人类劳动变得日益复杂

人类劳动已经变得日益复杂。人类劳动复杂化过程主要受三个因素的影响，分别是生产动力更迭、职业分化扩大和生活情景复杂化。

服装生产车间

生产动力更迭使劳动变得复杂。在远古时代，人类的生产动力主要是体力，凭借体力操作石块、木头和金属工具，当时的劳动能力是体力形式的技能。走上工业化发展道路后，人类生产依次经历水力动力、电力动力和核动力的变革。生产活动需要大量科学知识，信息化设备已逐渐成为日常必需品。如今，无论是小型操作工具，还是交通运输工具都融入了更多的科学技术知识，使用劳动工具也就需要更多的知识和技能。以服装产业为例，以往衣服制作的所有工作由一个人承担，现在一件衣服的生产则需要经过几十道工序，由很多不同岗位的人协作完成，生产过程中涉及大量包含了现代科技的设备。

职业分化扩大使劳动变得复杂。在中国古代，仅有"士、农、工、商"四种不同的职业类型，而现代社会职业分类已有 1000 多种。《中华人民共和国职业分类大典（2015 年版）》充分考虑我国社会转型期社会分工的特点，按照工作性质相似性为主、技能水平相似性为辅的分类原则，划分了 8 个大类、75 个中类和 434 个小类，共计 1481 个职业。职业分化复杂化需要劳动者具有专业知识。例如，从事运输服务或者消费服务类工作的劳动者，应该具有运输知识或服务知识；从事机械生产的劳动者，既需要掌握许多物理学知识，也需要具备制造业领域的知识。

生活情景复杂化使劳动变得复杂。生产力水平影响着生活情景，生活情景通常以生产发展带来的生活工具和生活环境作基础。比如，随着电力与电器行业的发展，我们的厨房难以离开电饭锅、电磁炉、电热水器等电器设备；随着钢铁产业和焊接技术的发展，我们住进了高楼大厦，形成了新的生活劳动社区情景。因此，我们慢慢积累了许多家务劳动、生活劳动的新知识，掌握了许多相关的新技能。

2. 知识是人类劳动的基础条件

现代化社会产业已经高度发展，知识已成为劳动的重要基础，要充分重视知识对劳动的重要作用。20 世纪后半叶人类已进入知识社会，社会中各行各业的劳动者都需要基于基础知识和专业知识开展劳动。例如，如果对家用智能电器的标识含义和电子屏幕的概念不理解，就不能完成煮饭这样简单的劳动。这种情况日

后会更加普遍，移动 5G 网络时代，智能家居已经逐渐成为潮流。

现代的劳动工具十分复杂和智能，对人的劳动技能的要求也更高。比如我们日常使用的电动牙刷，包含了复杂的电路和电机原件，使用者除了要掌握正确的刷牙姿势，还需要掌握基本的充电技能和使用

> **劳语典藏**
>
> "知识是从刻苦劳动中得来的，任何成就都是刻苦劳动的结果。"
>
> ——宋庆龄

技巧。智能手机已经普及，以前的功能型手机，拨打电话或者发送短信仅需要简单的按键操作，但使用智能手机则需要使用者触屏翻阅，识别屏幕上的各种指示。安装了智能家居系统的家庭，既需要懂得智能系统的操作，也需要具备基本的维护、操作和清洁技能。

如今，社会知识系统已经相当庞大，劳动离不开基础知识的支撑。在中国图书馆分类法对知识的分类中，我们发现人类社会的基础知识系统已经枝繁叶茂。总之，社会劳动要求劳动者掌握基本知识图谱的内容和结构。人文、艺术知识，生物、物理、化学、数学等科学知识，各行各业的专业性技术知识和经验，都是劳动的基础知识。

3. 技能是提升劳动质量的关键因素

劳动者除了应具备知识基础，还需要掌握相应的技能或者技巧，后者通常需要经过练习甚至专门培训才能形成，这对于普通劳动和专业劳动来说都不例外。比如洗衣服、叠被子的自我服务，扫地、倒垃圾和收拾房间的普通家务以及技术岗位的专业劳动，拥有技能能更高效地完成这些劳动任务，提高劳动质量。学生叠被子一般需要数分钟，但通过学校军训的强化训练后，不到一分钟就能够完成，并且完成的效果比以前更好。同样是一线技能工作者，没有经过职业培训之前通常难以满足流水线的生产效率要求，但通过分岗位分技能集体培训后，企业生产的效率会迅速提升。在第一次世界大战前，美国的制造业远远落后于德国，但其后迅速追赶上来，其中一个重要原因就是美国召集了大批心理学家、教育学家和管理学家，深入研究一线的技能操作，广泛开展了职业教育与职业培训。其中最为著名的学者是管理学家弗雷德里克·温斯洛·泰勒，他的许多技能培训和岗位管理实践，成为现代工业化规模生产的案例，其管理学理论迄今为止仍是学校教材的核心内容。

相关链接：

工地劳动技能大比拼

榜样力量

高凤林：站在巅峰之上的中国技师

高凤林，中国运载火箭技术研究院首都航天机械公司发动机零部件焊接车间员工、高凤林班组组长。作为一名航天特种熔融焊接工，我国"长三甲"系列运载火箭、"长征五号"运载火箭的第一颗"心脏"——氢氧发动机喷管，都是在他手中诞生。发展航天，火箭先行。高凤林作为一名普通航天人，几十年如一日，用勤勤恳恳的工作，为我国90多发火箭焊接过"心

高凤林工作照

脏"，占到我国火箭发射总数的近四成，助推了我国航天强国和世界科技强国建设。

1970年，我国第一颗人造地球卫星飞上太空，大街上的广播中回响着卫星传回的"东方红"乐曲，年幼的高凤林产生了疑问："卫星是怎么飞到天上去的？"由此，航天在他的心中成了一个梦境。以优异的成绩从中学毕业后，为了回答儿时的疑问，高凤林报考了"七机部"技校，"七机部"是我国早先航天工业部门的简称。从此，高凤林与航天结下了不解之缘。要掌握过硬的焊接技术，离不开辛勤练习的汗水。高凤林一面虚心向师傅求教，一面勤学苦练，吃饭时拿筷子练习送焊丝动作，喝水时端着缸子练稳定性，休息时举着铁块练耐力，冒着高温观察铁水的流动规律。

20世纪90年代，为"长三甲"系列运载火箭设计的新型大推力氢氧发动机，其大喷管的焊接一度成为研制"瓶颈"。大喷管的形状有点儿像牵牛花的喇叭口，延伸段由248根壁厚只有0.33毫米的细方管组成，仅一根管子的价值就相当于一台彩电，这些全部要通过工人手工焊接而成。全部焊缝长达近900米，管壁比一张纸还薄，焊枪多停留0.1秒就可能把管子烧穿或者焊漏。在首台大喷管的焊接中，高凤林连续奋战一个多月，凭借着高超的技艺，攻克了烧穿和焊漏两大难关。

今后的日子里，高凤林积极开展技术创新，攻克多项难题。成功解决某型号发动机推力室生产难题，突破十多年未解决的技术瓶颈。提出多层快速连续堆焊加机械导热等方法，解决"长二捆"运载火箭研制生产难题，保证了"澳星"成功发射。同时，他还大胆运用新的工艺措施，解决了国家"863"攻关项目中久攻不下的难关；在新一代运载火箭"长征五号"研制中，他面对极其困难的操作环境，高空焊接，成功修复发动机内壁，避免经济损失上百万元。

（资料来源：《北京青年报》，2017年7月3日，有改动）

相关链接：

高凤林：为中国火箭焊接"心脏"

（三）使用工具是人类劳动的重要特征

1. 使用真实劳动工具是人类劳动的特征

人类劳动的重要特征是使用真实劳动工具。当前，有些青少年对网络游戏中虚拟劳动工具的认识，超过了现实工作情景中的实际工具。青少年是信息时代的原住民，移动设备伴随着他们出生和长大，他们熟悉网络游戏的虚拟劳动工具，这是无可厚非的，但若深陷其中则严重不利于社会发展。我们生活在真实的技术社会和人际社会，没有人能够脱离社会单独存在。认识和使用真实劳动工具是成为劳动者必须具备的能力。无论是生活劳动、生产劳动还是服务劳动，我们通常需要借助一定的工具。例如，烹饪需要厨房工具，挖矿需要矿场工具，加工制造需要大型机械设备，原材料搬运需要运输工具，清洁服务需要打扫工具，媒体服务需要硬件与软件制作工具。

使用真实工具是社会发展和时代进步亘古不变的动力。正如马克思等许多古典经济学家所指出，劳动的一个重要特征就是使用真实工具，从而提升劳动效率和发展社会生产力。动物的工具通常仅是它们的躯干肢体和器官本身，譬如爪和牙等，人类的工具则是在劳动中创造出来的，通过劳动得到升级改善，然后进一步促进生产劳动发展。

真实劳动工具就如同记录人类劳动的一本"书"，这本"书"记载着人类劳动能力的发展历史。随着这本"书"的翻页，社会的整体劳动特征变化逐步呈现。例如，人类懂得了操作石器，迎来了以新石器为标志的部落时代；人类懂得了操作铁器，迎来了封建社会；人类懂得了操作机械，迎来了工业时代；人类懂得了操作电脑，迎来了智能时代。

2. 人类劳动发展与工具演化具有紧密关系

近200万年的直立智人劳动史也是人类工具的演化史。200万年前，我们的祖先直立智人的活动方式与动物区别不大，但在发明石器、铜器和铁器等一系列工具、设备后，人类依次经历了石器技术、铜器技术、铁器技术、机械技术、电子技术和信息技术时代，人类劳动方式发生了翻天覆地的变化，人类劳动与动物活动明显区分开来。

旧石器时代，人类的居所不固定，使用的工具并不多。主要的技术仅仅与生存、狩猎和采集食物有关，这一时期最重要的技术就是使用火、制作石器器具和石制武器等。新石器时代，人类用以制作工具的材料逐渐丰富起来，从狩猎、采集模式逐渐转向农业模式，从而带动农业发展、动物驯养技术成熟，人类也逐渐开始定居生活。农业技术的发展带动人口迅速增加，人们改进了生活工具，人类社会依次进入铜器时代和铁器时代。由于缺乏科学方法，人类难以发现自然材料和研发人造材料，经历了漫长的铁器时代。直到蒸汽机发明引发产业革命，科学方法进一步系统化、技术化，人类技术水平在科学发明的促进下，发生了翻天覆地的变化。之后，随着电子技术和信息技术的发展，人们逐步进入智能化社会。

　　人类劳动的发展与工具的演化密切相关。在远古时代，人类的衣食住行所需都来源于自然界，比如人类穿的兽皮，采取穴居和洞居的生活方式所需的工具是来自然界的石头或动植物，如石器和桦树皮器具等。主要劳动技术包括各种石器的打制方法，以及制作桦树皮器具的方法等。石斧是当时重要的劳动工具。人类劳动方式也就随之改变，人工制造的工具逐渐多了起来。例如，古代叉子是用铜制或铁制的，叉柄则是由木头、贝壳或兽角制成的。刀子的使用非常普遍，可当餐具、武器或者一般工具。这说明工具具有人体延伸功能，比如刀、斧、叉和锤子等。

　　工具是人手的延伸。总之，许多工具的发明，是从作为劳动操作对象的燧石和树枝中获得灵感的。这些工具又反过来提高了劳动的生产效率和质量。文献记载，车最早是由人推挽的，人推挽车比徒手搬运省力，后来才用畜力牵引。人类从经验上尝试各种杠杆的省力方案。随着社会的发展，人类自然不会满足于动物的速度和木头的力量，通过各种尝试后，最后出现了内燃动力的汽车。

蒸汽机车

工具的复杂化导致对人类劳动知识和技能的要求提高。借助这些工具开展生产劳动，自然也要求人类需要具备更多的知识和技能。现在，作为运输工具的飞机，其航空发动机、仪表、机载设备和液压系统等功能组件多达百万件，操作手册多达千页乃至数千页，操作和维护都是极其复杂的工作，这是以往时代难以想象的。

3. 认识和使用家居常用工具

　　不同类型的劳动需要不同的工具。在家居生活中，我们通常会使用到五金工具、针线工具和厨房用具。五金工具是铁、钢、铝等金属经过锻造、压延、切割等物理加工制造而成的各种金属器件的总称。缝纫和厨房用具在日常生活中也比较常见。随着生产技术的提高，当今的工具逐步自动化，例如家用自动化电子缝纫机。自动化电子缝纫机的诞生并不意味着缝纫工作完全不需要人的参与了，恰恰相反，它需要劳动者具备更多相关知识和技能。例如，需要综合考虑线、针和布料用量来合理搭配，要根据不同的布料选择不同的线和不同的针号。厨房用具种类则更为丰富，除了简单的刀具，还包括搅蒜器、包饺子器、榨汁机等。只有具备关于工具特点的知识、功能的知识和使用技巧，才能驾驭这些工具，完成家务劳动。

4. 认识和使用专业劳动工具

不同岗位或者工种的任务，通常需要使用不同的劳动工具。以常见的木工和园艺为例，工人完成工作任务一般需要恰当、有效使用系列工具。木工和园艺的工具一般储存在工具袋、工具箱或者工具屋中，包括七种类别，分别为测量工具、切碎工具、紧固工具、敲打工具、挖掘工具、造型工具和装饰工具。

劳动
视野

未来几年，无人机将成更加普遍的劳动工具

"说起无人机，大家已经不再陌生。航拍、送快递、喷洒农药……目前，无人机越来越多地融入日常生产生活，应用范围广泛拓展，成为亲和力十足的高科技装备。它已应用于农业、植保、快递运输、灾难救援、测绘等多个领域。"

"上午摘的荔枝，下午就到了买家的桌上，无人机大大节约了人力物力成本。"海鹰航空通用装备有限责任公司主任设计师、高级工程师殷志宏说，无人机将成为解决物流配送"最后一公里"问题的科技产品。

"无人机是传统航空与新兴电子及通信技术结合的成果。这个行业主要靠技术驱动。"零度智控副总经理史圣卿表示，近年来集成电路及通信等技术的发展，不仅使传统的无人机体积、重量大幅减少，而且将传统航空难以想象的飞行形态变成现实。海鹰航空通用装备有限责任公司董事长马洪忠认为，市场需求也牵引着无人机产业的发展。"人们越来越认识到，无人机能从事一些人类不方便从事的工作。比如人工巡视一座基塔，需要1～2小时，而无人机自主巡视，仅需5～10分钟，还能够发现人眼发现不了的隐患，应用场景广泛。"

目前，无人机已在航拍、农业、植保、快递运输、灾难救援、测绘、电力巡检等多个领域应用。在未来的几年里，无人机还会成为一种更加普遍的劳动工具。史圣卿认为，无人机与各个行业都有融合的可能性，尤其是在助力传统行业升级上，无人机的优势格外明显。

业内人士指出，大疆公司在消费无人机领域的成功，也推动了整个行业的发展。他们推出的消费级智能无人机，除了航拍，还可以应用在森林巡防、线路维护、交通疏导、应急救援、体育比赛判罚等多个领域。"大疆的成功刷新了世界对无人机的认识，低廉的价格使消费级无人机快速扩散，让民众能用、想用、会用、敢用无人机。"携恩科技CEO刘洋认为，大疆的成功坚定了从业者进入工业级和

消费级无人机市场的决心。

专家表示，无人机不仅以高科技、低成本的方式实现人们的"飞行梦想"，也以"俯瞰"的视角记录着我们的日常生活。这是一个拓展人类认知和活动领域的行业，也是技术前沿行业。建立行业规范，完善相关法律，培育更大市场，无人机行业必将为人们生产和生活提供更多更好的服务。

（资料来源：《人民日报》，2019 年 12 月 23 日，有改动）

二、农业文明与劳动

（一）中国农耕文化

中国是一个有着五千年文明的国家，农耕文明占据了很长的历史时段，它熠熠生辉于世界文明史。农耕文化源于农业生产的实践劳动，包含着非常浓厚直观的农业生产元素。在土地的养育、汗水的浇灌以及劳动号子的鼓舞声中，农耕文化蕴含着中国人"天人合一"世界观、"一分耕耘，一分收获"价值观以及"和谐守则"人生观，体现了中国人对时间、空间的最早感知；展现出中国人自然、质朴的审美观念。

劳语典藏

"我们这一代人有这样一个情结，一定要把我们的老百姓特别是我们的农民扶一把，社会主义道路上一个也不能少，共同富裕、全面小康，大家一起走这条路。"

——习近平

中国农耕文化集中体现在以下四个方面。

1. 应时

与农业生产联系最直接的是时间与节气。在中国古代，人们基本上生活在按照自然节律和农业生产周期而安排的时间框架之中。夏代的历日制度《夏小正》中，已把天象、物候、气象和相应的农事活动列在一起便于民间掌握。后来，又把一年分为二十四节气，人们依节气安排农事活动。直到今天，节气依然是人们开展农业生产活动的依据。农业生产，本就是一种根据节气、物候、气象等条件而进行的具有强烈季节性特征的劳作活动，其时间性是很强的。因此，顺天应时是几千年人们恪守的准则，"不违农时"是世代农民心中的"圣经"。应时，体现了前人对自然规律的重视。

劳动
视野

二十四节气

"二十四节气"是中国人通过观察太阳周年运动，认知一年中时令、气候、物候等方面变化规律所形成的知识体系和社会实践。中国古人将太阳周年运动轨迹划分为24等份，每一等份为一个"节气"，统称"二十四节气"。具体包括：立春、雨水、惊蛰、春分、清明、谷雨、立夏、小满、芒种、夏至、小暑、大暑、立秋、处暑、白露、秋分、寒露、霜降、立冬、小雪、大雪、冬至、小寒、大寒。"二十四节气"指导着传统农业生产和日常生活，是中国传统历法体系及其相关实践活动的重要组成部分。在国际气象界，这一时间认知体系被誉为"中国的第五大发明"。

"二十四节气"形成于中国黄河流域，以观察该区域的天象、气温、降水和物候的时序变化为基准，作为农耕社会的生产生活的时间指南逐步为全国各地所采用，并为多民族所共享。作为中国人特有的时间知识体系，该遗产项目深刻影响着人们的思维方式和行为准则，是中华民族文化认同的重要载体。

随着中国城市化进程加快和现代化农业技术的发展，"二十四节气"对于农事的指导功能逐渐减弱，但在当代中国人的生活世界中依然具有多方面的文化意义和社会功能，鲜明地体现了中国人尊重自然、顺应自然规律和适应可持续发展的理念，彰显出中国人对宇宙和自然界认知的独特性及其实践活动的丰富性，与自然和谐相处的智慧和创造力，也是人类文化多样性的生动见证。

（资料来源：《光明日报》，2016年12月1日，有改动）

2. 取宜

取宜主要是对"地"来说的，即适宜、适合。中国传统农业强调因时、因地、因物制宜，把"三宜"看作一切农业举措必须遵守的原则。种庄稼最重要的是因地制宜，"取宜"是农业生产的重要措施。我们的祖先在农事活动中很早就懂得了"取宜"的原则，农耕文化中的"相地之宜"和"相其阴阳"理念，就是"取宜"的实践经验总结，在指导人们认识自然和从事农业生产中发挥了重大作用。

3. 守则

"则"，即准则、规范、秩序，它是人与自然长期互动形成的实践原则。农耕文化作为中国传统文化的根基，蕴含着"以农为本、以和为贵、以德为荣、以礼为重"等许多优秀的文化品格。农耕文化是中国传统文化的重要源头，对中华民族坚忍不拔、崇尚和谐、顺应自然、因地制宜、勇于创新等优良品质的养成，起到了重要作用，是中华民族绵延不绝、生生不息、发展壮大的精神厚土。

4. 和谐

和谐主要是指在农业生物、自然环境与人之间建立一种和谐共生的关系，这是农耕文化的核心理念。中国的农耕文化连绵不断，是宝贵的精神财富。它铸就了中华民族自强不息的精神，使中华民族历经磨难而不倒；铸就了形式多样的民俗文化，使人民的生活丰富多彩；特别是铸就了中华民族"以和为贵"的理念，孕育了中华民族"天人合一"的思想，以及追求人与自然和谐，人与社会和谐，人与人和谐的思想。

劳动视野

农耕文化实践教育有必要

近日，农业农村部办公厅和教育部办公厅联合发布《关于开展中国农民丰收节农耕文化教育主题活动的通知》。通知指出，力争用3年到5年时间，打造一批中国农民丰收节农耕文化实践教育基地，形成一批实践教育活动品牌。

我国是农业大国，农耕文化历史悠久，在中华文明中占有重要位置。农民丰收节，蕴含着鲜明的文化符号和新的时代内涵，有助于唤醒人们对农耕文化的记忆，增强文化自信心和民族自豪感。同时，农耕文化实践教育对青少年健康成长也具有不可或缺的作用。例如，时下中小学生"五谷不分"的情况普遍存在，认不清农作物、搞不清其生长规律，对孩子成长看似影响不大，从长远看却是一种教育的缺失。

正如有学者所指出的，不识农耕、不懂农村，未来又如何了解国情、参与新农村建设？推动农民丰收节成为农耕文化教育的常态化实践载体，让青少年体验农事、动手实践，不仅可以培养其良好的劳动品质，还能使其在潜移默化中热爱劳动、尊重劳动者，不断涵养勤俭、奋斗、创新、奉献的劳动精神。

《关于深化教育教学改革全面提高义务教育质量的意见》提出，创建一批劳动教育实验区，农村地区要安排相应田地、山林、草场等作为学农实践基地，城镇地区要为学生参加农业生产、工业体验、商业和服务业实践等提供保障。两部门近日发布的通知，有利于落实这一要求，拓展农耕文化教育教学资源，推动农耕文化实践教育更多走进校园。同时，农耕文化实践教育不能仅在农民丰收节期间开展，还应建立常态化运作机制，紧紧围绕立德树人的价值追求深入探索实践。

（资料来源：《经济日报》，2020年9月21日）

（二）农民精神

千百年来秉持以农为本的中国大地上，生活着一代代勤苦劳作的农民，日复一日、年复一年的生活，传承着农民的生命与性格。农民精神主要包括以下四个方面内容。

1. 热爱祖国

坚定地走中国道路，坚定地走社会主义道路，走实现现代化的必由之路；热爱祖国的山河，掌握与自然相处的技巧，保护美好环境，让祖国丰富的宝藏惠及子孙；热爱祖国的历史和文化，敬重优秀的中国传统，拥有文化自信。爱国，爱家乡，爱我们自己，传承中华民族五千年的美德，维系全国人民共同的精神支柱。

农民丰收的喜悦

2. 勤劳协作

有勤劳勤奋的毅力，有团结合作的意识，有共同发展的眼光；热爱农民这份职业，对这份职业尽职尽责；专注钻研、努力提高、脚踏实地、埋头苦干，甘于奉献、赢得自豪，各美其美、美美与共。

3. 科学守信

讲科学、学技术，讲信用、求诚信；主动学习科学文化知识，积极参加专业技术培训，提高劳动技能和经营水平；做到善于思考、善于总结、善于行动；做老实人，说老实话，办老实事；用诚实劳动获取合法利益，以信立业，讲信誉、重合同、守诺言。

4. 崇仁厚德

加强德行修养，注重个人品德，建立家庭美德，遵守社会公德；友善为本，增进感情，凝聚力量，促进发展；仁慈为怀，敬老爱幼，互帮互助，激发爱心，传递人间正能量；锻炼提升内在精神，追求远大，情趣高雅，身心康健。

（三）农村民俗

民俗，即民间风俗，是广大民众所创造、享用和传承的生活文化。它起源于人类社会群体生活的需要，在特定的民族、时代和地域中不断形成、扩大和演变，为民众的日常生活服务。它是人民传承文化中最贴切身心和生活的一种文化，它是一种来自人民，传承于人民，规范人民，又深藏在人民的行为、语言和心理中的基本力量。几千年的民俗文化传统已经在传承变异过程中形成了特色鲜明、浩如烟海的民族文化财富。农村民俗涉及范围十分广泛，此处介绍几个典型的农村风俗。

1. 贴窗花

贴窗花是古老的传统节日习俗，新春佳节时，中国许多地区的人们喜欢在窗户上贴上各种剪纸窗花。窗花不仅烘托了喜庆的节日气氛，也为人们带来了美的享受，集装饰性、欣赏性和实用性于一体。剪纸是一种非常普及的民间艺术，千百年来深受人们的喜爱，因它大多是贴在窗户上的，所以人们一般称其为"窗花"。窗花的内容丰富、题材广泛。窗花还有神话传说、戏曲故事等题材。另外，花鸟虫鱼

贴窗花

及十二生肖等形象亦十分常见。窗花以其特有的概括和夸张手法将吉事祥物、美好愿望表现得淋漓尽致，将节日装点得红火富丽、喜气洋洋。

2. 晒秋

晒秋是一种典型的农俗现象，具有极强的地域特色。生活在山区的村民，由于地势复杂，村庄平地极少，只好利用房前屋后及自家窗台、屋顶架晒或挂晒农作物，久而久之就演变成一种传统农俗现象。这种村民晾晒农作物的特殊生活方式和场景，逐步成了画家、摄影家追逐创造的素材，并塑造出诗意般的"晒秋"称呼。

晒秋

3. 舞狮

舞狮，是中国优秀的民间艺术，古时又称为"太平乐"。舞狮有南北之分，南狮又称"醒狮"。狮子是由彩布条制作而成的，每头狮子一般由两个人合作表演，一人舞头，一人舞尾。表演者在锣鼓音乐下，装扮成狮子的样子，做出狮子的各种形态动作。在表演过程中，舞狮者要以各种招式来表现南派武功，非常富有阳刚之气。舞狮被认为是驱邪避害的吉祥瑞物，每逢节庆或有重大活动必有舞狮助兴，长盛不衰，历代相传。舞狮活动也广泛流传于海外华人社区，有华人之处，必有舞狮，这成了扬民族之威、立中国之魂的重要仪式，以及海外同胞认祖归宗的文化桥梁，其文化价值和影响十分深远。

舞狮

4. 元宵节习俗

每年农历的正月十五，春节刚过，迎来的就是中国的传统节日——元宵节。正月是农历的元月，古人称夜为"宵"，所以称正月十五为"元宵节"。正月十五是一年中第一个月圆之夜，也是一元复始，大地回春的夜晚，人们对此加以庆祝，也是庆贺新春的延续。元宵节又称为"上元节"。元宵节主要有赏花灯、吃汤圆、猜灯谜、放烟花等一系列传统民俗活动。此外，不少地方元宵节还增加了游龙灯、舞狮子、踩高跷、划旱船、扭秧歌、打太平鼓等传统民俗表演。

5. 清明节习俗

清明节又称踏青节、行清节、三月节、祭祖节等，是中华民族传统隆重盛大的春祭节日，属于慎终追远、礼敬祖先、弘扬孝道的一种文化传统节日。清明节习俗甚多，全国各地因地域文化不同而又存在着习俗内容上或细节上的差异，各地习俗虽不尽相同，但扫墓祭祖、踏青是共同基本礼俗主题。在祖先祭祀仪式中慎终追远，在踏青郊游中享受春天乐趣，文化传承与身心调适是清明礼俗文化的重要功能。

6. 端午节习俗

端午节是中国汉族人民纪念屈原的传统节日，以围绕才华横溢、遗世独立的楚国大夫屈原而展开，传播至华夏各地，民俗文化共享，追怀华夏民族的高洁情怀。端午节迄今已有2500多年的历史，有吃粽子，赛龙舟，挂菖蒲、蒿草、艾叶，薰苍术、白芷，喝雄黄酒等习俗。

7. 中秋节习俗

中秋节，又称祭月节、月光诞、月夕、秋节、团圆节等，是中国民间的传统节日。中秋节源自天象崇拜，由上古时代秋夕祭月演变而来。最初"祭月节"的节期是在干支历二十四节气"秋分"这天，后来才调至夏历（农历）八月十五，也有些地方将中秋节定在夏历八月十六。中秋节自古便有祭月、赏月、吃月饼、玩花灯、赏桂花、饮桂花酒等民俗，流传至今，经久不息。

相关链接：
中秋节的由来和习俗

三、工业文明与劳动

（一）中国工业文明

工业是现代化经济体系的重要基础，工业文明是现代经济社会发展的基础性文明。党的十九大报告强调，加快建设制造强国，加快发展先进制造业。这必将有力推动我国经济发展质量变革、效率变革、动力变革，谱写工业文明新篇章。

虽然工业文明的发展历史不过200多年，但它所创造的物质财富、带来的社会变革是以往一切世代的总和都不能相比的。作为世界文明重要发祥地的古代中国，也曾孕育出工业文明的萌芽，"四大发明"以及瓷器、造船航海、都江堰水利工程等成果至今享誉全球。进入近代，由于缺乏工业文明的支撑，中国逐渐在世界文明发展进程中落伍。新中国成立后，尤其是改革开放以来，我国建立了门类齐全的工业制造体系，人们思想观念和行为方式发生深刻变革，社会主义工业文明蒸蒸日上，创造的"中国奇迹"令世界赞叹。从一定意义上可以说，一部新中国经济建设和改革开放史，就是一部工业文明发展史。

我国的工业文明孕育、发展于中国特色社会主义实践，与西方工业文明之路有着本质不同。党的十八大以来，党中央着眼新时代经济社会发展新特征，提出新发展理念，实施《中国制造2025》等，标志着我国新时代工业文明思想已经形成。我国工业文明发展应建立在生态环境可持续、社会公正和人民群众积极参与的基础上，追求的是既使人民日益增长的美好生活需要不断得到满足、个人得到全面发展，又保护生态环境、实现中华民族永续发展。不仅思想理念领先，我国还拥有世界第一的制造业规模，门类齐全、独立完整的产业体系，强大的综合配套能力，亿万高素质劳动者大军，在载人航天、超级计算、高铁装备、通信技术等领域处于世界先进水平。我们必须保持和发挥好这些优势，进一步强固工业文明发展的脊梁和支撑。

从长远看，我国工业优势不应建立在低劳动力成本基础上，而应充分发挥综合优势，实现创新能力、质量水平和人力资源优势多重提升，丰富提升工业文明的内涵和质量，不断向全球领先水平迈进。当前，在与国际水平并驾齐驱的中低端产业领域，应着力推进理念创新、技术创新、模式创新，研发生产具有自主产权、精细制造的高性价比产品，在积极参与全球竞争中向国际产业分工的中高端挺进。这既是中国工业制造的出路，也是中国工业文明发展的重要途径。

工业制造大而不强、自主创新能力不足、资源环境压力过大以及社会诚信意识、工匠精神、企业家精神还不强等问题是我国工业文明发展的短板。补齐短板，尽快赶上和引领世界工业文明发展，必须贯彻落实新发展理念，下大决心、

"不论时代怎样变迁，不论社会怎样变化，我们党全心全意依靠工人阶级的根本方针都不能忘记、不能淡化，我国工人阶级地位和作用都不容动摇、不容忽视。"

——习近平

花大气力壮大先进制造业、战略性新兴产业和现代服务业，更加自觉地推动绿色发展、循环发展、低碳发展；加快建设科技强国、质量强国，进一步完善知识产权保护体系，鼓励创新创业，改造旧动能、壮大新动能；在全社会大力提倡工匠精神、企业家精神，弘扬诚信文化，形成同现代工业文明相适应的社会文化环境。

（二）工人优秀品质

在推动中国革命、建设和改革的伟大历程中，一代又一代的中国工人阶级以自己的模范行动，发挥了中流砥柱的作用，充分展现了信念坚定、立场鲜明，艰苦奋斗、勇于奉献，胸怀大局、纪律严明，开拓创新、自强不息的伟大品格。

1. 信念坚定、立场鲜明

"信念坚定、立场鲜明"概括的是作为中国社会中最有进步性的重要群体，中国工人阶级所秉持的政治本色和理想信念。中国工人阶级坚决拥护党的领导，拥护党的路线方针政策，自觉参与党领导的中国特色社会主义事业，在政治上、思想上、行动上与党中央保持高度一致，热爱祖国、服务人民。

2. 艰苦奋斗、勇于奉献

辛勤的工人

"艰苦奋斗、勇于奉献"指的是作为中国社会中最有觉悟性的重要群体，中国工人阶级所具有的优秀传统和作出的卓越贡献。中国工人阶级以富国强民、民族复兴为己任，继承光荣传统，发扬主动精神，不怕艰难困苦，不畏风险挑战，勤劳坚韧、勇于担当，为国家分忧，替企业解难，为中国的发展进步作出了巨大贡献。

3. 胸怀大局、纪律严明

"胸怀大局、纪律严明"指的是作为中国社会中最有组织性的重要群体，中国工人阶级所继承的优良作风和博大胸襟。改革开放以来，中国工人阶级自觉遵守国家法律、社会道德准则和企业规章制度，珍惜安定团结的政治局面，加强团结协作，维护社会和谐，保持了高度的团结力、凝聚力。

4. 开拓创新、自强不息

"开拓创新、自强不息"指的是作为中国社会中最有自觉性的重要群体，中国工人阶级所拥有的与时俱进、奋力拼搏的时代特征。在改革开放、发展社会主义市场经济的进程中，中国工人阶级具有强烈的开拓意识，积极适应剧烈变化的时代潮流，以蓬勃的创造力量推动国家的发展，也为自己创造了一片新天地。面对劳动就业市场化的实际，他们主动适应市场竞争的要求，自觉更新观念，价值取向更加理性和现实，择业观更加务实进取，努力掌握新知识、新技能，不断提高自身素质。

中国工人阶级伟大品格，既反映了中国工人阶级的政治本色、价值取向、光荣传统和进取精神，又凸显了工人阶级的时代特征，是中国工人阶级先进性的具体体现，是对中华民族精神的继承和发展，是凝聚广大职工智慧力量、鼓舞全国各族人民团结奋斗的重要精神力量。

（三）传统工艺

传统工艺指采用天然材料制作，具有鲜明的民族风格和地方特色的工艺品种和技艺，一般具有百年以上历史以及完整工艺流程。传统工艺是历史和文化的载体。

1. 陶瓷

陶瓷是陶器与瓷器的统称，同时也是我国的一种工艺美术品。远在新石器时代，我国就已有风格粗犷、朴实的彩陶和黑陶。陶与瓷的质地不同，性质各异。陶，是以黏性较高、可塑性较强的黏土为主要原料制成，不透明、有细微气孔和微弱的吸水性，击之声浊。瓷是以黏土、长石和石英制成，半透明，不吸水、抗腐蚀，胎质坚硬紧密，叩之声脆。我国传统的陶瓷工艺美术品，质高形美，具有高度的艺术价值，闻名世界。

2. 木雕

木雕是雕塑的一种，在我们国家常常被称为"民间工艺"。木雕可以分为立体圆雕、根雕、浮雕三大类。木雕是从木工中分离出来的一个工种，在我们国家的工种分类中为"精细木工"。木雕是以雕刻材料分类的民间美术品种。一般选用质地细密坚韧，不易变形的树种如楠木、紫檀、樟木、柏木、银杏、沉香、红木、龙

手工木雕

眼等。采用自然形态的树根雕刻艺术品则为"树根雕刻"。木雕有圆雕、浮雕、镂雕或几种技法并用。有的还涂色施彩用以保护木质和美化。

3. 玉雕

玉雕是中国最古老的雕刻品种之一。玉石经加工雕琢成为精美的工艺品，称为玉雕。工艺师在制作过程中，根据不同玉料的天然颜色和自然形状，经过精心设计、反复琢磨，才能把玉石雕制成精美的工艺品。玉雕的品种很多，主要有人物、器具、鸟兽、花卉等大件作品，也有别针、戒指、印章、饰物等小件作品。

中国的玉雕作品在世界上享有很高的声誉。

4. 刺绣

刺绣是针线在织物上绣制的各种装饰图案的总称。刺绣分丝线刺绣和羽毛刺绣两种。它是用针和线把人的设计和制作添加在织物上的一种艺术，是中国民间

传统手工艺之一，在中国至少有二三千年历史。中国刺绣主要有苏绣、湘绣、蜀绣和粤绣四大门类。刺绣的技法有：错针绣、乱针绣、网绣、满地绣、锁丝、纳丝、纳锦、平金、影金、盘金、铺绒、刮绒、戳纱、洒线、挑花等。刺绣的用途主要包括生活和艺术装饰，如服装、床上用品、台布、舞台、艺术品装饰。

刺绣

5. 泥塑

泥塑，俗称"彩塑"。泥塑艺术是中国民间传统的一种古老常见的民间艺术。即用黏土塑制成各种形象的一种民间手工艺。制作方法是在黏土里掺入少许棉花纤维，捣匀后，捏制成各种形象的泥坯，经阴干，涂上底粉，再施彩绘。它以泥土为原料，以手工捏制成形，或素或彩，以人物、动物为主。泥塑在民间俗称"彩塑""泥玩"。泥塑发源于宝鸡市凤翔县，流行于陕西、天津、江苏、河南等地。

相关链接：

凤翔泥塑：点"泥"成金

劳动
视野

让传统工艺更好融入现代社会

国务院办公厅近日转发文化部、工业和信息化部、财政部《中国传统工艺振兴计划》。文化部负责人就相关问题接受了记者采访。

问：为什么要制定实施《中国传统工艺振兴计划》？

答：习近平总书记高度重视中国传统文化传承发展，指出要"认真汲取中华优秀传统文化的思想精华和道德精髓""处理好继承和创造性发展的关系，重点做好创造性转化和创新性发展"。党的十八届五中全会提出了"构建中华优秀传统文化传承体系，加强文化遗产保护，振兴传统工艺"的要求。《中华人民共和国国民

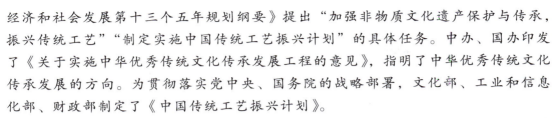

经济和社会发展第十三个五年规划纲要》提出"加强非物质文化遗产保护与传承，振兴传统工艺""制定实施中国传统工艺振兴计划"的具体任务。中办、国办印发了《关于实施中华优秀传统文化传承发展工程的意见》，指明了中华优秀传统文化传承发展的方向。为贯彻落实党中央、国务院的战略部署，文化部、工业和信息化部、财政部制定了《中国传统工艺振兴计划》。

我国的传统工艺历史悠久、种类繁多，凝聚着千百年来劳动人民的思想智慧和实践，是非物质文化遗产的重要组成部分，是中华优秀传统文化的活态实践。传统工艺覆盖面广，涵盖人民大众的衣、食、住、行等方方面面，遍布各民族、各地区，像剪纸、刺绣、年画、木雕、金银制作工艺、建筑营造技艺等，在全国大部分地区都有广泛分布，民族地区的传统工艺则大多与服饰、宗教艺术等相关。在国务院公布的4批1372项国家级非物质文化遗产代表性项目名录中，传统工艺项目共有300余项，涉及传统美术类、传统技艺类，以及传统医药类中的药物炮制项目、民俗类中的民族服饰项目等。

问：振兴中国传统工艺具备什么样的工作基础？

答：传统工艺美术工作的多年积累、传统工艺理论研究的不断深入、非物质文化遗产保护工作的广泛深入开展，为传统工艺振兴打下了坚实的基础。

新中国成立后，以工艺美术为代表的一批传统工艺得到恢复和发展，在出口创汇中的作用显著，为支持经济建设作出了贡献。改革开放后，随着市场经济发展，传统工艺进一步繁荣，门类更加全面，行业规模不断扩大，涌现了一批非物质文化遗产代表性传承人和工艺美术大师，形成了一批知名企业。相关专业院校、专家、学者的积极参与，提高了行业整体发展水平。传统工艺方面的理论和实践研究也在不断深入，例如中国科学院自然科学史研究所主持编纂了《中国传统工艺全集》，成为传统工艺研究的重要成果。

随着经济社会发展水平的提高，追求个性化和生活品质正在成为一种普遍的生活方式。"新手工艺""重拾手作传统"等名词在社会大众中的接受度越来越高，参与的人越来越多，采用传统工艺元素生产的新日用品和文创产品也越来越受到大众的青睐和市场的欢迎。可以说，当前传统工艺发展已站在一个新的历史起点上，传统工艺振兴迎来了最有利的条件和历史时机。

（资料来源：《人民日报》，2017年3月26日，有改动）

劳动影像

　　中国是一个拥有五千年历史的文明古国。手工艺作为中华民族文化艺术的瑰宝之一，类型繁多，形式多样：染织、编结、烧造、铸锻、木作、髹饰、雕塑等门类，几乎囊括了社会生活的各种领域。而像陶瓷、玉雕、景泰蓝、剪纸、刺绣、竹编这些具有鲜明中国特色的手工艺品类都在华夏文明的历史长河中绽放着璀璨的光芒。《非遗·匠心》（传统工艺）打开了传统技艺非遗宝库的大门，让公众感受中国传统手工艺独特的艺术魅力和文化价值。

劳动影像：

《非遗·匠心》（传统工艺）

专题八
学知躬行，勤于劳动实践

课堂导入

社会实践被视为"第二课堂"，是全面提高大学生素质的切入点和突破口。增加社会实践"含金量"，一方面，要明确实践教学质量标准，科学合理安排实践教学内容，加强实践教学基地建设，积极改善实践教学条件；另一方面，要优化绩效考核指标体系，向实践教学工作扎实、实践教学改革与研究成效显著、实践教学成绩突出的教师倾斜。树立实干导向，就要创造实干环境，让实践课真正"实"起来，切实增强学生本领。

社会实践，是学生进入社会前的体验和锻炼，绝不能成了"断线的风筝"。因此，高校有关部门应形成合力，落实责任。比如，在学生参加实践前，认真做好准备工作，打通供需信息通道，搞清楚学生的专长是什么、接收单位的人才需求在哪里，努力做到无缝对接。又如，实践活动结束后，效果好不好、收获大不大，不能只从实践报告中"找答案""作总结"，还应请接收单位"把把脉""画画像"，虚心接受改进意见，等等。在此基础上，不断完善管理服务保障机制，让实践课更有价值、更有吸引力，从而用当下的耕耘，收获未来的一片绿荫。

研精致思

1. 阅读完上述材料，谈谈你对社会实践的认识。

2. 社会实践被视为"第二课堂"，要想切实增加社会实践"含金量"，个人和学校应该如何做？

3. 你参加过社会实践吗？谈谈你在整个实践过程中的收获。

学习目标

◎ 掌握社会实践的类型和主要内容。

◎ 了解志愿服务的内涵。

◎ 积极投身志愿服务。

◎ 掌握创新创业教育与实践的内容。

一、踊跃参加社会实践

（一）实践教学

实践教学是在学校的引导下，学生以获得直接经验或将间接经验转化为直接经验为主要目的，参与理论教学之外的具体社会生活的教学活动。实践教学的基本途径是参与理论教学之外的具体社会生活；实践教学的主要目的是获得直接经验，或者将间接经验转化为直接经验。

演讲比赛

从教学的范围看，实践教学包括课内实践、课外实践、校外实践。课内实践是指采取课程形式进行的实践教学活动。这里的课程，是狭义的课程，是显性课程，不包括隐性课程。课内实践的内容主要是技能训练，常常采取实验、情景模拟等形式，多数在虚拟的环境中以练习的方式进行。课外实践是指以课外（校内）活动形式进行实践教学，有些可以称为隐性课程，形式丰富多样。校外实践是指在校外进行的实践教学活动，一般在真实的社会生活中进行，但是也可能是在校外的培训机构中进行虚拟练习。

从教学的专业看，实践教学包括本专业实践、多专业实践、通用实践。本专业实践是指针对本专业特有的教学内容开展的实践教学活动，如机械专业的机械设计、中文专业的小说创作。多专业实践是指多个相关专业都适用的实践教学活动，如数学建模、文科的写作比赛。通用实践是指所有专业都适用的实践教学活动，如演讲比赛、志愿服务。

从教学的内容看，实践教学包括技能训练、科技创新、生涯规划、组织服务、实习见习、社会体验。技能训练是指以获得特定的基本技能为主要目的的实践教学活动，多数是专业的，但也可能是非专业的，这是目前最主要的实践教学活动。科技创新是指以获得创新精神和创新能力为主要目的的专业性实践教学活动，既包括科学创新活动，也包括技术创新活动，这是目前实践教学发展的重点。生涯规划是指以促进个人生涯发展为主要目的的实践教学活动，一般包括学业规划、职业规划、创业计划等具体形式，也包括真实的创业活动，这也是目前实践教学发展的重点。组织服务是指担任校内活动的组织和服务工作，以获得组织和服务素质为主要目的的校内实践教学活动，包括担任干部、临时参与组织活动、固定担任服务人员等，多数服务的专业性不明显，但是对于未来发展有明显的价值。实习见习是指以获得专业素质为主要目的，在校外真实社会生活中进行实践教学活动，其中专业实习是指集中、长期、深入的活动，见习是指分散、短期、庆浅的活动。社会体验是指没有专业性、以获得一般社会经验为主要目的的校外实践教学活动，如与专业无关的参观考察、参与社会活动、打工等。

（二）科技创新

在社会实践中参与技术改造、工艺革新、先进适用技术传播，可以提高大学生的科学素养，培养良好的学术道德，弘扬求真务实、开拓创新的科学精神，为经济社会发展献计出力。目前，大学生科技创新竞赛活动主要有"挑战杯"全国大学生课外学术科技作品竞赛、"挑战杯"中国大学生创业计划竞赛、"创青春"全国大学生创业大赛等。在信息化时代和人工智能时代，大学生参与科技创新应注意以下几点：一是设立大学生科技创新

"创青春"全国大学生创业大赛

计划，包括目标、实施、保障、考核评价等内容。二是根据科技创新计划，利用科技创新活动的基地等资源，认真实施科技创新活动。三是注重大学生科技创新激励，增强大学生科技创新能力。

劳动视野

抓住科技创新这个关键变量

习近平总书记在科学家座谈会上强调，要发挥高校在科研口的重要作用，调动各类科研院所的积极性，发挥人才济济、组织有序的优势，形成战略力量；在

主持中央政治局第二十四次集体学习时强调，当今世界正经历百年未有之大变局，科技创新是其中一个关键变量。习近平总书记的重要讲话，为新时代高校在科技创新中发挥重要作用提供了根本遵循。高校要深入贯彻落实习近平总书记重要讲话精神，以时不我待的紧迫感，面向世界科技前沿、面向经济主战场、面向国家重大需求、面向人民生命健康，抓住科技创新这个关键变量，不断向科学技术广度和深度进军。

加强科学研究是高校义不容辞的责任和使命。科学研究是高校最重要的功能之一，科学研究水平是评价高校办学水平的一个重要指标。高校肩负着人才培养、科学研究、社会服务、文化传承创新、国际交流合作等重要使命，其中科学研究具有基础性作用。大学生通过参加高水平的科研实践，能够激发献身科学、勇于担当的社会责任感，不断提升创新精神和实践能力。高校教师面向国际学术前沿开展研究和教学，能够拓展学术视野、提高教学水平，带领学生从事高水平科研，给予学生高质量的指导，培养高素质人才。在《统筹推进世界一流大学和一流学科建设总体方案》中，提升科学研究水平和着力推进成果转化被列为重要的建设任务。

高校加强科学研究具备得天独厚的条件。高校在科学探索、学科交叉方面具有优势，科研实力和科技成果突出；集聚了人数众多的高水平科研工作者，他们既是教育者，又是科研工作者，承担着人才培养和科学研究两大基本任务，是建设世界科技强国的主力军。高校还牵头建设了一批国家科学研究重大基础设施，拥有国家重点实验室、国家工程中心等国家级的高水平研究基地，拥有先进的仪器设备，还拥有思维活跃的大学生、研究生群体，是科研创新和科技人才培养的沃土。不断向科学技术广度和深度进军，高校作为主阵地之一责任重大、使命在肩。

始终坚持需求导向和问题导向。新时代高校要紧紧抓住科技创新这个关键变量，坚持需求导向和问题导向，从国家紧迫需要和长远需求出发，加强重大基础前沿和战略领域的前瞻布局，部署和推进科研选题，完善重大项目组织模式，破解国家重要领域关键核心技术"卡脖子"问题。

积极整合优化科研资源配置。针对全球新一轮科技革命和产业变革的新特点、新趋势，新时代高校要立足自身基础和办学特色，既推进基础研究和学科交叉融合，统筹设立前沿科学中心，探索新型研究型大学的发展之路；又探索学科之间、科学和技术之间、技术之间、自然科学和人文社会科学之间的交叉融合；推动跨高校、跨学科、跨领域、跨国界的协同创新，形成产学研协同攻关、协同创新的强大合力。

依靠改革激发科研队伍活力。新时代高校要深化科技体制改革，整合优化科技资源配置，形成充满活力的科技管理和运行机制，赋予学院和科研机构更大的自主权，激发和释放高校科研队伍创新创造潜能，实现更多"从0到1"的突破。此外，作为我国科技创新人才的摇篮，新时代高校还应加强面向国家重大需求的基础学科拔尖学生培养，引导学生厚植爱国情怀、强化使命担当，培养学生的创新意识和创新能力，激励学生树立"敢为天下先"的豪情壮志，在建设世界科技强国的进程中建功立业。

（资料来源：《人民日报》，2020年10月28日，有改动）

（三）勤工助学

勤工助学活动是指在校学生通过参加社会劳动，获取一定的劳动报酬，来维持自身学业的进行与完成。从性质上来看，它既属于社会实践，又属于学习方式。大学生开展的勤工助学活动主要包括以下两种。一是劳动服务型勤工助学，也就是通常所说的兼职打工。常见的形式有卫生清洁，商场促销、导购，饭店服务、洗碗，抄写打字，发放传单，派送报纸等。这类工作时间较短、安排较灵活，可为不同层

劳动贴士

勤工助学在我国并不是新生事物，早在20世纪初，周恩来等老一辈革命家就以勤工助学的方式到海外留学。但以往的这类活动只是在国外流行，在我国大规模开展还是在改革开放以后。

次水平的大学生提供不同的岗位，工作酬劳也根据工作难度和时间长度的不同有所区别。二是技能服务型勤工助学。例如，家教辅导、文体教练、调查研究、行政助理、资料整理、文献翻译、科技开发、工程设计、施工管理等。这是专业技术性要求相对高的一些实践活动，与自身的专业学习和职业发展结合比较紧密，适合高年级大学生。

大学生开展勤工助学的途径主要有通过学校勤工助学机构组织安排，借助中介服务机构介绍，通过网络、传单等招聘广告或他人介绍等。在从事勤工助学实践活动过程中要注意以下问题：一是所从事的劳务工作要遵守国家法律政策，符合学校和工商行政管理的规定；二是要注意自身权益的保护，确保安全；三是要协调好勤工助学与在校学习之间时间安排与精力投入的关系。

勤工助学——图书管理员

相关链接：

新修订的《高等学校勤工助学管理办法》颁布

（四）"红色之旅"学习参观

大学生到革命纪念地、改革开放前沿和经济社会发展成效显著的地方学习参观，了解中国革命、建设和改革开放的历史和成就，有利于增强大学生对党的感情、对中国特色社会主义的热爱，激发自身全面建成小康社会、实现中华民族伟大复兴的责任感。

"红色旅游"主要是指以中国共产党领导人民在革命和战争时期建树丰功伟绩所形成的纪念地、标志物为载体，以其所承载的革命历史、革命事迹和革命精神为内涵，组织接待旅游者，开展缅怀学习、参观游览的主题性旅游活动。在21世纪的今天，我们的民族又开始了建设中国特色社会主义的"新长征"。虽然没有雪山和草地，但我们同样面临着历史和时代的挑战。这种挑战是一种更为长期、更为严峻的考验。它表面上看起来并非那么艰难、那么壮烈，但要取得胜利，却是相当不易的。

"井冈山红色之旅"

红色之旅主要包括"湘赣闽红色之旅""左右江红色之旅"和"陕甘宁红色之旅"。湘赣闽红色旅游区包括湖南、江西、福建等地。"八一"南昌起义打响了武装反对国民党统治的第一枪，诞生了以毛泽东为代表的一大批中国共产党先进分子。"湘赣闽红色之旅"主要旅游景点有庐山、婺源、井冈山、黄山、洞庭湖、衡山、张家界等。左右江红色旅游区包括广西等地，围绕纪念广西百色起义为主旋律，主要景点包括广西桂林、百色市百色起义纪念馆、百色起义烈士陵园、崇左市龙州县红八军军部旧址等。陕甘宁红色旅游区包括今天的陕西北部、甘肃东部和宁夏的局部。陕甘宁是革命的中心根据地，其中延安被誉为革命圣地，在中国现代史上占有极为重要的特殊位置。"陕甘宁红色之旅"的主要景点包括延安、西安等地的诸多革命遗址、风景胜地。

劳动视野

追寻习近平总书记的红色足迹，来一场初心之旅

"前几天，我去了江西于都，参观中央红军长征出发地，目的是缅怀当年党中央和中央红军在苏区浴血奋战的峥嵘岁月，牢记红色政权是从哪里来的、新中国是怎么建立起来的，不忘历史、不忘初心。"这是习近平总书记在"不忘初心、牢

记使命"主题教育工作会议上的一番话。党的十八大以来，习近平总书记除了江西于都之外，还曾到过不少红色老区，让我们追寻总书记的红色足迹，来一场初心之旅！

"我们党梦想起航的地方"

时间：2017 年 10 月 31 日

地点：上海中共一大会址和浙江嘉兴南湖红船

总书记足迹：

党的十九大闭幕仅一周，习近平总书记带领中共中央政治局常委于 31 日专程从北京前往上海和浙江嘉兴，瞻仰上海中共一大会址和浙江嘉兴南湖红船，回顾建党历史，重温入党誓词，宣示新一届党中央领导集体的坚定政治信念。

总书记说：

"毛泽东同志称这里是中国共产党的'产床'，这个比喻很形象，我看这里也是我们中国共产党人的精神家园。上海党的一大会址、嘉兴南湖红船是我们党梦想起航的地方。我们党从这里诞生，从这里出征，从这里走向全国执政。这里是我们党的根脉。"

——2017 年 10 月 31 日，在上海中共一大会址纪念馆参观时指出

"井冈山是中国革命的摇篮"

时间：2016 年 2 月 1 日至 3 日

地点：江西井冈山

总书记足迹：

2016 年 2 月 1 日至 3 日，习近平总书记来到江西调研考察。2 日上午，总书记瞻仰了井冈山革命烈士陵园，在纪念堂吊唁大厅，他向革命烈士敬献花篮并三鞠躬。随后来到井冈山八角楼革命旧址群，视察枫石、中共湘赣边界第一次代表大会旧址，在八角楼先后参观毛泽东同志住室、朱德同志住室和士兵委员会旧址。在旧址群慎德书屋，总书记看望了 6 位革命烈士后代和先进人物代表，并同他们坐在一起亲切交谈。

总书记说：

"井冈山是中国革命的摇篮。井冈山时期留给我们最为宝贵的财富，就是跨越时空的井冈山精神。今天，我们要结合新的时代条件，坚持坚定执着追理想、实事求是闯新路、艰苦奋斗攻难关、依靠群众求胜利，让井冈山精神放射出新的时代光芒。"

——2016 年 2 月 1 日至 3 日，赴江西看望慰问广大干部群众时表示

"深入思考当初是从哪里出发的、为什么出发的"

时间：2014 年 10 月 31 日

地点：福建古田

总书记足迹：

2014年10月31日，习近平总书记专程来到福建省上杭县古田镇，出席正在这里召开的全军政治工作会议。他接见会议代表，参观古田会议会址、纪念馆，瞻仰毛主席纪念园，同老红军、军烈属代表座谈，和基层官兵同吃"红军饭"，观摩"红色印记——红军标语展示"。

总书记说：

"在古田会议召开85周年之际，我们再次来到这里，目的是寻根溯源，深入思考当初是从哪里出发的、为什么出发的。"

——2014年10月31日，在福建古田参观古田会议会址时谈到

（资料来源：求是网，2019年7月14日，有改动）

（五）"三下乡"活动

文化、科技、卫生"三下乡"是新形势下大学生参加社会实践的有效载体。

"三下乡"活动

以2019年为例，全国大中专学生志愿者暑期文化科技卫生"三下乡"社会实践活动的主要内容包括以下方面：一是理论普及宣讲。重点围绕习近平新时代中国特色社会主义思想和党的十九大精神，开展宣讲报告、学习座谈、调查研究、政策宣传等形式的社会实践活动。二是历史成就观察。重点围绕中华人民共和国成立70周年以来经济社会发展的历史性成就、"十三五"规划实施情况等，开展参观考察、国情调研、学习体验等形式的社会实践活动。三是依法治国宣讲。重点围绕实施"七五"普法规划，开展法律法规宣传、法治建设宣讲、法治成果展示等形式的社会实践活动。四是科技支农帮扶。重点围绕脱贫攻坚和乡村振兴，开展农技培训推广、农业科普讲座、金融知识下乡、乡村规划引领、乡风文明宣传等形式的社会实践活动。五是教育关爱服务。重点围绕"七彩假期"青年志愿者关爱农村留守儿童志愿服务项目和"情暖童心"关爱保护农村留守儿童工程，坚持扶贫与扶志、扶智相结合，开展学业辅导、亲情陪伴、自护教育、素质拓展、敬老孝亲等形式的精准关爱志愿服务活动。六是文化艺术服务。重点围绕培育和践行社会主义核心价值观，开展艺术创作、惠民展演、全民阅读、文化普及等形式的社会实践活动。七是爱心医疗服务。重点围绕"健康中国"战略，开展健康普查、巡回医疗、流行性疾病防治、基本医疗卫生知识普及、乡（村）医疗站建设等形式的社会实践活动。八是美丽中国实践。重点围绕美丽中国建设和打好污染防治攻坚战，开

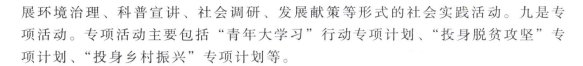

展环境治理、科普宣讲、社会调研、发展献策等形式的社会实践活动。九是专项活动。专项活动主要包括"青年大学习"行动专项计划、"投身脱贫攻坚"专项计划、"投身乡村振兴"专项计划等。

（六）"四进社区"活动

大学生利用寒暑假等时间，开展科教、文体、法律、卫生"四进社区"活动。

1. 科教进社区

大学生可以利用自身的专业优势，在社区与居民共同举办教育培训、科普宣传、技能讲座、知识竞赛、读书交流、制作公益广告等活动，充分利用好社区居民活动中心和相关宣传阵地，宣传健康生活观念、普及生活知识、传播科学精神，破除落后习俗，提高社区居民的生活质量。

2. 文体进社区

大学生充分发挥个人特长，利用社区各类文体设施，组织开展歌咏、书画、曲艺、舞蹈、健身等丰富多彩的群众性文体活动。通过参加社区文体骨干培训、巡回文艺演出、公益电影播放、社区图书站建立等服务工作，弘扬传统美德，促进先进文化的传播。

3. 法律进社区

法学及相关专业的大学生深入社区开展法律宣传普及工作，举办社区法制讲座、法律咨询、法律援助等活动，通过发放宣传资料、赠送法律知识读物，提高社区居民的法律意识，优化社区的法制环境。依托法律进社区活动，大学生可以将社会实践与思想政治理论课、形势与政策课的学习紧密联系起来，开展政策宣讲、理论宣讲等活动，丰富法律进社区的内容，有助于深化对理论学习的理解和认识。

法律进社区宣传活动

4. 卫生进社区

医学专业或具备丰富医学常识的大学生可以为社区居民进行健康检查、常见病义诊咨询、医疗卫生知识普及宣传，面向残疾人、孤寡老人和困难家庭等群体提供卫生保健服务，倡导社区居民树立健康生活的观念。

二、积极投身志愿服务

（一）志愿服务基本知识

1. 志愿服务的内涵

《志愿服务条例》（以下简称《条例》）作为我国首部志愿服务行政法规，自2017年12月1日起正式施行，为我国志愿服务事业健康发展提供了基本遵循和重要保证。《条例》明确指出，志愿服务是指志愿者、志愿服务组织和其他组织自愿、无偿向社会或者他人提供的公益服务。

2. 学生志愿服务的内涵

《学生志愿服务管理暂行办法》（以下简称《办法》）第三条明确规定："学生志愿服务，是指学生不以获得报酬为目的，自愿奉献时间和智力、体力、技能等，帮助他人、服务社会的公益行为。"《条例》第二条第二款明确指出："本条例所称志愿服务，是指志愿者、志愿服务组织和其他组织自愿、无偿向社会或者他人提供的公益服务。"《条例》第六条规定："本条例所称志愿者，是指以自己的时间、知识、

> "志愿服务是社会文明进步的重要标志，是广大志愿者奉献爱心的重要渠道。要为志愿服务搭建更多平台，更好发挥志愿服务在社会治理中的积极作用。"
>
> ——习近平

技能、体力等从事志愿服务的自然人。本条例所称志愿服务组织，是指依法成立，以开展志愿服务为宗旨的非营利性组织。"

《条例》第七条规定："志愿者可以将其身份信息、服务技能、服务时间、联系方式等个人基本信息，通过国务院民政部门指定的志愿服务信息系统自行注册，也可以通过志愿服务组织进行注册。志愿者提供的个人基本信息应当真实、准确、完整。"第八条规定："志愿服务组织可以采取社会团体、社会服务机构、基金会等组织形式。志愿服务组织的登记管理按照有关法律、行政法规的规定执行。"第九条规定："志愿服务组织可以依法成立行业组织，反映行业诉求，推动行业交流，促进志愿服务事业发展。"第十条规定："在志愿服务组织中，根据中国共产党章程的规定，设立中国共产党的组织，开展党的活动。志愿服务组织应当为党组织的活动提供必要条件。"

3. 学生志愿服务的内容

《办法》第四条规定："学生志愿服务内容主要包括普及文明风尚志愿服务、送温暖献爱心志愿服务、公共秩序和赛会保障志愿服务、应急救援志愿服务以及

面向特殊群体的志愿服务等。"

4. 学生志愿服务的程序

《办法》第十条规定了学生志愿服务的程序：（1）学生志愿服务负责人向学校工作机构提交志愿服务计划等材料；（2）学校工作机构进行登记备案，包括进行风险评估、提供物质保障、技能培训等；（3）学生开展志愿服务活动；（4）学校工作机构按照规定程序对学生志愿服务进行认定记录。有条件的学校应实行学生志愿服务网上登记备案、认定记录。

（二）志愿精神的基本内涵

志愿服务是社会文明进步的重要标志。党的十八大以来，广大志愿者、志愿服务组织、志愿服务工作者积极响应党和人民号召，弘扬和践行社会主义核心价值观，走进社区、走进乡村、走进基层，为他人送温暖、为社会作贡献，充分彰显了理想信念、爱心善意、责任担当，成为人民有信仰、国家有力量、民族有希望的生动体现。希望广大志愿者、志愿服务组织、志愿服务工作者立足新时代、展现新作为，弘扬奉献、友爱、互助、进步的志愿精神，继续以实际行动书写新时代的"雷锋故事"。

> "希望广大志愿者、志愿服务组织、志愿服务工作者立足新时代、展现新作为，弘扬奉献、友爱、互助、进步的志愿精神，继续以实际行动书写新时代的雷锋故事。"
>
> ——习近平

1. 奉献

奉献是志愿精神的核心，更是志愿精神的内核和要义。谈及奉献，就应该不计回报，不求名、不求利，满怀深情地为他人服务，为社会的发展作出积极的贡献。一个人，对国家、社会、人民，就应该有所担当、有所付出，从而呈现出最丰富的人格魅力。通过奉献，可以增加人与人之间的彼此信任，构建平等友爱的交流渠道，蓄积社会前进发展的正能量。"我为人人，人人为

大学生志愿者为老人洗脚

我"，正是志愿服务中奉献精神的生动写照，而奉献所带来的必然结果就是共赢。具有奉献精神，志愿服务就有了活的灵魂和行的力量。

2. 友爱

友爱是志愿服务精神的源泉，是心灵深处真实情感的流露。从本质上而言，

每个人的内心都是孤独的，在孤独的背后，都隐藏着一种对爱渴求和对归属感的盼望。正是这种内心深处强劲的渴求和盼望，才让人们源源不断地付出友爱，并在友爱中得到别人的安慰、支持和帮助。然而，现实中，人与人之间的隔阂却日渐加重，关系日疏渐远，虽心里渴望友爱，却不愿主动敞开心门。而志愿精神就是要把对爱的渴求转化成爱本身，主动打开心门，去接纳无数需要爱的人。因为友爱，志愿精神让整个世界充满光明与温情，志愿者们彼此之间，志愿者与服务对象之间，永远是亲密的朋友，是兄弟姐妹，他们在细微的服务中传递着人与人之间的关心、爱护与帮助。它用源于内心的爱愿让彼此都得到满足，用自己的行动感召周围的人，使更多的人加入这个队伍，进而不断壮大。

3. 互助

互助是志愿服务精神的延伸。互助是一种集体文化，其核心就是要求集体成员互相帮助，齐心协力，密切配合。这样，将每个集体成员的积极性都发挥出来，充分调动起来。志愿服务包含着深刻的互助精神，它提倡"互相帮助、助人自助"。志愿者凭借自己的双手、头脑、知识、爱心开展各种志愿服务活动，帮助那些处于困难和危机中的人。志愿服务者以"互助"精神唤醒了许多人内心的仁爱和慈善，使他们付出所余，持之以恒地真心奉献。"助人自助"帮助人们走出困境，自强自立，重返生活舞台。受助者获得生活的能力后，也会投入到关心他人、帮助他人、为社会作贡献的志愿活动中，这些志愿活动都涵盖着深刻的"互助"精神。

志愿者互助

4. 进步

进步是志愿服务精神的目的，是指志愿者通过参与志愿服务，使自己的能力得到提高，同时促进社会的进步。在志愿者服务活动中，志愿者可以得到机会发挥锻炼自己的能力，同时在活动中发现自己的种种不足，加以及时、适当地弥补，以提升自己的综合素质。进步的更大意义，是通过志愿服务，促进社会整体事业的进步发展。志愿者通过精神的感召、情感的传递、现实的行动，让周围洋溢着一股正能量，也让更多社会人士知道，从而加强社会对志愿服务机构的支持。在志愿活动中，无处不体现"进步"的精神，正是这一精神使人们甘心付出，追求社会和谐之境的实现。

相关链接：

青年志愿服务关爱行动：哪里需要我们就去哪里

（三）弘扬志愿服务精神

1.大力营造志愿服务的浓厚氛围

深刻认识志愿服务工作的重要意义。志愿服务体现公民积极向上的精神追求，反映社会文明进步的良好形象，是中华传统美德的具体体现，更是社会主义道德的生动实践。作为新形势下精神文明建设的有效载体，广泛开展志愿服务工作，有利于倡导爱国、敬业、诚信、友善等基本道德规范，有利于提高公民思想道德素质，有利于在全社会形成团结互助、平等友爱、共同进步的社会氛围和人际关系，有利于传递和汇集社会正能量，营造和谐氛围，推动社会经济发展。

大力弘扬志愿服务精神。以奉献、友爱、互助、进步为主要内容的志愿精神，是推动志愿服务活动长期深入开展的内在动力和有力支撑。这就要求我们在工作实践中必须广泛普及志愿理念，大力弘扬志愿精神，推动形成关心、支持和参与志愿服务的良好环境。要充分发挥各类新闻媒体的作用，通过新闻报道、言论评论等多种形式，利用手机短信、博客、微博等现代传播方式，普及志愿服务知识，宣传志愿服务活动的进展、经验和志愿者的感人故事，营造有利于志愿服务的浓厚舆论氛围。要充分发挥文化的教育功能，着力推出一批群众喜爱、思想性艺术性观赏性相统一的志愿服务文化精品，生动形象地诠释志愿服务的深刻内涵和精神实质，潜移默化地影响人们的思想观念、价值判断和道德情操。要把志愿服务精神作为未成年人思想道德建设的重要内容，不断增强广大青少年的志愿服务意识，确保志愿服务事业薪火相传。要广泛开展优秀志愿者和志愿服务组织评选活动，为人们树立更多可亲可敬可学的标杆，营造学习志愿者、争当志愿者的良好氛围。

> **劳语典藏**
>
> "要倡导社会文明新风，带头学雷锋，积极参加志愿服务，主动承担社会责任，热诚关爱他人，多做扶贫济困、扶弱助残的实事好事，以实际行动促进社会进步。"
>
> ——习近平

2.积极推进志愿服务工作规范化管理

加强志愿服务队伍建设。志愿服务队伍是志愿服务事业发展的基础。要鼓励社会公众广泛参与志愿服务，积极引导各类专业人士参与志愿服务，促进志愿服务主体多元化，逐步建成一支数量充足、经验丰富、素质优良、结构合理的志愿者队伍。要发展壮大以长期参与志愿服务的资深志愿者骨干和专职社会工作者为主体的骨干队伍，充分发挥其示范引领作用。要积极探索通过网络开展志愿服务的有效途径，建立网络志愿者队伍。要热情关怀志愿者，努力为其提供必要的工作条件。要健全志愿者培训工作制度，制定志愿者工作标准，不断提高其综合素质及专业化服务水平。

完善志愿服务组织体系。健全的组织体系，是推动志愿服务活动蓬勃开展的重要保证。要结合各地实际，组织成立志愿者协会、设置志愿者分会、组建志愿者服务队等，形成本地志愿服务网络。志愿者协会要在当地文明办的指导下，具体负责志愿服务的日常工作；志愿者协会可根据行业类别、服务类型，下设党员志愿者分会、职工志愿者分会、青年志愿者分会等；志愿者分会应成立若干个志愿服务队，组织开展有价值、有意义、有成效的志愿服务活动。要依托现有的志愿服务组织，依托社区、农村等基层组织，不断发展壮大城乡社区基层志愿者组织，加强文明单位、机关团体、企事业单位和民间团体的志愿者组织建设，积极推动志愿者组织的规范化、专业化和多元化发展。

健全志愿服务工作机制。建立健全科学的志愿服务体制机制是促进志愿服务事业又好又快发展的根本保障。要按照中央要求，健全完善文明委统一领导、文明办组织协调、各有关部门分工负责、社会各方面积极参与的志愿服务活动领导体制和工作机制。要把开展志愿服务活动作为各类文明创建的重要内容和重要考核指标，以志愿服务的实际成效推动创建工作各项任务的落实。要积极探索政府引导、社团运作、公众参与的志愿服务社会化运行模式，建立经常性和应急性招募机制，全面推行志愿者注册制度，完善注册志愿者信息管理系统和志愿服务信息平台。要建立和完善志愿服务社会评价体系，表彰奖励志愿服务成绩突出的单位和个人，激发志愿者参与志愿服务的热情，推动志愿服务工作蓬勃开展。

3. 大力开展丰富多彩的志愿服务活动

关爱空巢老人

围绕"关爱他人"开展志愿服务活动。融洽和谐的人际关系，是社会道德水平的重要体现。要突出人文关怀，积极组织开展敬老志愿服务行动，为空巢老人提供家政服务、应急救助、心理抚慰、健康保健等志愿服务；组织开展爱幼志愿服务行动，为留守儿童提供生活照料、亲情陪护、学业辅导等志愿服务；组织开展帮扶农民工志愿服务行动，为农民工提供技能培训、文化服务、权益维护等志愿服务；组织开展助残志愿服务行动，为残疾人提供生活救助、潜能开发、缺陷补偿等志愿服务，大力倡导团结互助、见义勇为的精神，推动形成扶贫济困、扶弱助残的社会氛围。

围绕"关爱社会"开展志愿服务活动。良好社会风尚是社会文明程度最直接的反映。要广泛开展普及文明礼仪知识、维护公共秩序、文明交通、平安建设、便民利民志愿服务活动，引导人们知礼仪、重礼节、讲道德，营造规范有序、文明祥和的社会环境。依托重点文化惠民工程，扎实推进社区文化建设志愿服务，鼓励专业文化工作者和社会各界人士义务参与基层文化建设和群众文化活动，丰富人民群众精神文化生活。广泛开展网络文明传播志愿服务，结合文明网站创建，组织志愿者文明上网，引领网上良好道德风尚。组织优秀运动员、教练员和社会体育指导员深入城乡基层，开展全民健身志愿服务。

围绕"关爱自然"开展志愿服务活动。生态文明建设是事关经济社会可持续发展的重大战略问题。要着眼促进人与自然和谐相处，大力开展普及生态文明理念的志愿服务，组织志愿者宣传环境保护知识，倡导资源节约、环境友好的生产方式和消费模式，提高人们的环境道德修养，提升全社会生态文明水平。要大力开展绿化美化志愿服务，组织动员人们参加义务植树、认养绿地、巡逻护林、参与公园、旅游景区、重要河流和水资源地生态环境治理，培育崇尚自然、善待环境的理念。大力开展清洁环境卫生志愿服务，倡导垃圾分类，清除卫生死角，创造优美怡人的城乡生活环境。

围绕"打造品牌"开展志愿服务活动。打造特色志愿服务品牌是扩大志愿服务影响的有效途径。随着志愿服务活动的广泛开展，参与志愿服务的人员、志愿服务的类别和项目也日益增多。因此，相关人员和活动的整合显得尤为重要。如果能够形成打得出、叫得响的品牌，就能更好地向外展示志愿服务的风采和成效，产生"明星"效应，有效提升一个地方的整体文明形象。我们要深入研究、发掘和整合本地各级各类志愿服务活动资源，结合当前经济社会各项工作找到开展志愿服务活动的切入点和着力点，在此基础上统一协调组织，集中力量广泛开展相关的主题活动，深入宣传报道，努力打造既具有整体性、持久性和示范性，又具有影响力和生命力的志愿服务品牌。

 榜样力量

身边的劳模志愿者服务队

2020年新冠肺炎疫情爆发以来，在西安市碑林区张家村街道大街小巷，经常可以听到关于新冠肺炎预防宣传的"小喇叭"声，它已成为当地居民疫情防控的"最强音"。"为做好新冠肺炎防控工作，请市民避免到封闭、空气不流通的公共场所和人员密集区域，外出请佩戴口罩……"这样的告市民书，张小蔚劳模志愿者服务队共录制了7段，全长达45分钟，坚持每天在辖区巡回宣传播放。

张小蔚劳模志愿者服务队

西安市启动重大突发公共卫生事件1级响应，张小蔚劳模志愿者服务队临时党支部第一时间召开党员会议，制定助力防疫工作方案，安排志愿者参与公共场所"大动员、大排查、大消杀"工作，劳模志愿者服务队走街串巷、巡查防控、清理卫生、灭菌杀毒……成为西安市疫情防控的重要力量。

发挥协助作用，组织人员积极配合张家村街道开展排查宣传工作，通过电话询问、入户登记等方式进行逐人逐户排查。数日来，深入社区进行入户登记调查1352户。同时，服务队每天持续对辖区内400余套健身器材、5万余平方米的公共场所开展无死角消杀，服务队每天仅配制各类消杀试剂就有3000千克。

40多天来，在开元公园的露天座椅、公共回廊、公共卫生间以及健身器材附近，总能看到张小蔚劳模志愿者服务队的身影。每天10余名志愿者背着装满消毒剂的喷壶游走在公园内，在进行消杀的同时，不忘担起安全宣传员任务，向过往市民发放防疫知识宣传单，讲解防疫知识。

张小蔚是西安市碑林区张家村街道办事处安监所所长，2015年荣获西安市"劳动模范"荣誉称号。张小蔚劳模志愿者服务队成立于2012年，目前注册志愿者达300多人，2019年4月被西安市总工会授予"工人先锋号"称号。作为这支劳模服务队的领头人，张小蔚凡事都冲在前。"是党员就要起带头作用，是劳模就得起引领作用，志愿服务必须做到我先行。"他说。

截至3月12日，张小蔚劳模服务队的志愿者在街道辖区、公园以及扶贫点累计参与各种防疫工作1625人次，登记排查19786人，出入车辆检测2247辆，移动宣传累计1800千米。

（资料来源：《工人日报》，2020年3月23日，有改动）

三、创新创业教育与实践

（一）创新创业的主要内容

1. 职业生涯规划

职业生涯规划的一般程序是制定职业生涯规划、实施职业生涯规划、评估与调整职业生涯规划。

（1）制定职业生涯规划。制定职业生涯规划时，首先要确立职业发展目标。常用的确立职业发展目标的方法是SWOT分析法，又称为态势分析法，是由旧金山大学的管理学教授于20世纪80年代初提出。SWOT分别代表优势（strengths）、劣势（weaknesses）、机会（opportunities）、威胁（threats）。在进行职业规划时，可以运用 SWOT 分析法对自己的长处和短处进行自我评估，对环境进行分析找出职业机会和威胁，列出毕业后五年内的职业目标。其次，要制定具体的职业发展方案。根据择己所爱、择己所能、择世所需和择己所利的原则，制定适合自身的职业发展方案。

（2）实施职业生涯规划。职业生涯规划的实施就是把具体的行动方案落到实处，分阶段进行。为实现职业目标，大学生应充分规划和利用自己的大学时光。为此，可把大学时期划分为试探期、定向期、冲刺期和分化期。在试探期，初步了解自己未来所想从事的职业或与自己所学专业对口的职业；在定向期，以提高自身的基本素质为主；在冲刺期，以寻找实习单位，提高求职技能，收集公司信息，并确定是否要继续深造为主；在分化期，以工作申请、成功就业或继续深造为主。

（3）评估与调整职业生涯规划。职业生涯规划评估是指在实现职业目标的过程中有意识地收集相关信息和评价，不断地总结经验和教训，自觉地修正对自我的认知，适时地调整职业目标，职业生涯规划调整是指根据客观情况的变化，对职业生涯规划进行修订。修订的内容主要包括：生涯机会的重新评估、职业的重新选择、职业目标的修订、计划和措施的变更等。

2. 公益创业

公益创业是指个人、社会组织或者网络等在社会使命的激发下，追求创新、效率和社会效果，面向社会需要，建立新的组织，向公众提供产品或服务的社会活动。

大学生公益创业活动内容丰富多彩，涉及环境保护、农业发展、弱势人群、慈善金融、社区发展、社会服务等经济社会生活的各个领域，其内容主要有四个方面：一是教育，如对农村留守儿童和城市外来务工人员的子女、自闭症儿童等的教育、帮扶；二是文化，如非物质文化遗产保护、文艺演出下乡等文化艺术的传承活动；三是医疗，如医疗健康服务、无偿献血、骨髓库建设等社会医疗卫生活动；四是科技，如通过引进某种技术来提高受助群体的生活水平和生

"公益创业、爱心募捐"活动

活质量。大学生公益创业的形式也是多种多样的，包括志愿公益活动、创建非营利性组织、兼顾社会效益的企业和产学研一体化等。在我国公益创业发展过程中，大学生群体起到了不可忽视的推动作用。复旦大学公益创业基地、上海财经大学社会企业研究与发展中心、上海 NPI 公益孵化器、广州职业技术学院社会创业研究所等依托高校建立的社会公益创业研究基地、服务机构先后成立。

3."互联网＋"创业

（1）"互联网＋"跨界创业。其主要是基于互联网的基础上实现的，因此属于对传统产业的升级甚至颠覆。它的最大特点就是提高系统效率。跨界融合可以集合多方面的资源，并且发挥更大的智慧。比如，苹果从软件行业跨界到手机制造行业，在五年之内成为行业的领军企业。小米从风投行业跨界到手机制造行业，在两年内创造了销售奇迹。这些都属于跨界商业模式。"互联网＋"环境下的大学生需要具备跨界商业模式思维，这样才能实现成功创业。

（2）"互联网＋"平台创业。其主要是借助互联网的优势，在互联网上打造一个较大的平台，这样就可以实现产品的闭环设计，为用户提供更多的产品。比如，淘宝商城就是这样一个非常成功的平台，马云团队在十年内实现了网上商业平台的打造，人们可以实现足不出户购买各种产品的愿望，阿里巴巴平台也可以不断地拓展增值服务与产品。商业模式的变化打破了传统，真正将生产、营销和服务等环节进行有机融合，从而降低产品成本，并且提高产品的流通效率。

4.科技创业

科技创业是指大学生利用自己所学的知识与资源进行创新创业。近年来，各类创新创业赛事活动纷纷出现，众多有创业想法的大学生参加比赛，寻找有商机的创业项目，撰写详细的创业计划书，这些参赛的部分项目也会吸引投资商，获得资金支持。科技创业需要创业者既拥有专业的知识，同时具备创业的素质。此外，在科技创业团队中，不仅需要踏实肯干、任劳任怨的执行者，更需要具有战略眼光、良好的管理组织协调能力的管理者。执行者主要负责前期市场开发与宣传、客户维护、产品推介等工作。管理者主要负责制定公司未来发展方向和长远发展规划，统筹考虑公司运营成本、投入、产出效益等。在大学生科技创业团队建设中还要注重企业文化建设，以优秀文化塑造企业形象，凝聚团队力量，打造企业品牌，增进成员互信，实现风险共担、利益共享。

劳语典藏

"实施创新驱动发展战略，要坚持把科技创新摆在国家发展全局的核心位置，既发挥好科技创新的引领作用和科技人员的骨干中坚作用，又最大限度地激发群众的无穷智慧和力量，形成大众创业、万众创新的新局面。"

——李克强

相关链接：

中国妇女手工创业创新大赛宣传片

（二）创新创业教育的实施

开展创新创业教育，积极鼓励高校学生自主创业，是促进高校毕业生充分就业的重要措施。为统筹做好创新创业教育、创业基地建设和促进大学生自主创业工作，国家出台了《关于大力推进大众创业万众创新若干政策措施的意见》《关于强化实施创新驱动发展战略进一步推进大众创业万众创新深入发展的意见》《关于推动创新创业高质量发展打造"双创"升级版的意见》等一系列政策文件，指导创新创业的实施。

1. 加强创业道德教育

培养学生良好的诚信意识，是大学生创业的根本。大学生加强自身创业道德教育要注意以下几个方面：一是开展诚信创业遵纪守法的教育。提高自身对于诚信创业遵纪守法的认识，以诚信创业遵纪守法为荣、不诚信创业遵纪守法为耻，做到言必信、行必果。二是培养创业信念。大学生只有培养创业信念，才能在面对创业活动中的各种困难时克服挫折、不怕失败，才能更好地实现大学生的价值。三是培养艰苦奋斗、团结友爱的精神。创业是创业者付出精力、心血、财力、

创业团队团结合作

物力的过程，企业的运行更需要创业者悉心地经营管理。创业理想的实现是一个艰苦奋斗、团结合作的过程，只谈理想不去奋斗，一切理想都是空架子。

2. 有针对性地加强创新创业教育

在"互联网＋"时代，要着力培养自身的互联网思维，运用互联网思维识别创业机会。一是培养用户思维，把握创业契机，比如考虑提供什么样的产品与服务来满足用户要求，用户们真正需要的是什么，选择的标准是什么，产品和服务能否比竞争对手质量更优而且价格更便宜，为用户提供服务所需的经营能力和资源是什么等。二是培养大数据思维，识别潜在的商业机会。通过对大数据的分析处理，可以制订出针对不同客户群体的"一站式"解决方案，求得每个客户的最大价值，找到更多的创业机会。三是培养跨界思维，识别新的创业机会。大学生可以借助互联网跨界思维，不断进行渠道细分，从市场的供求差异中识别商机，从市场的"缺口"或"边角"处识别商机。四是培养迭代思维，制造创业机会。五是培养简约思维，寻找新的创业机会。大学生可以运用简约思维，细分领域，盯住小众市场，采用小批量、多品种、快节奏、勤周转等方式把握商机。比如产品包装设计中简约性的处理，可以涉及材料选择是否更合理，产品不同则包装材料也应有区别，而不同的包装材料决定产品的包装

形式、材料用量、保护等级、美化程度，以及是否安全环保、回收利用的方式等。细小方面的简约化再处理，就可能是一次新的商机，也可能是一个创业的机会。

3. 促进创新创业成果转化

以高校大学生创新创业成果孵化平台建设为例，可以从高校与政府协同创新的角度，通过"政、产、学"协同共建大学生创业投资引导基金，引导社会资金进入大学生创业投资领域，发挥引导基金的"杠杆效应"，为大学生创业项目提供资金支持、技术指导及管理咨询服务，提高大学生创业者的成功率。

（1）设立创业培训实习基金。基金设立目的是鼓励和扶持大学生创业企业的创业活动，促进大学生创业企业加入孵化辅导抚育体系，对初创期小企业创新项目给予引导和支持。高校应完善以 GYB（generate your business idea）、SYB（start your business）课程为核心的高校创业教育课程体系，在此基础上，鼓励引导有创业意向的学生参与创业系列课程的基础培训，设立创业绿色通道、创业沙龙、创业政策解读等有关扶持项目。

（2）设立创业种子孵化基金。大学生创业需要经历一个探索与创业初期的艰难过程，在这一过程的初期，通过引入创业投资引导基金中的合作方——社会专业投资企业，共同参与大学生创业。当创业企业成长起来之后，开始由种子培育阶段进入孵化阶段。孵化基金旨在拓展大学生创业企业融资渠道、提升创业技术水平，以孵化基地的大学生创业企业为扶植对象，为创业企业贷款提供基本的担保服务，支持和帮助大学生创业企业的成长。

（3）设立风投共同基金。该基金可委托创业投资引导基金中的合作方——社会专业投资企业管理，采用市场化运作方式，联合其他创业投资机构和天使投资人对优秀大学生创业企业共同投资；通过资源整合和共享，帮助大学生创业企业成长为符合 VC（venture capital）标准的优秀企业。

创业点燃大学生的梦想

2019 年 8 月 8 日，梁威走进贵州省某县一中，带领 38 名高一新生学习了职业生涯规划的第一课。"我希望通过这样的生涯教育课程，让每一个中学生找到自己热爱并为之追求的事业，让自己未来的职业生涯发光发热。"

梁威，2019 年毕业于北京师范大学心理学部，毕业后带领团队创立了北京心职引生涯教育科技有限公司。冒险是梁威身上一个重要特质，他敢于冒险、喜欢挑战，在研究生期间就开始了对创业的初步尝试。研一时，他曾与同学创立"阳光澄魅力教育"，主要针对大学生群体，帮助其发现职场优势，为日后就业创业积累经验。2019年6月，在北京中关村"双创"周上，梁威认识了现在的合伙人，之后又参加北京师范大学创新创业实验班，在那里正式组建起了第一个十人团队，经过八个月的磨合，最终共同创立了"心职引生涯教育"。在谈到自己的创业初衷时，梁威说："选择做中学生生涯教育，源于我心中的一种使命感。"

梁威在给学生们上课

2014年高考改革后，新高考的选科模式赋予了学生充分的自由选择权，中学的生涯教育又迈上了一个新阶段。通过在全国各地中学的生涯规划授课，梁威深感很多中学生对自己的未来缺乏规划，等到了填报志愿时匆忙选择专业，导致不少大学生发现自己的兴趣爱好与所学专业并不适配。

"通过中学的职业生涯教育，帮助学生根据自身兴趣、能力和爱好，找到自身优势，再经过大学阶段有针对性的专业培养，重塑未来中国的人力资源结构。"正是怀着这样的使命，梁威毅然踏上了生涯教育创业之路。

创业艰难百战多。梁威和其团队在成立初期尝试过一些免费的生涯教育体验课程和工作坊活动，曾在北京师范大学第二附属中学进行了为期两天的宣传，但最后仅有一名学生前来参与活动。学生对生涯教育的不重视，加之创业初期资源积累不足，让公司发展的渠道很难拓展。不仅项目发展受阻，团队内部也产生了质疑的声音。

面对来自内外的双重压力，梁威开始充分挖掘身边的资源开拓渠道，打开市场。通过北京师范大学的校友资源和创业园导师的帮助，梁威联系到北京世纪明德教育科技股份有限公司的一名课程主管，经过多次沟通，双方确定了研学与课程设计方面的合作。"这是我们签订的第一份合同，当时整个团队都非常开心，这让大家又看到了希望，之后的工作也更加充满热情和干劲。"梁威说道。

对于当前大学生创业的前景，梁威充满了信心："我认为大学生创业有着很大的优势，创业将逐步成为大学毕业生择业的一种热潮。"

（资料来源：人民网，2019年8月29日，有改动）

151

劳动影像

　　"心存大爱图奉献，愿以无私付人生。"为学习宣传贯彻习近平总书记关于学雷锋志愿服务工作的一系列重要指示精神，弘扬雷锋精神和志愿精神，推动文明实践，中央文明办、共青团中央、中国文联、中央广播电视总台联合举办了《文明之光·志愿中国——学雷锋志愿服务主题宣传特别节目》。

劳动影像：
《文明之光·志愿中国——学雷锋志愿服务主题宣传特别节目》

专题九
常抓不懈，确保劳动安全

据日本《读卖新闻》网站报道，作为防止过劳死的应对措施，日本厚生劳动省将修改部分《劳动安全卫生法》（以下简称《安卫法》）实施规则。具体方针是在《安卫法》中增加"确切把握从业者的劳动时间是企业的义务"等条款。

日本政府计划在临时国会上，提交包含管控规定时间外劳动量上限的"劳动方式改革关联法案"，并在关联法案施行前完成对《安卫法》实施规则的修改。

《安卫法》是以保护劳动者健康为目的的法律。其中规定：在企业明确把握劳动时间的前提下，当每月规定时间外的劳动超过100小时的劳动者提交申请，需要医生面对面地指导时，业者有义务批准该申请等。但对这项规定不能严格执行的企业依然存在。

因此，厚生劳动省计划在《安卫法》实施规则中，对"把握劳动时间"的方法添加了"必须用客观的、恰当的方法"等文字表述，可行方法有通过电脑使用时间以及IC卡记录的上下班时间记录来把握实际劳动时间。该法律的适用对象为含企业管理层人员在内的所有劳动者。

▶ 研精致思

　　1. 阅读完上述材料，你有什么收获？

　　2. 结合你的认知，谈谈你对劳动安全重要性的认识。

　　3. 如果你的劳动权益受到侵害，你会怎么做？

◎ 理解劳动安全和劳动保护的内涵。

◎ 掌握必要的劳动安全常识。

◎ 掌握必要的劳动法律知识。

◎ 了解劳动保护权益和维护途径。

一、劳动安全和劳动保护的基本内容

（一）劳动安全的基本内容

劳动安全是指劳动者在生产劳动过程中的安全和健康没有受到威胁，不存在危险、危害的隐患，是免除了不可接受的损害风险的状态。全面完整地理解劳动安全的含义，不仅需要从保障劳动安全的多重主体立场去理解，还要了解劳动安全问题产生的原因。从不同主体来看，劳动安全保护是劳动者依法获得的基本劳动权利之一，在生产劳动过程中劳动者有权要求用人单位提供安全卫生的劳动条件，以保护自身的生命和健康；加强劳动保护，实现安全生产，保护劳动者生命和身体健康是企业用人单位应尽的法律义务；国家可以通过制定一系列劳动保护的法律和法规制度，督促企业用人单位履行法律责任，保障劳动者的劳动安全。

戴好安全帽，系好安全带

在实际的生产劳动过程中，劳动安全问题的产生往往是多种因素综合作用的结果，需要综合治理。从造成劳动安全问题的原因看，既有人为的因素，由于劳动者个人缺乏安全知识和安全意识，操作失误而造成的安全事故；也有物的因素，因生产环境和安全条件存在安全漏洞而出现的生产事故；还有人为因素和物的因素共同造成的事故。还可以将可能发生的劳动安全问题，按生产劳动岗位性质的不同，区分为以下几类：在矿井中的瓦斯爆炸、火灾、水灾等；在机械加工过程中可能发生的绞碾、电击伤；在建筑施工过程中可能发生的高空坠落、物体打击；在交通运输过程中可能发生的车辆伤害事故；

在有毒有害工作场所中可能发生的职业病害等。

除了上述因生产劳动的直接因素导致的劳动安全问题，广义的劳动安全问题还包括由间接因素导致的安全问题，如劳动者工作时间太长会造成过度疲劳、积劳成疾；女工从事过于繁重的或有害妇女生理卫生的劳动也会对女性劳动者身体造成危害等。由此可见，保障劳动安全不仅指在生产劳动过程中要防止中毒、车祸、触电、塌陷、爆炸、火灾、坠落、机械外伤等危及劳动者人身安全的事故发生，还要防止由于不当的工作时间和工作强度造成的健康问题的产生。因此，为保障劳动者的劳动安全与卫生，不仅需要国家制定相关劳动保护的法律法规，对企业用人单位的生产安全进行严格管理，还需要劳动者个人掌握必要的劳动安全知识，自觉遵守生产劳动安全规范，养成劳动安全意识，做好个人安全保护。

（二）劳动保护的基本内容

劳动安全与卫生保护，又称劳动保护，是指以保障劳动者在生产劳动过程中的安全与健康为目的的工作领域及在法律、技术、设备、组织制度和教育等方面所采取的相应措施。为保护劳动者在生产劳动过程中的安全和健康，消除不安全、不卫生因素所采取的各种组织和技术的措施，都属于劳动保护范畴，统称为劳动保护。简而言之，劳动保护就是保护劳动者在劳动生产过程中的安全与健康，以及国家为保护劳动者在生产过程中的安全和健康而制定的各种法规，包括安全技术规程、劳动卫生规程、对女工和未成年工特殊保护以及各种劳动保护管理制度等。

劳动保护的特征：受保护者是劳动者，保护者是用人单位；保护的对象是劳动者的安全和健康；保护的范围仅限于劳动的过程。

具体而言，劳动保护的内容主要包括安全技术、劳动卫生与劳动条件、工作时间与休假、女职工和未成年工特殊保护四个方面。

（1）安全技术保护是指为消除工作中的伤害事故，保证生产过程中的人身、设备和生产安全所采取的各种措施，如针对矿山、建筑、冶金、机械制造、化工、交通运输、防火防爆等行业的安全技术规定与标准。

（2）劳动卫生与劳动条件保护是指为保障劳动者的身体健康，防止职业危害、预防职业病所采取的一系列标准规定以及措施，主要预防各种粉尘、有毒物、物理环境危害、致病生物危害等，以及威胁劳动者身心健康的因素。

（3）工作时间与休假保护是指根据法律法规的规定，用人单位有权合理组织劳动者的工作时间、休息休假，有义务按规定发放给劳动者应有的报酬，劳动者有义务遵守企业劳动纪律等规章制度。

（4）女职工和未成年工特殊保护是指根据法律法规规定，用人单位应考虑女职工生理特点及哺育下一代的责任，未成年工生长发育中的特殊性，依法采取各种措施对其开展特殊保护。

"三期"女职工正当维权攻略

为了保护女职工合法权益，消除就业歧视，我国在《劳动法》《妇女权益保障法》《劳动合同法》中对女职工的权益都有特殊规定，还出台了专门的《女职工劳动保护特别规定》等法律法规。但在现实生活中，既存在女职工在就业和从业时遭遇不平等对待，也有女职工未能正当行使自身权益的现象。

女职工求职不必向用人单位告知婚育情况

李某于 2013 年 3 月 25 日入职某公司，任职行政文员。2013 年 10 月 12 日，某公司以李某严重违反国家法规及公司规章制度为由与其解除劳动关系。案件审理过程中，李某主张其在 2013 年 5 月被确诊已怀孕两个月，此后在公司处处受到排挤和刁难，并被违法解除了劳动合同；公司则主张李某在入职时隐瞒了怀孕的事实，系骗取工作机会，属于未履行如实告知义务，违反诚实信用原则。

本案的争议焦点问题是：女职工在就业时是否负有向用人单位如实告知婚育情况的义务，如未如实告知，用人单位以劳动者违反诚实信用原则（未履行如实告知义务）为由提出解除是否合法？

经审理，法院认定某公司与李某解除劳动关系违法，判决某公司继续履行与李某签订的劳动合同。

法官释法

《中华人民共和国劳动合同法》第八条规定：用人单位招用劳动者时，应当如实告知劳动者工作内容、工作条件、工作地点、职业危害、安全生产状况、劳动报酬，以及劳动者要求了解的其他情况；用人单位有权了解劳动者与劳动合同直接相关的基本情况，劳动者应当如实说明。

本案中，双方当事人对于女职工的婚育情况是否属于"劳动者与劳动合同直接相关的基本情况"，是否对此负有如实告知义务存在不同理解。

就该问题，除已有相关法律法规外，相关部门又出台了明确意见。2019 年 2 月，人力资源和社会保障部、教育部等九部门联合发布了《关于进一步规范招聘行为促进妇女就业的通知》，其中第二条明确规定：依法禁止招聘环节中的就业性别歧视。各类用人单位、人力资源服务机构在拟定招聘计划、发布招聘信息、招用人员过程中，不得限定性别（国家规定的女职工禁忌劳动范围等情况除外）或性别优先，不得以性别为由限制妇女求职就业、拒绝录用妇女，不得询问妇女婚育情况，不得将妊娠测试作为入职体检项目，不得将限制生育作为录用条件，不得差别化地提高对妇女的录用标准。国有企事业单位、公共就业人才服务机构及各部门所属人力资源服务机构要带头遵法守法，坚决禁止就业性别歧视行为。

在此提醒各类用人单位，在招聘时注意规范用工，不要违反相关规定；亦提醒女职工，就业时注意保护自己的合法权益不受侵害。

"三期"女职工无奈接受调岗降薪，不视为双方达成一致

张某于 2013 年 2 月 19 日入职某公司，任职部门经理。2014 年 1 月 6 日，张某生育一女。2014 年 3 月中旬，张某回公司上班至 2016 年 2 月底，后张某起诉要求公司支付其 2014 年 7 月至 2016 年 2 月对其无故调岗降薪的工资差额，补足其生育津贴与本人工资之间的差额，并以某公司未及时足额支付其劳动报酬为由，要求支付解除劳动关系经济补偿金。某公司的抗辩意见是张某以其行为接受了公司调岗降薪的安排，应视为双方就此达成了合意。

本案的争议焦点问题是：女职工产假结束后，用人单位对其调岗降薪，是否属于用人单位正当行使经营自主权？如女职工接受用人单位的工作安排，到新岗位工作并领取劳动报酬，能否视为双方以行为就调岗降薪达成一致？单位是否需要承担给付工资差额的责任？用人单位是否有义务向劳动者补足生育津贴与其本人工资之间的差额？

经审理，一审判决用人单位支付张某调岗降薪期间工资差额、生育津贴与劳动者本人工资之间的差额及解除劳动关系经济补偿金；二审双方当事人达成和解。

法官释法

《女职工劳动保护特别规定》第五条规定：用人单位不得因女职工怀孕、生育、哺乳降低其工资、予以辞退、与其解除劳动或者聘用合同。《北京市企业职工生育保险规定》第十五条规定，生育津贴为女职工产假期间的工资，生育津贴低于本人工资标准的，差额部分由企业补足。

岗位调整属于用人单位的经营自主权，但是用人单位不能利用此种权利损害"三期"孕期、产期、哺乳期期间女职工的合法权益；生育津贴低于女职工本人工资标准的，用人单位有法定义务将其差额补足。

关于用人单位提出的张某以其行为表示接受，双方就工资调整达成了合意的抗辩意见，笔者认为，劳动合同关系不同于普通的民商事合同，其在私法属性之外还具有较强的社会性及公法属性。在劳动合同的履行过程中，劳动者处于相对弱势地位，尤其是处于"三期"特殊期间的女职工，劳动者可能会为了避免失去工作机会不得已接受公司的安排，但这种不得已的妥协不应视为双方系协商达成一致，亦不能将用人单位侵犯劳动者合法权益的行为合法化。

在此提醒用人单位，调整岗位虽然属于用人单位的经营自主权，但该项权利的行使不仅需要符合法律规定，亦要符合情理，用人单位不能滥用该项权利排挤或作出其他损害劳动者权益的行为；亦提醒女职工，在合法权益受损时应注意留

存证据，通过正当途径合法维权。

（资料来源：《中国妇女报》，2019年7月24日，有改动）

相关链接：

《女职工劳动保护特别规定》

二、掌握必要的劳动安全常识

保证劳动安全是劳动者的权利，政府和企业有义务依法提供符合安全卫生标准的劳动条件。为了养成自我劳动安全意识，大学生要学会识别和掌握必要的劳动安全与卫生常识，主要包括安全色与安全标志、个人防护用品相关知识与使用方法。

（一）安全色与安全标志的识别

安全色与安全标志是在特定工作环境中，为了提醒劳动者做好防护而设置的。每一种安全色、每一个安全标志都具有特定的含义，需要正确识别。

1. 安全色

按照我国安全色标准规定，安全色有红色、蓝色、黄色、绿色四种。红色表示禁止、停止，用于禁止标志。例如机器设备上的紧急停止手柄或按键及禁止触动的部位都使用红色。红色有时也用于防火。蓝色表示指令，必须遵守。黄色表示警告和注意。如厂内危险机器和警戒线、行车道中线、安全帽等。绿色表示安全状态或可以通行。例如车间内的安全通道，行人和车辆通行标志，消防设备和其他安全防护设备都用绿色。

2. 安全标志

安全标志分为禁止标志、指令标志、警告标志和提示标志四类。安全标志牌要求被放在醒目的地方。

（1）禁止标志：禁止人们的不安全行为。其基本形式为带斜杠的圆形框，圆环和斜杠为红色，图形符号为黑色，衬底为白色。

禁止标志（红色）

（2）指令标志：强制人们必须作出某种动作或采用防范措施。其基本形式是圆形边框，图形符号为白色，衬底为蓝色。

指令标志（蓝色）

（3）警告标志：提醒人们对周遭环境引起注意，以避免可能发生的危险。其基本形式为正三角形边框，三角形边框及图形符号为黑色，衬底为黄色。

警告标志（黄色）

（4）提示标志：向人们提供某种信息，如标明安全设施或场所。其基本图形是正方形边框，图形符号为白色，衬底为绿色。

提示标志（绿色）

（二）个人防护用品相关知识及使用方法

个人防护用品知识对于预防事故伤害和减少职业危害具有重要意义。为了提高劳动安全意识，我们不仅要了解劳动岗位需要什么样的劳动保护用品，还要了解个人防护用品的正确佩戴和使用方法。

我国实行以人体防护部位为依据的分类标准，将个人防护用品分成 9 类。

表 9-1 个人防护用品及其使用

个人防护用品类型	举例	作用及使用要求
头部防护用品	安全帽、防寒帽等	为了防御头部受外来物体打击，安全帽要有合格的帽子、帽带，戴帽时必须系好帽带；帽内缓冲衬垫的带子要结实，人的头顶与帽内顶部间隔不能小于 32 毫米；每次使用前应认真检查，若发现有破损情况，要立即更换。进入施工现场，必须戴好安全帽
呼吸器官防护用品	防毒面罩、防毒面具等	其作用为防护有害气体从呼吸道进入人体，或直接向使用者供氧及提供新鲜空气。其中，防尘口罩和防尘面罩可有效防止粉尘的吸入，而防毒面具则可防止有毒气体、蒸汽、毒烟等的吸入。使用防毒面具要注意正确选择防毒滤料
眼面部防护用品	焊接护目镜及面罩等	用于预防烟、尘、火花、飞屑、化学品飞溅等伤害眼睛或面部

（续表）

个人防护用品类型	举例	作用及使用要求
听觉器官防护用品	耳塞和防噪声头盔等	预防噪声对人体的不良伤害
手部防护用品	防酸碱手套、防寒手套、绝缘手套等	在不适合以手直接接触机械、机具、液体以及可能导致手部受伤的情况下，必须戴合适的手套。手套要与手型相符，防止手套因过长而被卷入机器。操作各类机床或在有被压挤危险的地方作业时，严禁戴手套
足部防护用品	防水鞋、防寒鞋等	其作用是防止劳动中有害物质或外逸能量损伤劳动者的足部
防护服	防寒服、防水服等	用于保护劳动者免受生产环境中的物理、化学、生物等因素的伤害
护肤用品		防止皮肤外露部分（面、手）受到化学、物理等因素的危害。主要作用是防晒、防射线、防油、防酸、防碱等
防坠落用品	安全帽、救生绳等	防止作业人员从高处坠落

个人防护用品使用注意事项：第一，要根据作业场所的危害因素及其危害程度，正确选用防护用品；第二，要通过教育培训，做到"三会"，即会检查防护用品的安全可靠性，会正确使用防护用品，会维护保养防护用品；第三，严禁故意或无故弃用防护用品，确保个人防护用品状况良好，如有损坏，应立即向管理人员报告，及时更换；第四，用于急救的呼吸器要定期检查，确保有效。同时，应将其妥善存放在可能发生事故的邻近处，以便取用。

榜样力量

白志钢：施工安全的守护者

白志钢，男，1987年1月出生，中共党员，现任城市交通建设分公司二分部安环部部长。他工作中努力开拓进取，拼搏奉献，先后荣获安徽省煤炭行业"技术能手"、淮北市"五一劳动奖章"、集团技术状元、集团先进工作者标兵、优秀共产党员、安全先进工作者等荣誉。白志钢在平凡的工作岗位上，默默无闻，脚踏实地，用责任和担当诠释了人生的价值，走出一串串闪光的足迹。

微胖的身材，一副朴实羞涩的面庞，他的脸上总浮起点点笑意。在工作中他

白志钢工作照

自信、成熟，同时又彰显出超出年龄的坚定。他就是多次受到上级表彰的白志钢。荣誉面前他总是微微一笑，遵循着干一行爱一行的意志和决心，尽心、尽力、尽责干好工作是他的一贯作风。武汉地铁 27 号线纸地区间隧道施工规模较大、施工地层地质条件复杂、机械化使用率高，特别是纸坊南段头出入线断面大、工期紧、溶洞蜂巢密布，浅埋隧道下穿江夏区主干道、幼儿园、七层民居，安全压力较大，担任项目部安环部长的他，深知责任重大，在他的带领下，安环部全体人员分工明确、责任到人，扎实做好了安全工作。在 2017 年开展的"安全生产月""百日除患铸安"等专项活动中，他利用标语、宣传旗、张贴画等宣传工具，开展防汛、消防、触电、防坍塌等应急演练各 1 次，受教育群众 300 余人次。日常工作中，累计组织各种检查 20 余次，累计排查各类隐患 450 条。对检查出的各类问题严格按照"四定"要求进行彻底整改。他常对职工说："咱们苦点、累点不算啥。要是有问题发现不了，出事后悔就晚了！"通过不定期复查落实与现场监督，确保隐患整改率达到 100%，严格安全监督工作，使得工程施工安全持续向前推进。加强监督指导的同时，他协助项目部解决困难问题，使得隧道掘进施工能够正常开展。2018 年 1 月 4 日，纸地区间 1 号竖井和 2 号竖井区间暗挖隧道实现安全顺利精准贯通，他出色的工作表现得到领导和同事的高度认可，被公司评为安全先进个人。

他常说："一名好的安全员必须有勇于吃苦的精神，安全工作责任重大，来不得半点马虎。干安全员就不怕得罪人，怕得罪人就不干安全员。"话虽刺耳，但实在，得罪的只是个别违章作业的人，可是幸福的是一大群人。有一次，他去生产现场执行监督检查，发现 1 号竖井大里程空顶距离达到了规定的距离，施工人员仍违章继续钻眼，准备放一炮再进行支护，发现这个情况后他当即叫停，并严肃地说道："严格规程，必须全部支护好才能开工！"在他的带领下，施工人员按规定闭合整改后才继续开工。"安全是职工的最大福利，安全重于泰山。"他的严谨管理态度，使在他从事安全管理过程中，从没有出现一次安全事故，并且由于纪律严明，受到甲方以及领导的一致好评。

在业务学习方面，白志钢是一个勤于学习钻研、技能过硬的人。他努力学习课本上的理论知识，订阅了各种安全方面的期刊，进一步开阔自己的视野。同时，他从制定各项管理制度入手，建立起一整套队伍学习管理体系，并制定了周密的学习培训计划，通过业务授课和手把手地培训练兵，引导职工学习安全知识、钻研业务。在他的带领下，职工队伍业务素质不断提高，给安全生产提供了保障，同年二分部被评为先进集体。

白志钢在平凡的岗位上作出了不平凡的贡献，他爱岗敬业，扎根矿建事业；他拼搏进取、艰苦奋斗，干一行爱一行，专一行精一行，发挥好表率作用，切实通过自己的一言一行、一举一动，为企业服务、为职工带头，身上彰显着中煤矿建人的拼搏精神，体现着在平凡岗位上的责任与担当！

（资料来源：搜狐网，2018 年 1 月 29 日，有改动）

三、遵守安全规程和劳动纪律

（一）遵守劳动安全卫生操作规程是劳动者应尽的义务与责任

在社会主义制度下，劳动者的权利与义务相互依存、不可分离，两者是统一的，任何权利的实现总要以义务的履行为条件。认真学习《中华人民共和国劳动法》（以下简称《劳动法》），不断增强劳动法律意识，劳动者才能懂得依法维护自己的合法权益。

《劳动法》规定：劳动者在劳动过程中必须严格遵守安全操作规程。国家制定的安全卫生操作规程，是劳动者在劳动过程中生命安全、身体健康的法律保证，也是进行正常生产活动、维持企业正常运转的保障。劳动者在劳动过程中既享有劳动保护的权利，又负有执行劳动安全卫生操作规程的义务。劳动者只有严格遵守安全卫生方面的规定，文明生产、安全生产，才能保障生产顺利进行，劳动者自身的生命安全和身体健康，也才有切实保障。

劳动者在劳动过程中要自觉执行劳动安全卫生规程，必须做到以下几点。

1. 遵守劳动纪律

劳动纪律是组织社会劳动的基础，是进行共同工作所必需的。它要求劳动者在共同劳动过程中遵守一定的规则和秩序，听从管理者的指挥和调度。它是每个劳动者按照规定的时间、质量、程序和方法完成自己所承担的生产任务或工作任务的行为准则。

2. 遵守职业道德

职业道德是所有从业人员在职业活动中应该遵循的行为准则，涵盖了从业人员与服务对象、职业与职工、职业与职业之间的关系。我国的职业道德，是以为人民服务为核心的社会主义道德在职业活动中的体现。其基本要求是：爱岗敬业、诚实守信、办事公道、服务群众、奉献社会。

3. 执行劳动安全卫生规程

执行劳动安全卫生规程不仅对劳动者的生命和健康有利，也能防止、消除生产过程中的各种职业危害，保证生产顺利进行。

（二）遵守日常安全防范措施是青少年劳动保护的重要内容

大学生应当经常参加生产劳动，学习并掌握一定的劳动技能，培养热爱劳动的思想品质。在劳动中，大学生一定要把安全放在第一位，做到遵守纪律、服从管理、听从指挥，不要随意行动。劳动时不要用劳动工具嬉笑打闹、互相追逐，以防对自己或他人造成伤害。

大学生在学校以及劳动中应该如何保护自己的安全呢？一是服装得体。要换好适合劳动的服装，服装以透气、舒适为宜。二是正确使用工具。要熟悉劳动工具的正确使用方法，避免因方法不当而对自己或他人造成伤害。三是了解安全常识。准备中最重要的一项，就是要了解该项劳动的安全常识，避免在劳动中发生危险情况。四是遵守劳动纪律。服从分配听指挥，劳动时不和同学玩耍、打闹，特别是使用工具时严禁嬉戏、追逐、打闹；必须在指定范围内参加劳动；不擅自改变劳动的有关规定，服从分配听指挥。五是虚心请教。掌握劳动要领不仅能提高劳动的速度和质量，而且能避免事故的发生，要做到认真听取老师或师傅的讲课，记住劳动的程序，领会劳动的操作要领。在劳动过程中，要虚心接受指导，及时改正不正确的动作，遇到不会操作的地方要及时请教。六是切忌蛮干，量力而行。各人的体质不同，力气有大有小，盲目蛮干会伤害身体。七是远离危险物品。劳动时不要接触有害物质，如硫酸、农药等，不随便触摸、玩弄电器及电源开关等。应远离没有防护装置的传送带、砂轮、电锯等危险劳动工具，以免发生意外。注意个人卫生，尤其是在劳动中接触农药等有害物质的，要及时洗手，避免因不小心导致农药中毒。

四、掌握必要的劳动法规

随着生产力发展，大量劳动关系出现，便产生了对劳动关系进行协调的法律需求。

（一）劳动者与劳动关系

1.劳动者

作为一个法律概念，劳动者在不同法律中界定的内涵和外延并不一致，甚至在劳动法体系的不同制度中也不尽相同。作为劳动法协调的对象，"劳动者"这一概念在《劳动法》中，一般意义上是指劳动力市场上的劳动者（如包括就业劳动者和未就业劳动者）；劳动关系中的劳动者（如劳动合同中的劳动者，通常称为职工）。而公民要成为劳动者，还必须具备劳动权利能力和劳动行为能力这两个劳动者资格前提。劳动权利能力是指公民依法能够享有劳动权利和承担劳动义务的资格。我国公民的劳动权利能力具有平等性，但会因公民个体的户籍、所受制裁、竞业限制、特殊身份以及工龄的不同而受到限制。

劳动法依据公民的劳动能力水平对劳动行为能力作出规定，但劳动行为能力并非指劳动能力，而是指公民依法能够以自身行为行使劳动权利和履行劳动义务的资格。依据劳动法规定，我国公民的劳动行为能力受制于以下几点。

（1）年龄。《劳动法》第十五条规定了劳动者应当达到的法定就业年龄，"禁止用人单位招用未满十六周岁的未成年人。文艺、体育和特种工艺单位招用未满十六周岁的未成年人，必须依照国家有关规定，履行审批手续，并保障其接受义务教育"。

（2）健康状况。健康状况既包括身体健康状况也包括精神健康状况。这一限制主要是基于对劳动能力被限制者（包括疾病、残疾以及妇女生理限制）的保护，并非歧视。如《就业服务与就业管理规定》第十八条规定："用人单位招用人员，不得歧视残疾人。"残疾人并非完全没有劳动能力，虽然其劳动能力受到一定限制，但可以从事其身体状况允许的劳动。

解读：法律是如何保障残疾人就业等权利的

近日，就禁止基于残疾的歧视、出生缺陷早预防早发现、按比例安排残疾人就业、享有更多社会保障、创设无障碍环境五方面，辽宁省律师协会官方微信发布了许俊律师的解读。

解读重点一：禁止基于残疾的歧视

[法律规定] 第三条：残疾人在政治、经济、文化、社会和家庭生活等方面享有同其他公民平等的权利。残疾人的公民权利和人格尊严受法律保护。禁止基于残疾的歧视。禁止侮辱、侵害残疾人。禁止通过大众传播媒介或者其他方式贬低损害残疾人人格。

[律师讲解] 我国有8300多万残疾人，涉及2.6亿家庭人口。改革开放以来，特别是1991年《残疾人保障法》颁布实施以后，我国的残疾人事业不断发展，残疾人状况明显改善，生活水平和质量不断提高，但同时，社会上歧视、虐待、伤害残疾人的现象也时有发生。"禁止基于残疾的歧视"，是新修订的《残疾人保障法》的一大亮点。作出这一修改的主要理由是：禁止基于残疾的歧视的范围比禁止歧视残疾人的范围更宽。我国政府已签署的《残疾人权利公约》中明确规定，缔约国应当禁止一切基于残疾的歧视，保证残疾人获得平等和有效的法律保护，

使其不受基于任何原因的歧视。基于残疾的歧视包括一切形式的歧视，包括拒绝提供合理便利。

解读重点二：出生缺陷早预防早发现

[法律规定] 第十一条：国家有计划地开展残疾预防工作，加强对残疾预防工作的领导，宣传、普及母婴保健和预防残疾的知识，建立健全出生缺陷预防和早期发现、早期治疗机制，针对遗传、疾病、药物、事故、灾害、环境污染和其他致残因素，组织和动员社会力量，采取措施，预防残疾的发生，减轻残疾程度。

[律师讲解] 对新生儿出生缺陷进行预防、早期发现、早期治疗可以有效减少新生儿死亡和残疾的发生。新修订的《残疾人保障法》在"康复"一章中进一步明确规定，康复工作应当以实用、易行、受益广的康复内容为重点，优先开展残疾儿童抢救性治疗和康复。这些规定具有很强的操作性，对尽早发现和预防出生缺陷、促进残疾人康复等具有重要意义。

解读重点三：按比例安排残疾人就业

[法律规定] 第三十三条规定：国家实行按比例安排残疾人就业制度。国家机关、社会团体、企业事业单位、民办非企业单位应当按照规定的比例安排残疾人就业，并为其选择适当的工种和岗位。达不到规定比例的，按照国家有关规定履行保障残疾人就业义务。国家鼓励用人单位超过规定比例安排残疾人就业。

[律师讲解] 新修订的《残疾人保障法》将实行按比例安排残疾人就业上升为国家制度。按照《残疾人就业条例》的规定，"规定的比例"具体是指用人单位安排残疾人就业的最低比例不得低于本单位在职职工总数的 1.5%，具体比例由省、自治区、直辖市人民政府根据本地区的实际情况规定（不得低于 1.5%）。按照《残疾人就业条例》的规定，如果用人单位安排残疾人就业达不到其所在地省、自治区、直辖市人民政府规定比例的，应当缴纳残疾人就业保障金。此外，国家对安排残疾人就业达到、超过规定比例或者集中安排残疾人就业的用人单位和从事个体经营的残疾人，依法给予税收优惠，并在生产、经营、技术、资金、物资、场地等方面给予扶持。

解读重点四：享有更多社会保障

[法律规定] 第四十六条：国家保障残疾人享有各项社会保障的权利。政府和社会采取措施，完善对残疾人的社会保障，保障和改善残疾人的生活。

[律师讲解] 目前"一人致残、全家致贫"的现象普遍存在，残疾人的生存问题远未得到解决。残疾人作为我国公民，当然享有作为中国公民所能享有的全部社会保障权利，同时，残疾人作为一类特殊群体，还享有一些特殊的社会保障权利。为此，新修订的《残疾人保障法》在第四十六条作出总括性规定的基础上，又作出了社会保险补贴、社会救助、护理补贴和政府供养等细化规定。

解读重点五：创设无障碍环境

[法律规定] 第五十三条：无障碍设施的建设和改造，应当符合残疾人的实际需要。新建、改建和扩建建筑物、道路、交通设施等，应当符合国家有关无障碍设施工程建设标准。各级人民政府和有关部门应当按照国家无障碍设施工程建设规定，逐步推进已建成设施的改造，优先推进与残疾人日常工作、生活密切相关的公共服务设施的改造。对无障碍设施应当及时维修和保护。

[律师讲解] 无障碍环境是一个既可通行无阻而又易于接近的理想环境，是残疾人参与社会生活的基本条件，是完善公共服务和城市功能不可或缺的一个基本元素。残疾人和健全人在参与社会生活方面没有不可逾越的鸿沟，只要国家和社会能够消除这些障碍，残疾人可以像健全人一样参与社会生活。

残疾人权益保障程度是社会文明的一面镜子，残疾人权益保障越完善，社会文明程度就越高。为了保障残疾人权益，国家相应颁布了《中华人民共和国残疾人保障法》《残疾人就业条例》《无障碍环境建设条例》等相关法律、行政法规，并号召全社会，摈弃偏见和歧视，学会尊重理解残疾人，关心关爱残疾人，让残疾人更加真切感受到来自社会的温暖。

（资料来源：人民网，2020年5月17日，有改动）

（3）智力。《劳动法》要求劳动者必备的智力因素，包括精神健全（精神病患者被规定为无劳动行为能力人）、文化水平与技术水平。我国禁止用人单位招用应当接受义务教育的适龄儿童，招聘对象必须具备初中以上文化水平。对于某些职业技术岗位，还对岗位所需要运用的特定知识与技术水平有严格要求。

（4）行为自由。具有支配自身劳动能力所必要的行为自由才能开展劳动。如在校生由于行为自由受到限制，一般不得成为招工对象，仅在寒暑假的非学业时间可被招为临时工。

2. 学生劳动者

作为劳动者资格的特殊形式，学生劳动者（仅限于高等学校、中等专科学校或职业学校学生）的实习、勤工俭学、自发性受雇劳动，都涉及《劳动法》适用的问题。

（1）实习。学生参加实习主要有三种情况：第一，学校统一安排的教育教学实习，这是教学环节的一部分；第二，大学生在校读书期间在校外的兼职实习；第三，在校学生为获取工作经验自行申请的实习工作，为

大学生实习

毕业后就业积累经验。在第一种作为学校教学环节的实习中，实习是教学的延伸，此种情况下的实习学生不应被看作劳动者，和实习单位之间也不存在与用人单位

建立劳动关系的情况。《劳动合同法》《集体合同法》和《工伤保险法》均不适用于实习生。但实习单位仍然应当承担《侵权责任法》上的安全保障义务。

（2）勤工俭学，也称勤工助学，分为狭义和广义两种。狭义的勤工俭学仅指以改善学习和生活条件为目的，由学校组织学生利用课余时间在校内外参加劳动实践，并取得合法报酬。广义的勤工俭学还包括自发的勤工助学，即学生未经学校组织，自行在校外从事有报酬的劳动。教育部、财政部《高等学校勤工助学管理办法》（2018年）所规定的勤工助学仅限于狭义勤工助学，其第六条规定"勤工助学活动由学校统一组织和管理，学生私自在校外兼职的行为，不在本法规定之列"。可见，勤工助学中存在劳动力使用关系，而无教学关系。并且，该办法第二十五条至第二十七条还指出："校内勤工助学报酬原则上不低于当地政府或有关部门制定的最低工资标准或居民最低生活保障标准，校外勤工助学酬金标准不应低于学校当地政府或有关部门规定的最低工资标准。"可见，学生在学校或校外用人单位设置的岗位中从事劳动，属于从属性劳动。这里的劳动力使用关系具有劳动关系的属性，应作为劳动关系的一种特殊形态看待。

榜样力量

一位"00后"大学生的寒假：勤工俭学省吃喝

2019年1月29日，湖南衡阳，中国邮政集团公司湖南省分公司衡阳邮区中心局，郭莞在这里打工。

郭莞在工作中

郭莞是衡阳市南华大学电气工程学院的一名大一学生，2000年7月他出生在湖南省益阳市桃江县的一个偏远小山村，父母亲靠务农维持他和姐姐的学习费用，家庭条件比较艰苦。

为了解决自己一部分的学习和生活费用，他放弃了大学生涯的第一个寒假休息，从1月17日起就开始了他在中国邮政集团公司湖南省分公司衡阳邮区中心局打工生涯，每天工作11小时，能挣到100元的劳务费。他说：寒假在这里打工比较安全，工资都是日结，一个月下来就可以挣到一个学期的学费了，工作累能受得了，就是时间长了一点。

（资料来源：《人民日报》，2019年1月29日，有改动）

（3）自发性受雇劳动。在校学生外出打工兼职，有些虽然被称为实习（如上述第二种情况）或勤工俭学（自行在校外从事有报酬的劳动），但其目的在于获取劳动报酬，双方也就劳动报酬达成了协议，则可作为特殊的劳动关系看待。《劳动合同法》第五章第三节也规定了非全日制用工形式，大学生由于有学习任务在身，通常会采取被法律认可的非全日制工作方式进行兼职工作。在这种情况下，在校学生可以被定位为特殊的劳动者。但是，也存在另外一种情况，类似于实习的第三种。学生为获取工作经验，自发性选择受雇于某单位进行实习，尽管非学校统一安排，但这种受雇劳动没有劳动报酬，这种情况下，一般要视双方约定而具体判断，通常不视为具有劳动关系。

3.劳动关系

从劳动要素出发来界定《劳动法》的调整对象，劳动关系可以认为是劳动力的所有者与使用者，即"劳动者"与"雇主或用人单位"之间，为实现劳动过程而发生的一方有偿提供劳动力，由另一方用于同其生产资料相结合关系。它也可以简单地理解为是劳动者与用人单位之间在劳动过程中发生的社会和经济关系，但从本质上来说，劳动关系体现的是劳资之间的利益关系。

4.劳动法律关系

劳动法律关系是《劳动法》调整劳动关系所形成的权利和义务关系。劳动关系是劳动法律关系的现实基础，劳动法律关系是劳动关系的法律形式，但并非所有的劳动关系都表现为劳动法律关系。《劳动法》中的法律关系包括两类：一类是劳动法调整劳动关系所形成的法律关系，一般称为劳动法律关系；另一类是劳动法调整与劳动关系密切联系的其他社会关系所形成的法律关系，一般称为附属法律关系，主要是劳动行政法律关系和劳动服务法律关系。

（二）部分劳动法规简介

1.《中华人民共和国劳动法》

《劳动法》是为了保护劳动者的合法权益，调整劳动关系，建立和维护适应社会主义市场经济的劳动制度，促进经济发展和社会进步，根据《宪法》制定的法律。1994年7月5日第八届全国人民代表大会常务委员会第八次会议通过。根据2009年8月27日第十一届全国人民代表大会常务委员会第十次会议《关于修改部分法律的决定》第一次修正。根据2018年12月29日第十三届全国人民代表大会常务委员会第七次会议《关于修改〈中华人民共和国劳动法〉等七部法律的决定》第二次修正。

该法共13章107条，主要内容有：总则、促进就业、劳动合同和集体合同、工作时间和休息休假、工资、劳动安全卫生、女职工和未成年工特殊保护、职业培训、社会保险和福利、劳动争议、监督检查、法律责任和附则。

2.《中华人民共和国劳动合同法》

《劳动合同法》

《中华人民共和国劳动合同法》是为了完善劳动合同制度，明确劳动合同双方当事人的权利和义务，保护劳动者的合法权益，构建和发展和谐稳定的劳动关系，制定的法律。由第十届全国人民代表大会常务委员会第二十八次会议于 2007 年 6 月 29 日修订通过，自 2008 年 1 月 1 日起施行。2012 年 12 月 28 日第十一届全国人民代表大会常务委员会第三十次会议《关于修改〈中华人民共和国劳动合同法〉的决定》修正。

该法共 8 章 98 条，主要内容有：总则、劳动合同的订立、劳动合同的履行和变更、劳动合同的解除和终止、特别规定、监督检查、法律责任和附则。

3.《中华人民共和国劳动争议调解仲裁法》

为了公正及时解决劳动争议，保护当事人合法权益，促进劳动关系和谐稳定，中华人民共和国第十届全国人民代表大会常务委员会第三十一次会议于 2007 年 12 月 29 日通过了《中华人民共和国劳动争议调解仲裁法》，该法自 2008 年 5 月 1 日起施行。

该法共 4 章 54 条，主要内容有：总则、调解、仲裁和附则。

4.《中华人民共和国妇女权益保障法》

《中华人民共和国妇女权益保障法》是为了保障妇女的合法权益，促进男女平

《中华人民共和国妇女权益保障法》

等，充分发挥妇女在社会主义现代化建设中的作用，根据宪法和我国的实际情况而制定的法律。由 1992 年 4 月 3 日第七届全国人民代表大会第五次会议通过，自 1992 年 10 月 1 日起施行。根据 2005 年 8 月 28 日第十届全国人民代表大会常务委员会第十七次会议《关于修改〈中华人民共和国妇女权益保障法〉的决定》第一次修正。根据 2018 年 10 月 26 日第十三届全国人民代表大会常务委员会第六次会议《关于修改〈中华人民共和国野生动物保护法〉等十五部法律的决定》第二次修正。

该法共 9 章 61 条，主要内容有：总则、政治权利、文化教育权益、劳动和社会保障权益、财产权益、人身权利、婚姻家庭权益、法律责任和附则。

五、劳动保护权益与维护途径

（一）劳动者的劳动保护权利与义务

作为一个即将迈出大学校园走上工作岗位的未来劳动者，应当了解我国法律赋予自己的合法权利，从而在今后的职业生涯中自觉地珍惜、争取和维护这些权利。

具体来说，劳动者可获得的劳动保护权利包括劳动休息与休假的权利（《劳动法》规定，劳动者每日工作时间不超过 8 小时，每周工作时间不超过 44 小时）；接受劳动保护教育培训的权利，以了解企业安全生产情况，掌握安全生产技术，熟练运用劳动保护用品；获得社会保险的权利，当劳动者遇到生、老、病、死、残、失业等情况时，依据国家规定给予一定的物质或经济帮助，以保证其基本生活需要（现行社会保险主要有养老、医疗、失业、工

《中华人民共和国劳动法》第三条规定，劳动者在劳动过程中享有"获得劳动安全卫生保护的权利、接受职业技能培训的权利、享受社会保险和福利的权利、提请劳动争议处理的权利以及法律规定的其他劳动权利"。

伤和生育险五种）；提请劳动争议受到处理的权利；获得劳动安全卫生保护的权利；了解作业场所和工作岗位存在的危险因素，了解企业为此采取的防护措施及事故应急措施处理，决定是否从事存在不安全因素的工作的权利；对安全生产工作提出建议、批评、管理和控告的权利；拒绝违章指挥和强令冒险作业的权利；发生直接危及人身安全的紧急情况时，停止作业或者采取可能的应急措施后撤离作业场所的权利；要求用人单位提供必要的防护设施和防护用品的权利。此外女性职工及未成年工享有的特殊劳动保护权利。

我国法律规定劳动者在劳动过程中享有合法劳动保护权利，同时，劳动者也应履行相应的劳动保护义务。具体包括劳动者应当树立安全生产意识，遵守安全生产规章制度和操作规程，服从单位安全人员的管理；劳动者应当正确佩戴劳动保护用品；劳动者应当接受安全生产教育培训，掌握本职工作所需的安全生产知识，提高安全生产技能，增强事故预防和应急处理能力；发现事故隐患或其他不安全因素，劳动者应当立即向现场安全生产管理人员或单位负责人报告，接到报告的人员应及时予以处理。

只有劳动者主动采取有效防护措施，自觉执行安全规定，开展安全生产，积极参与企业的安全管理工作，才能更好地保证自己在生产劳动过程中的身心安全。

相关链接：

高温"烤"验劳动者权益

（二）劳动保护维权途径

当劳动者的劳动保护权利受到侵害时，可以通过以下途径来维护自己的合法权益。

1. 与用人单位签订劳动合同

劳动合同是劳动者与用人单位确立劳动关系、明确双方权利和义务的协议，是维护双方权益、处理劳动争议的法律依据。劳动者在上岗开展劳动之前，应与用人单位签订具有法律效力的劳动合同。一份完整、准确的劳动合同必须包含工作内容、劳动保护和劳动条件、劳动报酬、劳动纪律、劳动合同终止条件和违反劳动合同的责任等基本条款。在双方协商下，还可以增加试用期、员工福利、保密要求、违约金及赔偿金等条款。拒绝签订有"工伤概不负责"之类的不合法、不合理条款。

2. 进行劳动争议处理

当劳动者与用人单位发生劳动纠纷（如因开除、辞退、劳动合同履行）时，劳动者可以通过工会组织和单位人事部门进行协商，或提请劳动争议调解委员会调解、劳动争议仲裁委员会仲裁，以及通过向人民法院提起诉讼等形式来维护自己的劳动保护权利。

3. 向劳动保障监察机构检举

一方面，劳动保障行政机关可以依法对用人单位遵守相关劳动保障法律法规的情况进行监督、检查，发现和纠正违法行为，对违法行为依法进行行政处罚；另一方面，劳动者在遇到用人单位违反（如录用、招聘、劳动合同、女职工、未成年工、工作时间和休假、工资支付、劳动规章制度等）劳动保护相关行为时，可向劳动保障监察机构检举，要求劳动保障监察部门作出处理。

劳动视野

公司拖欠工资劳动者如何维权

近年来，劳动者与用人单位之间的纠纷越来越多，国家在劳动保护方面的制度也越来越健全。劳动者面对拖欠工资、交纳社会保险等引发的劳动争议，应如何解决？

单位与职工争议不大，人民调解快捷又方便

【案例一】

蔡女士在某餐饮公司工作，因公司经营不善经常拖欠工资，为维护自身利益，蔡女士向公司提出离职和补发工资。公司同意其离职，但是工资可能得延迟一段时间。于是双方到当地人民调解委员会达成了调解协议，约定了补发工资的时间和方式，同时在法院确认了调解协议的效力。蔡女士也按照约定的时间拿到了工资。

【释法】

劳动者和用人单位之间在自愿、平等的基础上可以申请调解，达成调解协议。调解协议达成后，可向主持调解的人民调解委员会所在地基层人民法院申请确认调解协议的效力，具有与判决同样的法律效力，在对方不履行调解协议内容时可申请执行。这是能够最快速、最有效解决争议的方式，同时可就金额、支付时间和方式等进行商议，具有很强的灵活性和变通性。但是这种方式的前提在于各方均无争议或争议不大，所以现实中通过这种方式解决的争议还是少数。

申请支付令有风险，数额明确无异议

【案例二】

肖某自2016年1月20日至2017年3月6日，在某科技公司工作。2017年3月6日肖某离职，公司拖欠肖某工资共计25727元，经双方协商公司承诺于2017年6月前结清所欠的工资，并给肖某出具欠条一张。2017年8月2日，公司仅给付肖某5000元，尚欠20737元未付。肖某向法院申请支付令，要求公司支付拖欠工资20737元。法院发出支付令后，被申请人未在法定期限内提出书面异议，支付令发生法律效力。

【案例三】

申请人王某向法院申请支付令，要求被申请人杜某支付材料费、工时费22000元。后来，被申请人在法定期限内提出了书面异议，法院裁定终结本案的督促程序，且案件受理费由申请人王某负担。王某若想要回这笔钱，必须另行起诉。

【释法】

《劳动法》第三十条规定："用人单位拖欠或者未足额支付劳动报酬的，劳动者可以依法向当地人民法院申请支付令，人民法院应当依法发出支付令。"申请支付令具有非诉讼性和简易、灵活的特点，但是申请支付令必须符合申请人和被申请人之间的债权债务具体明确（所以利息或者赔偿金这部分不在支付令的申请范围之内），并且没有其他债权和债务纠纷的条件。以案例三为例，支付令同时具有一旦对方在法定期限内提出书面异议立即失效，申请人需要另行起诉，这当然会增加申请人的时间成本和诉讼费用，所以需要慎重选择。

"仲裁—起诉"最普遍，关键时效切莫忘

【案例四】

李先生自 2015 年 11 月到某汽修公司工作，2016 年 10 月在工作中将右手食指弄伤，11 月经理告知其回家并拒绝赔偿李先生的损失，工资发放到 2016 年 9 月份，在此期间双方一直未签订书面劳动合同。后李先生向劳动争议仲裁委员会申请仲裁，要求确认双方之间存在劳动关系，并支付最低工资差额及未签订书面劳动合同两倍工资差额共计 9180 元。仲裁裁决驳回了李先生的仲裁请求。李先生不服裁决决定，起诉至法院。经审理，法院最终确认双方存在劳动关系，某汽修公司支付李先生最低工资差额和未签订劳动合同两倍工资差额共计 8990 元。

【释法】

最高人民法院《关于审理劳动争议案件适用法律若干问题的解释》规定："劳动者与用人单位之间发生的属于《劳动法》第二条规定的劳动争议，当事人不服劳动争议仲裁委员会作出的裁决，依法向人民法院起诉的，人民法院应当受理。"大多数关于劳动争议的案件都是采取先仲裁后起诉的方式，在以这种方式进行诉讼的时候，要注意提起诉讼的时间必须是在收到仲裁裁决 15 日之内，同时注意保留工资支付凭证或记录，交纳各项社会保险费的记录，工作证等身份证明文件等证据材料。

以上三种方式都可有效解决劳动者和用人单位之间发生的劳动争议纠纷，当事人可以综合考虑己方和对方的条件选择最适合自己的方式，切实维护自身合法权益。

（资料来源：《经济参考报》，2018 年 5 月 2 日，有改动）

每个人都会遇到需要借助法律解决的问题，本节目可以给你最实用、最快捷帮助。会告诉你法律既是"护身符"，又是"紧箍咒"，什么可以做，什么不可以做，既要维护自身的合法权益，又要规范自己的行为。

劳动影像：
劳动争议如何维权

专题十

来之不易，尊重劳动成果

课堂导入

劳动无贵贱之分，任何形式的劳动都应该得到尊重和珍惜。即使在市场经济如此发达的时代，人们可以用金钱购买各种类型的商品与服务，也不能因此而贬低劳动的社会价值。此外，劳动的过程也是个体奋斗的过程，在走向成功的过程中，每种看似不起眼的劳动付出，实际上都是取得成功不可或缺的一部分。我们既要尊重别人的劳动，肯定和保护任何有益于社会的劳动成果，同时也要尊重自己的劳动，欣赏和保护劳动过程中取得的每一项成果。

尊重劳动成果不仅仅是口头上的说辞，更应时刻体现在我们的行动之中。在生活中，我们能看见以下现象：一些学生在公共场合随手扔垃圾，而且并不认为这是问题，因为有保洁员随时打扫卫生；个别学生在写作业和论文时大段剽窃他人的成果，而且认为这种剽窃并没有对他人造成危害，也没有因此牟利，所以不算侵权；歌手发布的新歌往往需要用户付费后下载收听，一些经典影片用户也必须付费成为会员或单独购买后才能观看。你如何看待这些现象呢？

研精致思

1. 你如何看待上述材料中的这些现象呢？

2. 如何看待有些人破坏公共环境、蔑视清洁工人劳动成果的行为？

3. 我们为什么要保护知识产权？

4. 我们应如何对待奋斗过程中的失败经历？

◎ 理解劳动成果来之不易的道理。
◎ 理解人类的进步源自劳动成果的积累。
◎ 掌握形式多样的劳动成果。
◎ 积累、爱惜自己的劳动成果。

一、劳动成果来之不易

任何一项劳动成果都是凭借辛勤付出得到的，可谓来之不易。整个人类社会正是在无数次劳动所产生的劳动成果的基础上不断发展和进步的。在这一过程中，包括体力劳动和脑力劳动在内的不同形式的劳动构成了人类社会进步的基础，对合法的劳动及劳动成果进行积累、保存、保护和推介，有助于全社会形成尊重劳动、热爱劳动的风气。

烈日下农民在田里劳作画作

"谁知盘中餐，粒粒皆辛苦"，这是我们从小就耳熟能详的诗句。这两句诗用十分直白的语言告诉我们：应该珍惜盘中的粮食，因为即使是一粒米，也耗费了农民的辛勤汗水。当下所提倡的"光盘行动"就是希望全社会都能认识到粮食生产的不易，尊重农民的劳动成果。除了粮食来之不易，我们所使用的智能手机、居住的楼房、观看的电影及电视剧等都是人类用辛勤的劳动换来的成果。这些成果大大提高了我们的生活质量，也体现了人类凭借劳动创造新生活的向往和不易。

劳动成果之所以来之不易，是因为任何一项劳动成果都需要人类付出相应的体力或智力，也就是马克思所说的"无差别的人类劳动"。有些劳动成果所耗费的体力或智力较少，有些劳动成果则需要投入大量的人、财、物进行制作或创造。以航天工程为例，用于服务"嫦娥四号"在月球着陆的"天马"望远镜，其核心部件——钢码盘的工作精度要求是 0.004 毫米。而如果哪怕偏差了 0.001 毫米，"嫦娥四号"都将无法在月球着陆。通过磨床加工，精度只能达到 0.02 毫米。为了实现 0.004 毫米的精度，钳工通过手动打磨的方式，硬是从 0.02 毫米打磨到了 0.004 毫米，相当于头发丝直径的十分之一。这不仅需要劳动者有高超的技艺，更需要劳动者的耐心和毅力。此外，我们所熟知的国产大飞机 C919、"复兴"号高铁列车、液化天然气船（LNG 船）等，都是十分宏大的研发和制造工程，耗费了人类非常多的劳动。

即使一些看起来不起眼的劳动成果，其中也都凝结着不可轻视的宝贵劳动。每个人都有最喜欢的美食店，而制作美食的厨师正是用自己的智慧选择了恰当的配方，并耗费了自己的时间，用精巧的技艺烹饪出了我们喜爱的美食；快递和外卖"小哥"精心计算派送时间和路径，争取用最短的时间将包裹安全送到我们手中；每天我们步行的马路、乘坐的公交车，都需要环卫工人和司乘人员按时清洁。正是这些看似"不起眼"的劳动，为我们营造了舒适的生活环境。因为劳动成果来之不易，所以我们应该珍惜身边的每一种劳动成果。不论这个成果所凝结的劳动量有多大，由何种劳动产生，它们都代表着劳动者无差别的心血付出，都代表着劳动者对岗位的尊重、对社会的尊重和对自己的尊重。

我们应该从小就培养尊重他人劳动成果的良好习惯，例如对为自己提供劳动服务的他人表示感谢，做"光盘一族""节约达人"，尊重和感谢他人提供的无偿或有偿劳动，就是因为劳动成果来之不易。唯有如此，我们的劳动才能得到他人的尊重和赞赏。

劳动
视野

气象深耕　颗粒归仓
——气象部门助力作物丰产丰收

9 月，花果飘香，大地色彩斑斓。稻谷生长、玉米成熟、油葵花开、黄花遍地……在第三个中国农民丰收节到来之际，农民挥洒着汗水迎来累累硕果，奏响丰收乐章。气象部门从春耕备耕到秋收秋种，采取有效举措，立足防灾减损，强化服务指导，全力以赴确保农业增产、农民增收。

严防水稻"寒露风"

9 月中旬，湖南冷空气活跃、降温明显，部分地区出现"寒露风"，全省大部分地区正处于抽穗期的双季晚稻易受灾减产。9 月 13 日，湖南省怀化市靖州苗族侗族自治县气象局接到县水稻制种基地来电，获悉该基地种植的晚稻遭受"寒露风"影响。据统计，该县 9 月 2 日至 10 日的总日照时数仅 17.5 小时，平均每天不到 2 小时。接到电话后，县气象局联合县农业农村局和保险公司迅速前往受灾严重的灯塔村制种基地调查。在基地了解到，由于没有晴好天气晾晒，很多中稻都早早成熟却未收。县气象局将灾害调查资料整理好交到怀化市气象局，同时在县水稻制种群里用"一天一报"的形式发送预报信息，提醒农户抓住9月14日至15日阴转小雨的天气抢收大量稻谷。"水稻制种离不开天气预报，现在预报越来越准了，气象局的同志也越来越贴心了。"制种大户在微信群里致谢。

针对"寒露风"，湖南省气象部门于9月11日提前发布湖南省农业气象灾害预警，提供灾害预警信息及防范寒露风建议；针对寒露风等气象灾害开展预警、监测和评估，制作水稻生长关键期专题服务材料、农业气象情报；通过实地调研，运用农业气象模型、气象灾害预警技术等对气象现代化实时资料进行分析处理，利用短信、微信、QQ等多渠道向农业生产管理部门和农业生产经营者提供气象信息，最大限度避免了寒露风对全省晚稻的损害。

油葵"笑脸"迎丰收

初秋时节，走进河南省卫辉市太行山区的狮豹头乡龙卧村，金灿灿的油葵花在山坡地间随风摇曳，喜洋洋的种植户来回穿梭采摘着花盘。"油葵适时收获非常关键，直接影响产量和品质，采收过早会影响籽粒饱满度，而且增加晾晒时间，采收过晚又容易发生落粒，气象预报预警信息为村民开展油葵采收晾晒提供了科学有效的帮助。"任德青说，收到最新天气预报和为农服务信息，他会第一时间通过手机微信、短信发送给每一位种植户。

随着卫辉市乡村振兴战略的推进和扶贫产业的发展，气象部门紧跟服务需求，瞄准特色农产品种植扶贫项目，开展直通式、精细化服务。时下正值油葵采收的关键时期，卫辉市局创新"气象局+信息员+农户"服务模式，加强气候变化趋势分析，开展在线答疑指导，及时向农户提供天气信息和油葵采收期专题服务；气象信息员及时联系农户，收集油葵种植实况，了解农户气象服务需求；农气人员联合气象信息员深入田间地头察看油葵采收进度，提醒村民根据天气变化及时晾晒脱粒，做好农事管理。通过三方配合、共同发力，全力提升油葵种植质量，助力村民丰产丰收。

鲜食玉米更"领鲜"

在黑龙江省哈尔滨市呼兰区长岭街道小王岗村鲜食玉米种植基地，几十名工人正在田间采摘，一辆辆农用车将采摘的玉米运送到厂区进行加工，繁忙丰收的景象将从8月中旬延续到9月末。得知大部分新型农业经营主体责任人和种植大户更支持在微信平台获取气象服务信息，呼兰区气象局针对异常天气、精细化预报、虫害指导等内容，在微信公众号设置"应急发布""通知提醒""预警信息"三个模块，让种植大户和企业及时收到各类灾害性天气预报预警信息。6月2日，区气象局一周内陆续在鲜食玉米和蔬菜基地建成两个农田自动气象站，为开展精细化气象服务提供数据支撑。

（资料来源：《中国气象报》，2020年9月23日，有改动）

二、人类的进步源自劳动成果的积累

习近平总书记指出："人民创造历史，劳动开创未来。劳动是推动人类社会进步的根本力量。"自有人类文明以来，人类社会在经济运行、文化建设、制度创新等领域都取得了巨大进步。以经济运行中货币的演变为例，由于商品交换规模的不断扩大，人类创造了货币，大大促进了商品经济的发展。货币本身也从贝类到金属，再到纸币，实现了由自然货币向人工货币的演变。如今，随着移动支付的普及，无现金社会已悄然到来；比特币等数字货币的出现，奏响了传统支付结算体系变革的前奏，一个去中心化的支付体系开始实现。可以看出，货币的演变正是随着经济社会发展的需求而逐渐发生变化的。在这一变化过程中，既有形式上的变化（如货币从贝类变为金属），又有本质上的变化（从中心化逐渐向去中心化过渡）。整个人类的进步，正是源自劳动成果的积累。

在劳动成果的积累中，既有成功经验的积累，也有失败经验的积累。成功的经验能给我们带来进步，失败的经验同样能启发我们少走弯路。比较典型的案例是人类对核能的使用。人类对核能的使用始于原子弹等核武器，随着军事领域核技术应用的深入，核能利用技术也不断成熟，并开始向民用核能转变。1954年，苏联建成了世界上第一座核电站——奥布宁斯克核电站，开启了民用核能的第一步。随后，西方国家陆续建设核电站，并逐渐完善民用核电技术，从而造福人类社会。核能的优势在于清洁和高效，因此通过核能发电被视为人类解决能源问题的重要一步。但是在核能民用初期，民用核能始终存在一定的风险，从1979年的美国三里岛和1986年的苏联切尔诺贝利核电站事故中可见一斑。这两场严重的核电站事故，引发了人类对核能使用的反思，并从技术与操作层面逐步完善核电站的建设和运转机制。因此，我们不仅要注重成功经验的积累，也要注重对失败经验的总结和反思，从失败的过程中找到未来成功的路径。

"冰冻三尺，非一日之寒"。正是因为我们注重积累，才产生了量变到质变的结果。因此，取得成功不是一蹴而就的，一定是一个积累的过程。这个过程可能历时较短，也可能历时较长，这取决于所要达到的目标，以及自己所拥有的实力与资源。但是无论如何，只要坚持不懈，注重每一个细节的积累，并及时地总结和反思，就一定能产生更伟大的成果。

> **劳语典藏**
>
> "积土成山，风雨兴焉；积水成渊，蛟龙生焉；积善成德，而神明自得，圣心备焉。故不积跬步，无以至千里，不积小流，无以成江海。骐骥一跃，不能十步，驽马十驾，功不在舍。"
>
> ——荀子

在学习和实践中我们应该脚踏实地，从一点一滴的小事做起。即使在过程中遇到了失败也不气馁，因为失败能够为我们带来宝贵的经验，从而帮助我们在未来的奋斗过程中少走弯路。我们要尊重和珍惜自己和他人付出的每一次劳动，欣赏自己取得的每一次小小的成果。正是这些看似微不足道的劳动，构成了我们奔向成功的基础。也正是每一代人坚持不懈的努力，才促进了现代文明社会的发展。

三、劳动成果形式多样

生产生活中的劳动成果多种多样，工人搬运的货物、厨师制作的美食、医生做的每一台手术、导演制作的电视剧、作者撰写的书籍等都是劳动成果。任何一项劳动成果都集合了人类的体力劳动和脑力劳动，例如技术工人在进行焊接时，所依靠的并不仅仅是焊接的体力，更包括了焊工对焊接环境、焊接件、焊接状态、焊接要求等的综合判断，这个过程充满了高度复杂的判断环节，这是一种脑力劳动。医生在手术台上做手术，不仅考验医生高超的手术技艺，同时还考验医生对病人病情的即时判断、对手术效果的判断和对病人用药的把控等。随着人工智能的普及应用，很多劳动中的体力部分逐渐被机器人代替，但是依然有一些劳动成果的获取无法脱离人的操作，如精密产品的精加工、家政服务的提供等。

多种多样的劳动成果

任何一种劳动都是平等的，因此无论是体力劳动成果，还是脑力劳动成果，都需要被保护。在法律层面，我国制定了很多法律法规来保护不同形式的劳动成果，最为典型的便是《中华人民共和国专利法》。该法的主要目的是保护发明创造专利权，鼓励大众发明创造。此外，在我们购买他人劳动成果时，也有《消费者权益保护法》等法律保护消费者的合法权益不受损害。

在所有劳动成果中，脑力劳动成果在生产生活中的比重越来越大。从日常使用的各类电脑和手机软件，到各类网络游戏，再到随处可见的商标、海报、包装、影片等，这些脑力劳动成果凝结了大量人类的智慧，体现了人类社会的多元性。很多脑力劳动成果开始影响我们的生活习惯和休闲行为，甚至从根本上改变了我们的衣食住行。随着互联网技术的普及和发展，脑力劳动成果的获取越来越容易，我们动动手指就可以收看自己喜欢的综艺节目、电视剧、电影，查询到自己想要的资料。

但是，获取脑力劳动成果并不是毫无限度的，要注意保护知识产权。知识产权是关于人类在社会实践中创造的脑力劳动成果的专有权利，其显著的特点是专有性，由所有权人专有和独占，其他人不得侵犯。知识产权包括两大类：著作权和工业产权。前者指的是自然人、法人或者其他组织对文学、艺术和科学作品依法享有的财产权利和精神权利的总称；后者指的是工业、商业、农业、林业和其他产业中具有实用经济意义的无形财产权。我国有一系列法律保护不同形式的知识产权，如《中华人民共和国民法典》《中华人民共和国著作权法》《中华人民共和国商标法》等。因此，我们不仅要尊重体力劳动成果，还要尊重信息社会中的脑力劳动成果。在享受丰富的劳动产品时，应尊重和保护他人的脑力劳动成果，不可因为脑力劳动成果获取的便捷性，而在无意中侵犯他人的知识产权。否则，不仅是不道德的行为，还有可能触犯法律。只有给予脑力劳动充分的尊重和保护，才能激励创作者创作出更多优秀的作品。

四、保护劳动成果的一般路径

知识产权、专利等劳动成果作为一种无形财产往往包含巨大的价值，也能转化为经济利益，为持有者带来财富。如果不能对劳动成果进行有效的保护，劳动成果就不能为创造人带来价值。

（一）知识产权

1.知识产权的概念

广义概念上的知识产权包括下列客体的权利：文学艺术和科学作品，艺术家

保护知识产权

的表演以及唱片和广播节目，人类一切领域的发明、科学发现、工业品外观设计、商标、服务标记以及商品名称和标志，制止不正当竞争，以及在工业、科学、文学和艺术领域内由于智力活动而产生成果的一切权利。狭义概念上的知识产权只包括版权、专利权、商标权、名称标记权、制止不正当竞争，而不包括科学发现权、发明权和其他科技成果权。概括来说，知识产权是智力成果的创造人依法所享有的权利和生产经营活动中标记所有人依法所享有的权利的总称。

知识产权从本质上说是一种无形财产权，它的客体是智力成果或者知识产品，是一种无形财产或者一种没有形体的精神财富，是创造性的智力劳动所创造的劳动成果。它与房屋、汽车等有形财产一样，都受到国家法律的保护，都具有价值和使用价值。有些重大专利、驰名商标或作品的价值远远高于房屋、汽车等有形财产。

2. 知识产权的类型和构成

随着高新技术的迅速发展，知识产权在国民经济发展中的作用日益受到各方面的重视。因此，全面理解和掌握知识产权的相关内容至关重要。

（1）知识产权的类型。知识产权是智力劳动产生的成果所有权，它是依照各国法律赋予符合条件的著作者以及发明者或成果拥有者在一定期限内享有的独占权利。知识产权可分为两类：一类是著作权（也称为版权、文学产权），另一类是工业产权（也称为产业产权）。著作权又称版权，是指自然人、法人或者其他组织对文学、艺术和科学作品依法享有的财产权利和精神权利的总称，主要包括著作权及与著作权有关的邻接权。通常我们说的知识产权主要是指计算机软件著作权和作品登记。工业产权则是指工业、商业、农业、林业和其他产业中具有实用经济意义的一种无形财产权，由此看来"产业产权"的名称更为贴切，主要包括专利权与商标权。

（2）知识产权的构成。按照内容组成，知识产权由人身权利和财产权利两部分构成，也称之为精神权利和经济权利。所谓人身权利，是指权利同取得智力成果的人的人身不可分离，是人身关系在法律上的反映。例如，作者在其作品上署名的权利，或对其作品的发表权、修改权等，即为精神权利。所谓财产权是指智力成果被法律承认以后，权利人可利用这些智力成果取得报酬或者得到奖励的权利，这种权利也称为经济权利。它是指智力创造性劳动取得的成果，并且是由智力劳动者对其成果依法享有的一种权利。

手机游戏"换皮"侵害著作权纠纷案

苏州蜗牛数字科技股份有限公司与成都天象互动科技有限公司、北京爱奇艺科技有限公司侵害著作权纠纷案（江苏省高级人民法院〔2018〕苏民终1054号民事判决书）

案情摘要

苏州蜗牛数字科技股份有限公司（简称蜗牛公司）开发的手机游戏《太极熊猫》于2014年10月31日上线，成都天象互动科技有限公司（简称天象公司）、北京爱奇艺科技有限公司（简称爱奇艺公司）开发的手机游戏《花千骨》最早版本于2015年6月19日上线。蜗牛公司向江苏省苏州市中级人民法院提起诉讼，主张《花千骨》手机游戏"换皮"抄袭了《太极熊猫》游戏，即仅更换了《花千骨》游戏中的角色图片形象、配音配乐等，而在游戏的玩法规则、数值策划、技能体系、操作界面等方面与《太极熊猫》游戏完全相同或者实质性相似，侵害其著作权。一审法院确认，《花千骨》游戏与《太极熊猫》游戏相比，其中有29个玩法在界面布局和玩法规则上基本一致或构成实质性相似；另外《花千骨》游戏中47件装备的24个属性数值与《太极熊猫》游戏呈现相同或者同比例微调的对应关系；《花千骨》V1.0版游戏软件的计算机软件著作权登记存档资料中，功能模块结构图、功能流程图以及封印石系统入口等全部26张UI界面图所使用的均为《太极熊猫》游戏的元素和界面。同时，在新浪微博以及IOS系统《花千骨》游戏用户评论中，亦有大量游戏玩家评论两游戏非常相似。一审法院遂判令天象公司、爱奇艺公司停止侵权行为、消除影响，并赔偿蜗牛公司经济损失3000万元。天象公司、爱奇艺公司不服，提起上诉。江苏省高级人民法院二审判决驳回上诉、维持一审判决。

典型意义

"互联网+"产业方兴未艾，新技术和新业态的发展不断对知识产权审判工作提出新的挑战。本案是网络游戏产业领域知识产权保护的典型案例。二审法院在本案中明确，网络游戏"换皮"抄袭可能构成侵害著作权的行为，并在此基础上全额支持了权利人3000万元的诉讼请求，体现了严格保护知识产权的裁判理念。本案裁判是"互联网+"环境下司法裁判积极回应技术发展与产业需求的例证，在充分考虑网络游戏作品的知识产权价值、侵权手段的多样性与隐蔽性等因素的前提下，以有利于促进创新、有利于公平竞争、有利于消费者长远利益为指引，对网络游戏知识产权保护问题进行了有益探索，对保护新兴产业发展壮大、推动产业健康发展均具有重要意义。

（资料来源：人民网－知识产权频道，2020 年 4 月 21 日，有改动）

3. 知识产权的特点

知识产权的特点包括以下几个方面。

（1）客体性。知识产权的客体是不具有物质形态的智力成果和商业标记。这是知识产权区别于物权的原因所在。具体而言，著作权的客体是作品，专利权的客体是发明创造，而商标权的客体则是商标。

（2）专有性。专有性，即独占性或垄断性。除权利人同意或法律规定外，权利人以外的任何人不得享有或使用该项权利。这表明权利人独占或垄断的专有权利受严格保护，不受他人侵犯。只有通过"强制许可""征用"等法律程序，才能变更权利人的专有权。知识产权的客体是人的智力成果，既不是人身或人格，也不是外界的有体物或无体物，所以既不属于人格权也不属于财产权。另外，知识产权是一个完整的权利，只是作为权利内容的利益兼具经济性与非经济性，因此也不能把知识产权说成是两类权利的结合。例如，说著作权是著作人身权（或著作人格权、精神权利）与著作财产权的结合，这种说法是不对的。知识产权是一种内容较为复杂（多种权能），具有经济的和非经济的两方面性质的权利。因而，知识产权应该与人格权、财产权并立而自成一类。

（3）地域性。地域性的含义有两点：一是知识产权只在产生的特定国家或地区的地域范围内有效，这种地域性随着知识产权的国际保护而逐渐消失。二是知识产权的授权和转让是与地域相联系的。即知识产权的授权和转让必须明确地域范围，仅授权某些地域范围内行使知识产权，那么被授权人超出此地域范围行使该项知识产权即为侵权行为。

（4）时间性。所有的知识产权都有一定的时间限制，过了这一时间该知识产权保护的智力成果就进入公共领域由全人类共享，任何人都可以无偿地加以使用。不过商标权的时间性纯粹是基于管理上的需要而设，商标所有人可以不断续展。

4. 知识产权侵权的处罚

（1）假冒注册商标罪。根据《刑法》第二百一十三条，未经注册商标所有人许可，在同一种商品上使用与其注册商标相同的商标，情节严重的，处三年以下有期徒刑或者拘役，并处或者单处罚金；情节特别严重的，处三年以上七年以下有期徒刑，并处罚金。

（2）销售假冒注册商标的商品罪。根据《刑法》第二百一十四条，销售明知是假冒注册商标的商品，销售金额数额较大的，处三年以下有期徒刑或者拘役，并处或者单处罚金；销售金额数额巨大的，处三年以上七年以下有期徒刑，并处罚金。

（3）非法制造、销售非法制造的注册商标标识罪。根据《刑法》第

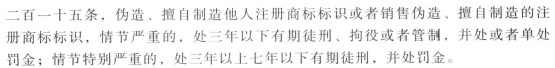

二百一十五条，伪造、擅自制造他人注册商标标识或者销售伪造、擅自制造的注册商标标识，情节严重的，处三年以下有期徒刑、拘役或者管制，并处或者单处罚金；情节特别严重的，处三年以上七年以下有期徒刑，并处罚金。

（4）假冒专利罪。根据《刑法》第二百一十六条，假冒他人专利，情节严重的，处三年以下有期徒刑或者拘役，并处或者单处罚金。

（5）侵犯著作权罪。根据《刑法》第二百一十七条，以营利为目的，有下列侵犯著作权情形之一的，违法所得数额较大或者有其他严重情节的，处三年以下有期徒刑或者拘役，并处或者单处罚金；违法所得数额巨大或者有其他特别严重情节的，处三年以上七年以下有期徒刑，并处罚金。情形包括：未经著作权人许可，复制发行其文字作品、音乐、电影、电视、录像作品、计算机软件及其他作品的；出版他人享有专有出版权的图书的；未经录音录像制作者许可，复制发行其制作的录音录像的；制作、出售假冒他人署名的美术作品的。

（6）销售侵权复制品罪。根据《刑法》第二百一十八条，以营利为目的，销售明知是本法第二百一十七条规定的侵权复制品，违法所得数额巨大的，处三年以下有期徒刑或者拘役，并处或者单处罚金。

（7）侵犯商业秘密罪。根据《刑法》第二百一十九条，有下列侵犯商业秘密之一，给商业秘密的权利人造成重大损失的，处三年以下有期徒刑或者拘役，并处或者单处罚金；造成特别严重后果的，处三年以上七年以下有期徒刑，并处罚金。具体情形包括：以盗窃、利诱、胁迫或者其他不正当手段获取权利人的商业秘密的；披露、使用或者允许他人使用以前项手段获取的权利人的商业秘密的；违法约定或者违反权利人有关保守商业秘密的要求，披露、使用或者允许他人使用其所掌握的商业秘密的。

明知或者应知前款所列行为，获取、使用或者披露他人的商业秘密的，以侵犯商业秘密论。本条所称商业秘密，是指不为公众所知悉，能为权利人带来经济利益，具有实用性并经权利人采取保密措施的技术信息和经营信息。本条所称权利人，是指商业秘密的所有人和经商业秘密所有人许可的商业秘密使用人。

（8）单位犯《刑法》第二百一十三条至第二百一十九条规定之罪的，对单位判处罚金，并对直接负责的主管人员和其他责任人员，依照本节各该条的规定处罚。

另外，在实践中，侵犯知识产权犯罪，还可能会以下列罪名处理：《刑法》分则第三章第一节（第 140～150 条）规定的"生产、销售伪劣商品罪"，包括生产、销售伪劣产品、假药、劣药，不符合卫生标准的食品、有毒有害食品，不符合标准的医用器材，不符合安全标准的产品，伪劣农药、兽药、化肥、种子，不符合卫生标准的化妆品等九个罪名。《刑法》第一百五十一、第一百五十三条规定的走私罪。我国《海关法》第十九条规定，进出口侵犯我国法律、行政法规保护的知识产权的货物的，由海关依法没收侵权货物，并处以罚款；构成犯罪的，依法追究刑事责任。《刑法》第二百二十五条规定的非法经营罪；与此相关的犯罪还涉及有组织犯罪、恐怖活动犯罪、洗钱罪等。

"奥普"侵害商标权纠纷案

杭州莫丽斯科技有限公司、奥普家居股份有限公司与浙江风尚建材股份有限公司、浙江现代新能源有限公司、云南晋美环保科技有限公司、盛林君侵害商标权及不正当竞争纠纷案（浙江省高级人民法院〔2019〕浙民终22号民事判决书）

【案情摘要】

杭州莫丽斯科技有限公司（简称莫丽斯公司）是核定使用在排风一体机等商品上的"奥普"商标的权利人。经授权，奥普家居股份有限公司（简称奥普家居公司）可排他性使用上述商标。被诉侵权行为发生前，莫丽斯公司的"奥普"商标已有作为驰名商标被保护的记录。浙江现代新能源有限公司（简称现代公司）于2006年受让取得使用在金属建筑材料商品上的"aopu"商标后，通过许可浙江风尚建材股份有限公司（简称风尚公司）等在扣板商品及包装、经销店门头、厂房、杂志广告、网站上大量使用"AOPU奥普"等标志，且辅以"正宗大品牌""高端吊顶专家与领导者"等文字进行宣传并实现迅速扩张，在此期间还对莫丽斯公司进行了多次侵权诉讼和行政投诉。后莫丽斯公司或其关联企业对现代公司享有的"aopu"商标提出无效宣告请求，人民法院于司法审查过程中撤销了商标行政机关维持该商标权有效的决定。莫丽斯公司、奥普家居公司以风尚公司、现代公司等上述行为侵害其商标权并构成不正当竞争行为为由，提起诉讼。浙江省杭州市中级人民法院一审认为，涉案商标构成驰名商标，风尚公司等在金属吊顶商品上使用"AOPU奥普"等标志的行为构成对涉案商标的复制、模仿，不正当利用了"奥普"商标的市场声誉，损害了驰名商标权利人的利益。且现有证据可证明，风尚公司等在本案中的侵权获利已远超法定赔偿上限。一审法院遂判令风尚公司等停止侵权并赔偿经济损失及合理费用共计800万元。浙江省高级人民法院二审维持一审判决。

【典型意义】

本案是加大知名品牌保护力度、遏制恶意注册行为的典型案例。二审裁判以鼓励诚实竞争、遏制仿冒搭车为导向，根据商标的知名度与显著性，充分利用现有法律手段，强化知名品牌保护，严厉打击不诚信的商标攀附、仿冒搭车行为，并对双方长达十余年的使用争议作出了明确的市场划分，净化了市场竞争环境，

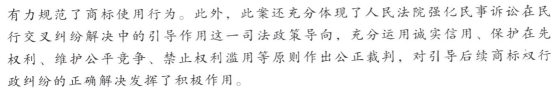

有力规范了商标使用行为。此外，此案还充分体现了人民法院强化民事诉讼在民行交叉纠纷解决中的引导作用这一司法政策导向，充分运用诚实信用、保护在先权利、维护公平竞争、禁止权利滥用等原则作出公正裁判，对引导后续商标双行政纠纷的正确解决发挥了积极作用。

（资料来源：人民网－知识产权频道，2020 年 4 月 21 日，有改动）

（二）专利

1. 专利的含义

专利，是专利权的简称。它是指一项发明创造、实用新型或外观设计向国家知识产权局专利局提出专利申请，经依法审查合格后，向专利申请人授予的在规定的时间内对该项发明创造享有的专有权。人们习惯上使用的"专利"一词有两重含义：一重含义是指受法律保护的技术，具体地说是指受专利法保护的发明、实用新型或外观设计；另一重含义是指记载发明创造内容的专利文献，即指记载着授予专利权的发明创造说明书及其摘要、权利要求书、外观设计的图片或照片等公开的文献。

专利权的内容主要有制造权、使用权、许诺销售权、销售权、进口权、许可实施权和转让权。此外，专利权还包括放弃权、标记权、署名权等。制造权是指专利权人拥有自己生产制造专利文件中记载的专利产品的权利。使用权包括对产品专利的使用权和对方法专利的使用权。《专利法》上的许诺销售权是指明确表示愿意出售一种专利产品的行为。销售权是指专利产品的销售行为，它与通常意义的货物买卖一样，是将其产品的所有权按市场价格从一个单位或者个人转移到另一个单位或个人。进口权是指专利权人享有的自己进口或者禁止他人未经许可为制造、许诺销售、销售使用等生产经营目的进口其专利产品或进口依照其专利方法直接获得的产品的权利。许可实施权是指专利权人（称许可方）通过签订合同的方式，允许他人（称被许可方）在一定条件下使用其取得专利权的发明创造的全部或者部分技术的权利。转让权包括专利申请权的转让和专利权的转让，转让使权利主体发生了变更，从而使权利从原所有人转移到新所有人。标记权是指专利权人在其专利产品或者该产品的包装上标明或者不标明专利标记和专利号的权利。

相关链接：
2020 年中国继续领跑国际专利申请

2. 专利的种类

专利的种类包括发明专利、实用新型专利和外观设计专利。

（1）发明专利。《专利法》所称发明是指对产品、方法或者其改进所提出的新的技术方案，包括产品发明和方法发明。产品发明是指制造各种新产品，即有关生产物品、装置、机器设备的新的技术解决方案。方法发明是指使一种物质在质量上发生变化成为一种新物质的发明，是一种制造某种产品的机械方法、化学方法、生物方法等，或是一种全新的制造方法、测试方法或使用方法等。

（2）实用新型专利。实用新型是指对产品的形状、构造或者其结合所提出的适于实用的新的技术方案。它只涉及物品的革新设计，不包括物品的制造方法或工艺方法。与发明专利相比，实用新型专利有以下四个方面的不同：一是我国《专利法》对申请发明专利的要求强调了"突出的实质性特点"和"显著进步"，而对实用新型专利只提"实质性特点和进步"。显然，发明的创造性程度要高于实用新型。二是实用新型的范围比发明狭窄得多，仅仅限于产品的形状、构造或与产品组合有关的革新设计。三是实用新型专利的保护期短于发明专利。《专利法》明文规定，对于实用新型专利的保护期为10年，自申请日起计算。而发明专利的保护期规定为20年。相比之下，实用新型专利的保护期比发明专利的保护期要短得多。四是实用新型专利的审批过程比发明专利简单。根据我国《专利法》的规定，专利局收到实用新型专利的申请后，经初步审查认为符合《专利法》要求的，不再进行实质审查，即可公告，并通知申请人，发给实用新型专利证书。而对发明专利，则必须经过实质审查，无论是审查的手续和时间都要比实用新型专利复杂得多、长得多。

（3）外观设计专利。外观设计，是指对产品的整体或者局部的形状、图案或者其结合以及色彩与形状、图案的结合所作出的富有美感并适于工业应用的新设计。与实用新型专利相比，外观设计专利有以下两个方面的不同：一是外观设计是以产品为载体而对外表进行的独特设计，它可以是暗线条、色彩的平面设计，

发明专利证书

实用新型专利证书

外观设计专利证书

也可以是产品的立体造型，往往只涉及一项产品的外形，而不涉及产品的制造技术、结构和用途。而实用新型是对产品的形状、构造或者其结合提出的技术方案，把技术方案与产品本身融为一体，而不只针对产品的外表。二是外观设计的目的在于利用美学原理，借助产品的形状、图案、色彩或者它们结合，达到使人对产品产生美感的效果；而实用新型是一种利用自然规律，通过产品的形状、构造来解决一定问题的技术方案，它的目的不在于唤起人们视觉上的美感而是要取得一定的技术效果。

3. 专利权的保护

（1）保护范围。发明或者实用新型专利权的保护范围以其权利要求的内容为准，说明书及附图可以用于解释权利要求的内容。外观设计专利权的保护范围以表示在图片或者照片中的该产品的外观设计为准，简要说明可以用于解释图片或者照片所表示的该产品的外观设计。

（2）侵权行为。未经专利权人许可，实施其专利，即侵犯其专利权，引起纠纷的，由当事人协商解决；不愿协商或者协商不成的，专利权人或者利害关系人可以向人民法院起诉，也可以请求管理专利工作的部门处理。管理专利工作的部门处理时，认定侵权行为成立的，可以责令侵权人立即停止侵权行为，当事人不服的，可以自收到处理通知之日起十五日内依照《中华人民共和国行政诉讼法》向人民法院起诉；侵权人期满不起诉又不停止侵权行为的，管理专利工作的部门可以申请人民法院强制执行。进行处理的管理专利工作的部门应当事人的请求，可以就侵犯专利权的赔偿数额进行调解；调解不成的，当事人可以依照《中华人民共和国民事诉讼法》向人民法院起诉。

（3）纠纷处理。专利侵权纠纷涉及新产品制造方法的发明专利的，制造同样产品的单位或者个人应当提供其产品制造方法不同于专利方法的证明。专利侵权纠纷涉及实用新型专利或者外观设计专利的，人民法院或者管理专利工作的部门可以要求专利权人或者利害关系人出具由国务院专利行政部门对相关实用新型或者外观设计进行检索、分析和评价后作出的专利权评价报告，作为审理、处理专利侵权纠纷的证据；专利权人、利害关系人或者被控侵权人也可以主动出具专利权评价报告。在专利侵权纠纷中，被控侵权人有证据证明其实施的技术或者设计属于现有技术或者现有设计的，不构成侵犯专利权。

（4）假冒专利的处罚。假冒专利的，除依法承担民事责任外，由负责专利执法的部门责令改正并予公告，没收违法所得，可以处违法所得五倍以下的罚款；没有违法所得或者违法所得在五万元以下的，可以处二十五万元以下的罚款；构成犯罪的，依法追究刑事责任。负责专利执法的部门根据已经取得的证据，对涉嫌假冒专利行为进行查处时，有权采取下列措施：询问有关当事人，调查与涉嫌违法行为有关的情况；对当事人涉嫌违法行为的场所实施现场检查；查阅、复制与涉嫌违法行为有关的合同、发票、账簿以及其他有关资料；检查与涉嫌违法行为有关的产品；对有证据证明是假冒专利的产品，可以查封或者扣押。

（5）赔偿数额。侵犯专利权的赔偿数额按照权利人因被侵权所受到的实际损失或者侵权人因侵权所获得的利益确定；权利人的损失或者侵权人获得的利益难以确定的，参照该专利许可使用费的倍数合理确定。对故意侵犯专利权，情节严重的，可以在按照上述方法确定数额的一倍以上五倍以下确定赔偿数额。权利人的损失、侵权人获得的利益和专利许可使用费均难以确定的，人民法院可以根据专利权的类型、侵权行为的性质和情节等因素，确定给予三万元以上五百万元以下的赔偿。赔偿数额还应当包括权利人为制止侵权行为所支付的合理开支。人民法院为确定赔偿数额，在权利人已经尽力举证，而与侵权行为相关的账簿、资料主要由侵权人掌握的情况下，可以责令侵权人提供与侵权行为相关的账簿、资料；侵权人不提供或者提供虚假的账簿、资料的，人民法院可以参考权利人的主张和提供的证据判定赔偿数额。

（6）制止专利侵权的行为。专利权人或者利害关系人有证据证明他人正在实施或者即将实施侵犯专利权、妨碍其实现权利的行为，如不及时制止将会使其合法权益受到难以弥补的损害的，可以在起诉前依法向人民法院申请采取财产保全、责令作出一定行为或者禁止作出一定行为的措施。为了制止专利侵权行为，在证据可能灭失或者以后难以取得的情况下，专利权人或者利害关系人可以在起诉前依法向人民法院申请保全证据。

（7）诉讼时效。侵犯专利权的诉讼时效为三年，自专利权人或者利害关系人知道或者应当知道侵权行为以及侵权人之日起计算。发明专利申请公布后至专利权授予前使用该发明未支付适当使用费的，专利权人要求支付使用费的诉讼时效为三年，自专利权人知道或者应当知道他人使用其发明之日起计算，但是，专利权人于专利权授予之日前即已知道或者应当知道的，自专利权授予之日起计算。

（8）不视为侵犯专利权的情形。有下列情形之一的，不视为侵犯专利权：专利产品或者依照专利方法直接获得的产品，由专利权人或者经其许可的单位、个人售出后，使用、许诺销售、销售、进口该产品的；在专利申请日前已经制造相同产品、使用相同方法或者已经做好制造、使用的必要准备，并且仅在原有范围内继续制造、使用的；临时通过中国领陆、领水、领空的外国运输工具，依照其所属国同中国签订的协议或者共同参加的国际条约，或者依照互惠原则，为运输工具自身需要而在其装置和设备中使用有关专利的；专为科学研究和实验而使用有关专利的；为提供行政审批所需要的信息，制造、使用、进口专利药品或者专利医疗器械的，以及专门为其制造、进口专利药品或者专利医疗器械的。

新疆查处涉外观设计专利不正当竞争行为案

近日，新疆维吾尔自治区市场监督管理局（知识产权局）接到举报，对某家具生产企业经销商涉外观设计专利不正当竞争行为进行了查处。执法人员经调查，认定该经销商生产并销售与涉案外观设计专利近似的家具产品的行为，容易引起消费者的混淆，构成不正当竞争，依法进行了处罚并没收了侵权产品。

执法人员接到美克家居用品股份有限公司（下称美克公司）举报称，某家具生产企业经销商销售的四件家具床、沙发、单椅、电视柜与美克公司拥有相同的外观设计专利。根据《专利法》《专利法实施细则》的相关规定，经认真比对，执法人员认定该经销商生产并销售的外观设计专利产品与美克公司的构成近似。此外，执法人员在检查中发现该家具经销商在产品说明书中对产品作出了"被业界公认为手工最好的家具品牌，不仅占领了一线市场，还远销美国、英国、法国、德国、西班牙、加拿大、韩国、印度、沙特阿拉伯等100多个国家地区，销售网络辐射全球"等虚假宣传行为。执法人员指出，该家具经销商收到美克公司告知侵权的函告后，其作为生产厂家在新疆的独家经销商，本应同厂家对涉案专利的有效性、产品说明等具体情况及时尽到审查义务，但该经销商作为生产厂家在新疆的独家经销商并未对此事做任何处理，主观上存在恶意，与厂家具有连带责任。依据《反不正当竞争法》第六条第（四）项规定，执法人员最终认定该经销商的行为构成不正当竞争的违法行为。

立案查处期间，该家具生产企业经销商与厂家已经认识到自己的错误，积极与美克公司协商，承认错误达成了谅解协议，主动放弃8件（含涉案的4件）与美克公司近似的外观设计专利，及时撤回含有虚假宣传内容的产品说明书，消除影响，深刻认识到自己作为经营者的义务。通过此次执法，不仅对相关侵权行为进行了查处，对侵权人进行了警示，保护了权利人的利益，同时起到了规范行业，教育惩罚结合的效果。

2019年以来，新疆维吾尔自治区市场监督管理局（知识产权局）积极开展知识产权专项执法行动，加大对知识产权假冒侵权行为的打击力度，成功侦破克拉玛依市"九价人乳头瘤病毒疫苗"重大案件，查获伪造九价HPV疫苗1.5万余支，涉案金额5400余万元；对乌鲁木齐市28家白酒销售店铺进行突击检查，共查获假冒名优白酒330余瓶，立案查处侵犯名优白酒商标侵权案件27起。截至 2019 年 11 月，该局查处生产销售假冒伪劣商品和侵犯商标权案件共计 37 件，结案 34 件，案值 54.94 万元，罚没 98.66 万元，捣毁窝点 1 个，移送公安部门 1 件。

（资料来源：《中国知识产权报》，2019 年 11 月 6 日）

五、积累、爱惜和推介自己的劳动成果

我们不仅要尊重和珍惜他人的劳动成果，也要注重积累、保存和爱惜自己的劳动成果。尤其是在完成一个较为复杂、需要花费很大的精力和体力的任务时，更应该做好规划，从细小的工作开始，通过劳动成果的不断积累，最终达到看似遥不可及的目标。

荀子在《劝学》中有言："故不积跬步，无以至千里；不积小流，无以成江海。"走向成功必然需要点滴积累。积累劳动成果的关键在于要有计划地劳动，提升自己的劳动效率。劳动无处不在，但是并非所有形式的劳动都会产生劳动成果，也并非所有的劳动成果都有价值。对于日常的学习和工作而言，我们应该尽可能合理地安排自己的时间，科学制订劳动计划，以更高的效率积累劳动成果。

光盘行动

爱惜劳动成果的关键在于合理消费和使用自己的劳动成果。"勤俭节约"是中华民族的传统美德，勤俭节约包含两层意思："勤劳而节俭。"我们既要在工作、学习和生活中热爱劳动、勤奋劳动，又要合理地使用自己的劳动成果，避免造成不必要的浪费。例如，当代青年中存在的"月光族"群体，不注重对财富的积累和增值，而是片面地强调消费，尤其是一些不必要的消费，且美其名曰"我挣的钱，我想怎么花就怎么花"。这种观点就是对自己劳动成果的不尊重和浪费。合理地、有计划地使用自己的劳动成果，才是对自己辛勤劳动的最好尊重。

我们还应该积极向外界推介自己的劳动成果。主动推介是为了能让自己的劳动得到别人的关注和赏识，从而获得自我发展的机会。推介成果的场景有很多，例如，在公司面试时展示自己的作品、在朋友圈转发自己写的文章或拍的图片、参加技能大赛等。作为这个时代的"后浪"，我们应该更主动地接触社会，积极向外界展示自己的劳动成果，用自信和个性赢得属于我们的未来。

榜样力量

"另类"劳模，花样人生

他喜好书法，坚持临习《石门颂》《郑文公碑》等帖；他酷爱文学，杜甫、李商隐是他的精神玩伴；他爱好写诗，多年笔耕不辍；他喜欢旅游，寄情于山水之间；他酷爱雕刻，窗台、办公桌随意摆放着精致的根雕、奇石……很难想象，眼前这位戴着安全帽、与普通石油工人别无二致的人，竟如此诗情画意。

在洛阳石化，我们遇到了河南省"五一劳动奖章"获得者、洛阳石化劳动模范、洛阳石化首席技师居斌。在我们的传统印象中，劳模是甘于承担苦、脏、累、重活儿的"老黄牛"，是心里只有工作不懂得享受生活的"工作狂"。居斌改变了我们这些看法。见到他的第一面时，他正在热电站主控室工作。他向介绍老朋友一般，向大家讲述自己每天工作的热电室，那里面每一根电线他都清楚地记得其位置、作用。

2011年，洛阳石化对各项电力设备进行了全面优化升级，曾一连在两个月内发生了3起"晃电"事故。全厂忧心忡忡，因为只要一晃电，哪怕只有0.1秒，生产线上的物料就会报废，造成极大的经济损失。当时的居斌只是一名普通电工，他向单位领导自荐，主动要求负责汽电车间电气工艺管理工作，并立下军令状——再发生"晃电"事故，唯我是问！自从接手工作以后，他吃饭睡觉都在琢磨怎样消除"晃电"。2012年至今，居斌和他的同事共发现并处理了9次重大事故隐患，避免了多起可能发生的大面积停电、停工事故，为企业避免了数千万元的损失。

日复一日的工作中，他和团队也在不停地想各种点子做些创新。漏电检测机泵听诊器、直流电机便携式整流子刻槽机、伸缩式直流点喷注泊机……如今在居斌劳模创新工作室，团队成员发明的一件件实用工具，让人看得眼花缭乱。"研发这些工具、设备，主要是解决日常生产中遇到的问题。"居斌说，必须留心观察并对影响安全的施工环节进行钻研，才能通过技术创新解决现场难题。截至2019年6月，居斌劳模创新工作室攻克生产难题近40多个，完成技术革新成果12项，发明实用工具13件，获得国家专利25项，发表省部级论文10篇，取得省市级创新成果4项。"创新并不难，只要善于发现、勤于动脑、不断尝试，就会成功。"居斌笑着说。

有趣的是，在这些为人熟知的劳模形象背后，我们发现了他充满诗意的另一面。在文学、书法、音乐、雕刻等方面，他都颇有造诣；他常有感而发写下诗句，

发在朋友圈里；哪怕路上一块普通的石头，都能在他手里成为雕刻艺术品。今年51岁的他对于抖音、快手等软件依然得心应手，并且时常在这些平台上发布自己的作品。对于年轻人流行的网络用语，他说："没有一句是我不知道的。"和大多数青年一样，他也有过青春叛逆、挫折迷茫，回想人生，他把这些看作是成长的必经之路。他常说："挫折是你的朋友，不是敌人，遇到挫折是件好事。"他爱读诗，也有感性的一面，读到李商隐的《锦瑟》中那句——"只是当时已惘然"，他也会潸然泪下。丰富的人生经历和平易近人的性格，让他交了不少朋友。对于年轻人的困惑，他总能用自己的人生阅历给出建议，他说："做人就要像铜钱，内心要方正，同时做事要圆润。"遇到这样一个丰富而有趣的人，给我们带来了许多的共鸣。我们曾以为劳模遥不可及，而居斌却更像是一位朋友、一位知己。他真正做到了在工作与爱好之间完美结合。他告诉我们："人生不仅有眼前的工作，更有诗与远方！"

（资料来源：《中国青年报》，2019年9月26日，有改动）

劳动影像

2020年的《丰收中国》晚会以"庆丰收、迎小康"为主题，以"热热闹闹有内涵"为创作宗旨，紧紧围绕乡村振兴战略，以"小故事展示大背景，小人物体现大政策"为创作理念，通过多种艺术形式，立体展现丰收中国的气势、亿万农民的风采、农耕文明的厚重、乡村振兴的前景、全面小康的喜悦，把更多受众带入丰收节热烈氛围之中。

劳动影像：

《丰收中国》——2020年中国农民丰收节晚会

附录
劳动实践指导手册

实践活动一：整洁食堂，你我参与

（一）教学目标

（1）使学生了解食堂清洁的要求，掌握食堂清洁的基本技能，获取食堂相关安全知识。

（2）通过在食堂进行清洁活动，体会劳动的不容易，引导学生今后自觉维护食堂的环境卫生，养成良好的卫生习惯。

（3）让学生亲身体验劳动，使其提高劳动技能，感受劳动光荣，引导其自觉参与社会劳动，培养其劳动观念。

（4）在劳动过程中，对学生就餐过程中的浪费现象进行记录和反思，增强学生的节约意识，养成学生勤俭节约的好习惯。

（二）活动设计

1. 前期安排

本次活动的主题为食堂清洁活动，广大学生进行线上报名、填写个人信息表格，经核实后可正式成为食堂清洁活动志愿者。志愿者在活动过程中应签署保证书，认真遵循学校的各项计划，听从相关负责人的安排。

本次食堂清洁活动主办方应按照志愿者的课表进行排班。活动主办方应指定各项任务的专门负责人，将负责人的任务细则化，使每个活动志愿者在遇到问题时能够及时、准确地找到相关负责人进行解决；在活动各项任务方案都得到完善之后召开全体会议，向每位志愿者讲解此次活动的主题和目的，使他们能够充分学习这次劳动活动的主旨；将各项安全措施进行详细讲解，使每位志愿者重视自己在志愿活动中的人身安全。

2. 活动实施

每位志愿者根据自己的值班表进行劳动活动，活动为期一个月。其间，每位志愿者根据课表前往餐厅进行卫生清洁，时间为学生就餐前半小时，卫生标准根据活动前制定的卫生劳动准则进行衡量，活动中采取拍照片或录视频的方式，将每日的值日情况进行记录，并提交给相关负责人进行准则的衡量。

（三）工具使用

1. 基本工具

垃圾袋、洗洁精、刷碗布、扫帚、簸箕、抹布、拖把、垃圾桶等。

2. 工具管理

（1）每位劳动参与者应每日填写《工具领取表》，由工具统计员进行工具发放，每日劳动活动结束后登记归还。

（2）严禁劳动参与者故意破坏劳动工具。

（3）无特殊情况，劳动参与者不得将劳动工具带出劳动场所或丢弃。

（4）在劳动过程中，若发现劳动工具出现老化损坏、缺失等异常情况，应及时向工具相关负责人进行反映。

（四）考核评价

考核评价严格按照公平公正原则。确定食堂劳动考核小组，人员组成应包括学校领导、食堂工作人员、学生会成员等。考核采取累积分数法，前期设置积分系统，在每日活动结束后，符合各项标准的志愿者由考核小组给予基本分，对每日累计分数排名进行更新，督促每位志愿者的工作；每期活动结束后，进行表彰活动，颁发相应奖项，并安排劳动突出志愿者进行劳动心得感受发言等。每位志愿者除故意违反劳动纪律等情况外，均可获得劳动证书及实践证明。

（五）安全保护

相关部门应规定食堂清洁活动中各个项目的操作程序和安全流程，并制定必要的安全检查制度与措施。

（1）在活动进行前，相关部门应组织活动志愿者进行食堂内部运转参观，使活动志愿者充分了解食堂清洁的相关步骤、卫生标准及安全隐患排查措施。

（2）相关部门应制定合理的劳动时间规划和安排，避免某些志愿者劳动时间过密而导致过分疲劳，在劳动过程中应切实对志愿者进行安全教育，要求其树立劳动安全意识和自我保护意识。

（3）成立安全联络小组，对劳动志愿者的个人信息进行明确核实，每日进行安全信息汇总。

实践活动二：温馨宿舍，定时扫除

（一）教学目标

（1）宣传"宿舍为家"的理念，让全校学生拥有一个干净整洁、温馨舒适的休息环境。

（2）督促学生养成自觉维护、打扫宿舍卫生的习惯，树立宿舍主人翁意识。

（3）培养学生树立合作、团结意识。

（二）活动设计

1.前期准备

（1）修改并完善宿舍卫生标准方案，确定卫生清洁日期。

（2）下发通知，召开舍长会议，布置卫生打扫事宜，对卫生检查标准进行详细讲解。

（3）舍长为舍员分配宿舍打扫任务。

（4）准备相关清洁工具。

2.活动实施

（1）由舍长带领宿舍成员领取清洁工具，按照宿舍卫生标准方案打扫宿舍及宿舍楼公共区域。

（2）舍长及宿舍成员共同检查宿舍是否存在安全隐患问题。

（3）卫生打扫结束后，由各舍长带领指导教师、宿舍管理员、学生会成员代表进行审核检查。

3.活动总结

（1）每个宿舍完成一份打扫记录及劳动体会。

（2）由指导教师或宿舍管理员召开舍长会议进行整体总结，呼吁全体同学保持干净整洁、美好温馨的宿舍环境。

（三）工具使用

扫帚、垃圾袋、簸箕、垃圾桶、抹布、拖把、消毒液等。

（四）考核评价

考核评价要公平公正，提前确定宿舍卫生考核小组，人员组成应包括学院领导、宿舍管理员、学生会成员、普通学生等，对床铺、书桌、地面、卫生间、阳台等进行检查打分、统计数据，取总成绩的平均值，分数最高的宿舍可以获"优秀宿舍"荣誉称号，相应人员可获得"劳动优等"评价。

（五）安全保护

保证活动过程中从事整理上铺、擦玻璃等危险活动的学生的人身安全；注意电器设备，要求打扫卫生前全部断电。

实践活动三：走进养老院，践行劳动精神

（一）教学目标

（1）在劳动活动中，学会互帮互助，团结合作，共同进步。

（2）锻炼学生参与劳动活动的能力，培养学生的合作探究能力和与人交往沟通的能力。

（3）培养学生的社会责任感和团队精神，增强学生服务他人、服务社会的意识。

（4）切实体味劳动，践行劳动精神。

（5）宣传弘扬劳模精神。

（二）活动设计

1. 前期准备

（1）宣传发动。举行一次以"走进养老院，践行劳动精神"为主题的动员课，让学生了解此次实践活动的目的、内容及意义。

（2）组织多种形式的宣传活动，充分调动学生参与活动的积极性。

（3）成立各劳动实践小组，各小组讨论活动方案，准备相关知识，以及确定活动时间、活动地点、成员分工等内容。

（4）预设活动结果，激发各小组成员参与活动的主动性与积极性。

2. 活动实施

（1）防骗知识宣讲。针对老人容易上当受骗现象进行防骗知识宣讲，提醒老人识别最常见的电信诈骗、邮包诈骗、冒充燃气公司等工作人员诈骗、冒用亲友身份诈骗等多种犯罪手段，提高老年人警惕性，谨防受骗。

（2）开展老人运动会。选择娱乐性较强、危险性较低的项目，如足球射门、沙包掷准、钓瓶、推铁环、打保龄球和夹球等项目，进行比赛，倡导健康生活方

式，丰富老人精神文化生活。

（3）帮老人打扫卫生。在活动结束前，帮助老人打扫室内卫生。

3. 活动总结

（1）各小组汇总各个组员在活动期间记录的实践日记、拍摄的照片等。

（2）写出此次实践活动的体会和总结。回忆实践过程，反思不足之处，以便在今后的实践活动中加以改进。

（3）设计"实践归来话成就"的主题活动课，各实践小组将自己的实践过程通过 PPT 展示出来，向同学们展示实践风采、实践成果，总结实践经验，为下一次实践活动的开展做好动员准备。

（三）工具使用

计算机、投影仪、扫帚、拖把、抹布、晾衣架、相关运动器材。

（四）考核评价

（1）组内评价。各小组在组内对此次活动进行自我评价、成员间互相评价，各组评选出实践活动中表现最优秀的同学。

（2）实践地评价。制定评价表并交给实践地的工作人员，让他们对各小组的此次实践活动进行评价。对于各小组的评价设置等级，评价等级高的小组可参与优秀实践团队评选。

（五）安全保护

（1）遇汽车抛锚等意外事故需要及时和学校领导取得联系，并汇报相关情况。

（2）在乘车过程中严禁将头、手等伸出窗外。

（3）晕车学生提前准备好防晕车药品，储备充足的饮用水，及时补充水分。

（4）乘正规公交车、出租车，以免发生事故。

（5）出行前安排负责人，要求落实到位，做到行动一致，防止掉队或离队。

实践活动四：参与社区服务，感受劳动精神

（一）教学目标

（1）走入社区，增进对社会的了解与认识，理解个体与社会的关系。

（2）关心社会现实，主动探究社会问题，积极参与力所能及的社区服务活动，服务社会，发展社会实践能力。

（3）了解与认识社区服务及其相关流程，端正劳动态度，形成良好的劳动习惯。

（4）遵守社会行为规范，养成社会交往能力，关心他人，关心社会，树立服务社会的意识和对社会负责的态度。

（5）开展问题探究，体验探究过程，对在劳动中发现的社会问题和自我问题进行深度探究，养成主动探究的习惯，形成问题意识，发展探究能力和创新精神。

（二）活动设计

1. 前期宣传

组织发动以"参与社区服务，感受劳动精神"为主题的活动课，让学生了解此次活动的目的、内容及意义，让学生更好地融入社区、了解社区、服务社区，增进对社会的了解，把握个体与社会的关系，使自己将来更容易融入社会。

2. 成立小组

在活动前成立各个小组，确立各小组组长。各小组根据此次活动的目的及时讨论并研究出具体的行动方案，明确各个成员的任务，做到行动明确、迅速，展现当代学生的精气神。

3. 具体活动形式

（1）小区访谈。该活动由一组成员全权负责，针对社区各个阶层、各个年龄段人员做抽样调查，询问不同阶层人员最迫切需要的社区服务项目，调查人员应做好记录并向社区负责人及时反映，使问题尽早让社区负责人知道并及时得到处理。

（2）温暖献爱心。该活动针对社区的空巢老人及留守儿童，走进社区，走进他们的心中，为他们送去一丝温暖。此项活动不限人数，让学生真正走进空巢老人家中，与他们面对面交谈，与留守儿童做游戏，尽自己的绵薄之力为他们清扫家中杂物，使空巢老人及留守儿童感受来自学生的温暖。

（3）社区劳动。此活动人数不限，意在走进社区、服务社区、劳动社区，在社区的角角落落留下自己忙碌的身影。清扫街边卫生，拖抹公共区域，为社区美化贡献自己的一份力量。

4. 活动总结

活动结束后，开展"服务社区心得体会"共享课。每名成员都可以分享此次活动的心得体会，并把此次心得体会整理成文字。在分享此次活动心得的同时，要找出此次活动的不足之处，在以后的实践活动中不断吸取经验提升自己。

（三）工具使用

扫帚、拖把、抹布、垃圾袋、笔、笔记本、小型麦克风。

（四）考核评价

将自己的活动照片及心得体会做成一份实践报告，小组内人员做一份小组整体的实践报告并上交组织，经组织筛选后上交学校，由学校选出优秀个人及优秀团体，给予学分及证书奖励，以此鼓舞更多的学生参与到社区服务实践活动中。

（五）安全保护

（1）乘车安全。做到上下车安全有序，不拥不挤。遵守乘车秩序，不将身体任一部位伸出车外。

（2）人身安全。各小组组长要求落实到位，做到行动一致，防止掉队或离队。储备医疗包一个，以备不时之需。

实践活动五：学习垃圾分类，提高分类意识

（一）教学目标

（1）提升对垃圾分类问题的重视，践行"绿水青山就是金山银山"的重要思想。

（2）认识垃圾分类的标志，学习垃圾分类的方法，树立并贯彻"创新、协调、绿色、开放、共享"发展理念。

（3）提高垃圾分类意识，加强生活垃圾分类指导，提高垃圾分类投放准确率。

（4）引导树立"劳动最光荣、劳动最崇高、劳动最伟大、劳动最美丽"观念，崇尚劳动、尊重劳动。

（二）活动设计

1.垃圾分类知识分享会

（1）负责人在活动之前准备好本次会议需要讲解的知识并设计好本次活动需要的知识竞赛题库。

（2）分享会开始时，负责人介绍垃圾分类的意义及国家倡导垃圾分类现阶段的情况。

（3）负责人引导学生通过查阅书籍、互联网等方式获取有关垃圾分类知识和相关法律法规等。

（4）负责人将参与学生进行分组，平均每6名学生为一组，分组交流汇总垃圾分类重要性、垃圾分类方法及不同地区垃圾分类相关法律法规等。并派出组

内代表进行相关发言，负责人根据发言情况及组内成员表现情况给每位学生进行打分。

2. 垃圾分类素质拓展训练活动

在活动开始前，负责人安排几名学生准备好一张桌子，将吸管弯折成U形并将其用双面胶固定在桌面任意的位置上，乒乓球上用马克笔写好不同种类垃圾的名称。

（1）每两组进行一场比赛，比赛开始时负责人开始计时，两组成员先进行垃圾分类知识竞赛，每组答对5道题即可进入"对号入座"环节。

（2）每组成员轮流将标记好的乒乓球按照其分类从桌面的一个角吹入相对应颜色的U形吸管中。

（3）素质拓展训练活动结束后，负责人根据每组所用时间，以及知识竞赛答题情况进行打分。

3. 活动评分

所有活动结束后，每组撰写垃圾分类相关知识笔记与感想并提交给负责人，负责人依据撰写内容进行打分。

（三）工具使用

垃圾分类知识竞赛题库，桌子，乒乓球，马克笔，蓝色、绿色、红色、灰色长吸管各一根，双面胶，秒表。

（四）考核评价

考核采取负责人评分制，分数划分为4个等级：优秀（90～100分）、良好（75～89分）、合格（60～74分）、不合格（60分以下）。基础分为60分。

（1）负责人根据讨论发言情况对每组进行打分，并对发言者进行加分，最高加10分。

（2）在知识竞赛环节，连续答对5道题加20分，连续答对4道题加16分，连续答对3道题加12分，以此类推。

（3）最快完成"对号入座"的小组加10分。

（五）安全保护

（1）严格服从负责人的指挥。

（2）按规定借用桌子，并及时归还。

（3）按规则进行素拓活动。

（4）使用完的乒乓球、吸管不乱扔，进行二次利用。

（5）认真撰写学习感想，不抄袭。

实践活动六：师范生支教，发挥专业优势

（一）教学目标

（1）培养学生的实践能力、服务意识，发挥学生的知识技能优势，锻炼学生的意志，提升学生的素质。

（2）鼓励学生参加社会实践活动，在支教活动中体会帮助的快乐，体味劳动精神。

（3）培养学生用所学的知识服务社会，回报祖国，实现自我价值和社会价值。通过对支教生活的体验，学会面对各种困难磨炼意志，在艰苦的环境中锤炼自我、净化心灵、升华人格。

（二）活动设计

1. 前期准备

召开支教活动支教志愿服务团安排协调会、交流会。组建小组，初步了解学校、社区情况，与当地教师交流，认识学生。集中开展课研小组讨论，支教小组交流心得。

2. 具体流程

（1）针对教学内容及安全等进行专门培训。

（2）当天到达目的地集合，安排好住宿问题。与学校校长、教师进行座谈，同时商讨本次活动相关事宜。将学校课程表分发给支教志愿者，协调课程及活动时间。

（3）支教志愿者熟悉教学环境，认真研读教案，掌握教学方向。对在校学生的应试心理进行问卷调查，对当地教师的待遇等与教育相关的问题进行问卷调查。

（4）正式授课。对成绩较差的学生进行一对一补课，空余时间给学生答疑。

（5）在最后一天授课结束后举办讲座，帮助所教学生了解和认识外面的世界，使学生树立自信心和远大的理想。

（6）举行活动告别仪式，小组成员做总结汇报。

3. 支教活动

（1）支教志愿者培训。志愿者在外出授课前进行统一培训。培训内容包括基本礼仪、课堂应注意的基本事项、活跃课堂气氛、调动学生学习积极性、突发事件的应急处理等。

（2）文化类教学。给当地学生讲一些有趣的历史故事、传说、成语典故等；介绍汉族和少数民族的特色；给当地学生介绍中国发达地区的情况，如大城市

学生的学习生活；向当地学生介绍各国丰富多彩的文化；介绍中国的现代化建设概况。

（3）语言类教学。让学生接触汉语及英语生动的一面，以更多的趣味性区别于一般课堂的语文及英语教学，增强学生的语言运用能力，激发他们对汉语的热爱和对祖国的热爱，对外语的学习兴趣及积极性。

（4）艺体类教学。在操场上进行各种集体游戏，支教志愿者和学生一起唱歌跳舞等。

（三）工具使用

教材、备课本、计算机等教学用具。

（四）考核评价

（1）支教结束后，与当地校方联系，听取校方意见及做好学生和家长的意见反馈工作。

（2）召开负责人会议，对此次活动进行总结，查漏补缺，做好汇报工作，主要总结本次支教活动的经验和不足，使下次支教活动得到改进和完善。

（3）支教小组成员完成活动总结及活动后期短片制作等。

（4）活动结束后整理相关材料，联系相关媒体对此次支教活动进行报道，扩大此次支教活动的影响力，进一步弘扬志愿者服务精神，吸引社会上更多的人加入志愿者行列，并且增加人们对贫困地区教育状况的关注度。

（五）安全保护

（1）及时对学生出现的心理异常情况进行疏导。引导学生写出所思所想，或者说出自己的感受，用行动关心留守儿童，及时缓解其心理困惑。

（2）发现课程安排不符合客观情况时要及时调整教学安排，不打扰支教学校的正常上课秩序；在户外进行第二课堂教学时，注意当天天气并做好防护措施。

（3）为了保证支教队伍的纪律与安全，外出前，每位志愿者认真阅读安全协议，确认无误后签署《安全协议书》。

参考文献

[1] 徐国庆.劳动教育 [M].北京：高等教育出版社，2020.

[2] 陈国维.大学生劳动教育 [M].北京：高等教育出版社，2020.

[3] 檀传宝.劳动创造美好生活 [M].北京：中国劳动社会保障出版社，2019.

[4] 檀传宝.劳动教育论要：现实畸变与起点回归 [M].北京：北京师范大学出版社，2020.

[5] 彭远威，张锋兴，李卫东.高职生劳动教育教程 [M].桂林：广西师范大学出版社，2020.

[6] 周万才，周丽妲，王潇伟.劳动教育理论与实践教程 [M].上海：上海交通大学出版社，2020.

[7] 许媚.新时代劳动教育读本 [M].成都：电子科技大学出版社，2020.

[8] 袁国，徐颖，张功.新时代劳动教育教程 [M].北京：航空工业出版社，2020.

[9]《大学生劳动教育理论与实践教程》编写组.大学生劳动教育理论与实践教程 [M].上海：同济大学出版社，2020.

[10] 卓长立，高玉芝.家政服务员 [M].北京：中国劳动社会保障出版社，2012.